Erläuterungen und Dokumente

Gerhart Hauptmann
Die Weber

Von
Dagmar Walach

Philipp Reclam jun. Stuttgart

Gerhart Hauptmanns Schauspiel *Die Weber* erschien in einer von Hans Schwab-Felisch herausgegebenen Einzelausgabe als Ullstein-Buch Nr. 22901. Auf diese Ausgabe (Neuauflage Frankfurt a. M. / Berlin [36]1995) beziehen sich die Seiten- und Zeilenangaben im vorliegenden Band.

Universal-Bibliothek Nr. 16014

Gesamtherstellung: Reclam, Ditzingen. Printed in Germany 1999
RECLAM und UNIVERSAL-BIBLIOTHEK sind eingetragene Marken der Philipp Reclam jun. GmbH & Co., Stuttgart
ISBN 3-15-016014-6

Inhalt

I. Wort- und Sacherklärungen

5,1 [Titel] *Die Weber:* Die Erstausgabe sowohl der Dialektfassung *De Waber* wie auch der hochdeutsch angeglichenen Übertragung *Die Weber* tragen den Untertitel »Schauspiel aus den vierziger Jahren«. Beide Fassungen legte Anfang 1892 der S. Fischer Verlag in Berlin als Einzelausgaben vor. Zunächst erschienen *De Waber*, wenige Wochen später folgte die Veröffentlichung der Neubearbeitung *Die Weber.* Es ist diese revidierte Fassung, die bis heute gelesen und – mit wenigen Ausnahmen – gespielt wird.

5,3 f. *Geschrieben ... in Schreiberhau:* Im Sommer 1891 war Hauptmann mit seiner Familie nach Schreiberhau, einem Kurort im nördlichen Riesengebirge gezogen, wo er gemeinsam mit seinem Bruder Carl ein Haus bewohnte. Gegen Ende des Jahres hatte er dort die Dialektfassung des Dramas beendet; die dem Hochdeutschen angenäherte Fassung konnte er im März 1892 abschließen.

5,6 f. *Meinem Vater ... dieses Drama:* Diese Widmungszeilen und die folgende Anrede sind abgedruckt auf den Seiten 3 und 5 der Erstausgabe der *Weber.*

5,9 *aus Gefühlen heraus, die Du kennst:* Wiederholt betont Hauptmann in seinen autobiographischen Schriften, welchen unauslöschlichen Eindruck die Erzählungen seines Vaters, der sich 1848 in Paris für die Februarrevolution begeistert hatte, auf ihn machten. Ebenso verweist Hauptmann dort auf sein »Weberblut« und die »Salzbrunner Webereindrücke« (Der Manuskriptnachlaß Gerhart Hauptmanns, GH Hs 384 Bl. 954) in seiner Kindheit. Siehe dazu Kap. III.

5,11 f. *Großvater, der in jungen Jahren, ein armer Weber:* Hauptmanns Großvater arbeitete bis zu seiner Teilnahme an den Befreiungskriegen als Weber.

5,14 f. *was »ein armer Mann wie Hamlet ist«:* Zitat aus der

Prosa-Skizze *Papa Hamlet* von Arno Holz und Johannes Schlaf, das sie 1889 unter dem gemeinsamen Pseudonym Bjarne P. Holmsen veröffentlichten. Hauptmann hatte bereits sein erstes, 1889 gedrucktes Drama *Vor Sonnenaufgang* mit der Widmung versehen: »Bjarne P. Holmsen, dem consequentesten Realisten, Verfasser von ›Papa Hamlet‹ zugeeignet, in freudiger Anerkennung der durch sein Buch empfangenen entscheidenden Anregung.«

Dramatis Personae

Dreissiger, Parchentfabrikant: Das historische Vorbild ist der Baumwoll-Fabrikant Zwanziger (Firma: Zwanziger und Söhne), dessen Person in einem Artikel der *Weser-Zeitung* vom 16. Juni 1844 kurz charakterisiert wird: »Die Härte Zwanzigers nämlich in Bedrückung der Weber ist sprichwörtlich geworden. (Er war vor 30 Jahren noch ganz mittellos und hat sich jetzt ein Vermögen von 230 000 Tlr. erworben; besonders wird über den einen Sohn desselben bitter geklagt.)« (Zit. nach: Kroneberg/Schloesser, S. 170). Auch bei den übrigen Vertretern der herrschenden Schicht nahm Hauptmann ganz offensichtlich Bezug auf historische Personen.

Pastor Kittelhaus: Sein authentischer Name lautete Prediger Knüttel, aber auch ein Prediger Schneider wird in den Zeitungsberichten über den Weberaufstand erwähnt.

Heide, Polizeiverwalter: Er steht für den ortsansässigen Polizeiverwalter Christ.

Moritz Jäger: Die Teilnahme eines Kattundruckers Jäger aus Ernsdorf an den historischen Weberunruhen ist verbürgt. Doch hat er vermutlich eine eher untergeordnete Rolle gespielt, da er nur zu einem Jahr Festung verurteilt und später vorzeitig begnadigt wurde (vgl. Hilscher, 1996, S. 127).

Der alte Ansorge: Diesen Namen, wie auch den Lumpensammler Hornig, entlehnte Hauptmann der 1844 angefertigten Studie *Über die Noth der Leinen-Arbeiter in Schlesien und die Mittel ihr abzuhelfen* von Alexander Schneer.

Vorgänge ... in den vierziger Jahren: Der historische Weberaufstand, den Hauptmann seiner Dichtung zugrunde legt, ereignete sich im Juni 1844. Bereits nach wenigen Tagen waren die Unruhen, in denen über zehn Personen erschossen wurden, mit militärischer Gewalt niedergeschlagen worden. In dem anschließenden Strafprozeß gegen die verhafteten Weber wurden die 80 Angeklagten zu insgesamt 203 Jahren Zuchthaus, 90 Jahren Festungshaft und 330 Peitschenhieben verurteilt (Vgl. Wolfgang Büttner, *Weberaufstand im Eulengebirge 1844*, Berlin 1982, S. 40). Siehe dazu Kap. II.

Kaschbach: Weberdorf im Eulengebirge, einem Teil der schlesischen Sudeten, dessen höchste Erhebung die Hohe Eule mit 1014 m ist.

Peterswaldau: schlesische Gemeinde am Fuß des Eulengebirges, südwestlich von Reichenbach. Seit Anfang des 19. Jahrhunderts wichtiger Sitz für die Textilindustrie und das Webereigewerbe. 1840 standen dort 670 Baumwoll-, 58 Woll-, 8 Leinwand- und 45 andere Webstühle.

Langenbielau: Nachbargemeinde von Peterswaldau. Dort war es bereits im Dezember 1843, andere Quellen sprechen von Januar 1844, zu einem kleineren Aufruhr gekommen. »Den polizeilichen Ermittlungen zufolge beschweren sich die Langenbielauer Weber über die Beschäftigung auswärtiger Arbeiter aus der Grafschaft Glaz und die demütigende Behandlung durch die Diener und Gehilfen der Fabrikanten« (Wehner, S. 17). Vgl. dazu auch in Kap. II den Bericht in der *Aachener Zeitung* vom 11. Juni 1844.

Neben der Hoch- und Umgangssprache verwendet Hauptmann auch in seiner dem Hochdeutschen angenäherten Fassung *Die Weber* den schlesischen Dialekt, jenen mit des

Dichters Worten »eigentümlichen, von allen übrigen abstechenden Sprachlauten, einem vokalreichen, im Munde der Bauern langsam schleppendem Dialekt« (GH Hs 384. Bl. 930). Typisch für diese Mundart sind u. a. das anlautende f statt pf, z. B. Ferd statt Pferd, die Reduktion der Anfangs- und Endsilben und die Aussparung von Stammvokalen, etwa in d'r oder m'r (= der, mir).

Erster Akt

7,6 *Parchent:* Barchent; grobes, linksseitig aufgerauhtes Baumwollgewebe, heute vornehmlich als Bezugsstoff für Matratzen verwendet.

7,9 *Expedient:* mit der Abfertigung und dem Versand von Waren beauftragter Angestellter.

7,11 *Er bedient sich . . . eines Zirkels und einer Lupe:* Mit ihnen wurde das Webstück auf seine Qualität, auf die gleichmäßige Dichte der Struktur und auf sauberen Fadenverlauf sowie die Fadenspannung geprüft.

7,14 *Repositorium:* stabile Lagerregale für die Webstücke; sonst auch: Büchergestell, Aktenschrank. In diesem Zusammenhang sei auf eine anonyme Lithographie aus den vierziger Jahren des 19. Jahrhunderts verwiesen, die solch einen Abfertigungsraum mit seinen hohen, bis unter die Decke reichenden Holzregalen zeigt (s. Abb. S. 9).

7,26 *flachbrüstige, hüstelnde, ärmliche Menschen:* Vgl. an dieser Stelle auch Georg Weerths zwischen 1843 und 1847 entstandene Schilderung der rheinischen Weber: »jene unglücklichen Menschen, deren traurige Beschäftigung sich nur zu sehr in ihrer ganzen Erscheinung widerspiegelt. Bleich, gebückt, hustend und langsam daherschleichend, ein frühes Grab vor den trüben, stieren Augen, Trümmer von Menschen, mit denen die Schwindsucht immer rascher dem Ende entgegengaloppiert« (*Fragment eines Romans*, Frankfurt a. M. 1965, S. 110).

Weber-Szene. Anonyme Lithographie, um 1845

7,30 *Gravität:* von lat. *gravitas* ›Schwere, würdevolles Wesen‹.

8,1 *Silbergroschen:* bis 1873 amtliche Währung in Preußen und Deutschland. 12 Pfennige entsprachen einem Silbergroschen oder 24 sog. guten Groschen (gGr.); 30 Silbergroschen kamen auf einen Taler.

8,6 *Fenniche:* mundartl. für: Pfennige.

8,8 *Taler:* nach dem Ort St. Joachimsthal in Böhmen benannte Münze, die dort seit der ersten Hälfte des 16. Jahrhunderts aus dem im Bergwerk gewonnenen Silber geprägt wurde. Der Name entstand durch Kürzung aus ›Joachimstaler‹.

8,21 *wie wenn man mit Kletzen red'te:* als ob man mit Klötzen redete; vgl. auch die Redensart: stur wie ein Holzklotz.

8,22 *Abgemacht sela:* tautologische Ausdrucksweise, da »sela« umgangssprachl. ebenfalls ›abgemacht‹ heißt. Sela ist ein hebräisches Musikzeichen in Psalmen, das das Ende für den Vorsänger und das Zeichen für den Einsatz des Chores bedeutet. In der gleichen Bedeutung benutzt Pfeifer später »abgemacht Seefe« (10,6).

8,23 *Trepp'n:* ungleichmäßige Stellen im Webstück.

8,25 *Aufbäumen:* das Aufziehen der Kett- und Schußfäden auf den Webstuhl; vgl. Anm. zu 9,8 und 9,21.

8,36 *Beehmen Geld:* sprichwörtl. für reichlich Geld. »Behm« bzw. »Böhm« ist der alte böhmische Groschen oder Kaisergroschen mit einem Wert von zehn Pfennigen. In Schlesien war die Bezeichnung auch für den Silbergroschen gebräuchlich, der hier stets mit »Beehm« gemeint ist.

8,39 *Ma muß wieder lauern:* man muß wieder warten; eigentl. aufpassen, im Hinterhalt liegen.

8,42 *A Weber is ock'ne Sache:* Ein Weber ist auch (nur) eine Sache.

9,1 *tälsch'n Tag:* schlechten, nervösen Tag; an weiteren Bedeutungen zu »tälsch« lassen sich ›verrückt, töricht, albern, dumm‹ finden.

9,3 *besser putzen sollt'r:* besser säubern sollte er, d. h. mit der Noppzange (vgl. Anm. zu 9,6) das Webstück bearbeiten.

9,4 *Schlauderei:* Schlamperei, Stümperei, Pfuscharbeit; nach dem niederdt. *schludern* ›nachlässig sein‹.

Klunkern: Knoten, Verdickungen im Gewebe, die den Wert des Webstückes herabsetzen.

9,6 *Noppzängl:* Noppzange, mit ihr werden unsaubere Fäden und Wollknoten aus dem Gewebe entfernt.

9,8 *Kette:* die Gesamtheit der am Webstuhl waagrecht, beim Hochwebstuhl senkrecht gespannten Fäden (Kettgarn), die für den Eintrag des Schusses, der Schußfäden, durch Heben oder Senken ein Fach bilden. Im Gewebe selbst: das in der Längsrichtung verlaufende Fadensystem (Zettel, Schweif, Warp); vgl. Anm. zu 9,21.

9,13 *Abgang:* Stoffrest bei der Handweberei.

9,21 *Einschuß:* die Schuß- oder Einschlagfäden, die abwechselnd von unten nach oben in das durch die Kettfäden gebildete Webfach eingetragen werden; gelegentlich auch Einschlag genannt.

Feifeln: Garnspulen.

9,23 f. *zwee Howetage uf'n Dominium:* zwei auf der Domäne zu leistende Hof- bzw. Arbeitstage, die als Ausgleich für Pachtverpflichtungen oder ähnliche Lasten galten (vgl. Anm. zu 36,1 f.). Das im 17. Jahrhundert zunächst mit der Bedeutung ›Gut im landesherrlichen Besitz‹ aus frz. *domaine* entlehnte Fremdwort, geht auf lat. *dominium* ›Herrschaftsgebiet‹ zurück.

9,28 *Salband:* Tuch-, Webkante, genauer: die gleichbleibende Breite des Gewebes. Aus ostmd. *selbende* ›Salende‹ entstanden, womit das eigene, andersfarbig gewobene, nicht geschnittene Ende der Gewebe gemeint ist.

9,30 *Sperrittl:* Sperrad am Webstuhl, mit dem das fertig gewebte Teil aufgerollt wird.

Zoll: alte Längeneinheit unterschiedlicher Größe, der 10. oder 12. Teil eines Fußes, meist zwischen 2,1 und 3 cm.

9,31 *Eintrag:* vgl. Anm. zu 9,21.
Reelletät: Realität.

9,34 *Pakasche:* nach dem frz. *bagage* ›Gepäck‹; hier: Gesindel. Das seit dem 16. Jahrhundert bezeugte Fremdwort stammt aus der Soldatensprache und bedeutete urspr. ›das im Troß mitgeführte Gepäck‹. Der Bedeutungswandel hin zu dem gängigen Schimpfwort ›Gesindel‹ läßt sich dadurch erklären, daß die Troßmannschaft im Vergleich zur kämpfenden Mannschaft als minderwertig galt. Eine analoge Entwicklung machte auch das Wort ›Pack‹ (Bündel, Ballen) durch.

9,42 *Gejesere:* nach Jesus rufen, Gejammer.

10,2 *Kretschamfenster:* Wirtshaus-, Dorfschenkenfenster; aus altslaw. *krcma*, mhd. *kretscham* ›Dorfgasthaus‹; der älteste Beleg findet sich im obersorb. *curcschema* (1233).

10,6 *Abgemacht Seefe:* vgl. Anm. zu 8,22.

10,8 *verfumfeit:* verjubelt, vergeudet; sonst auch: verderben; spaßeshalber den Namen verdrehen.

10,11 *Iebergang:* Übergang (Übelgang), Fehlgeburt.

10,12 *bloßich:* nur, kaum; verstärkt einschränkendes ›nur‹, wenn nur bloß nicht.

10,12 f. *Schäfer ... von sein'n Schad'n helf'n:* Die Schäfer galten nicht nur als besonders natur- und heilkundig, sondern man sprach ihnen obendrein magische Kräfte und Gaben zu.

10,20 *Greschl:* Gröschl; Diminutiv von Groschen.

10,27 *Blitzkröte ist sechs Wochen blind:* Verhöhnung des Kinderreichtums der Weber. Vgl. dazu auch in Ernst Adolf Willkomms Novelle *Der Lohnweber* die verächtliche Bemerkung des Fabrikanten Ulrich: »Wer heißt Euch heirathen und einen Schwarm Kinder in die Welt setzen! Aber das paart sich wie die Kaninchen!« (Zit. nach: *Deutsches Bürgerbuch für 1845*, hrsg. von H. Püttmann, Darmstadt 1845, S. 223–265, hier S. 240). »Blitzkröte ist nach Grimms *Deutschem Wörterbuch* die

»böse« Variante des »Blitzmädchens«, bezogen auf »zauber, hexerei und teufel« (DW 6.2, Sp. 131 und 134 f.)

10,38 *Placker:* mundartl. für ›Klunker‹; vgl. Anm. zu 9,4.

11,2 *Fimfbeehmer:* fünf Böhmen (vgl. Anm. zu 8,36). Im *Schlesischen Wörterbuch* von Walther Mitzka findet sich hierzu der Eintrag »noch nicht völlig vier Groschen«; dies habe dem täglichen Verdienst eines Webers mit Frau und drei Kindern entsprochen. Zur Höhe der Löhne s. Anm. zu 12,3 ff.

11,5 *Spulmädel:* junges Mädchen, das den Webern beim Aufspulen des Garnes half; häufig wurde diese Arbeit von Kindern verrichtet.

11,8 *Werfte:* auch ›Warp‹; das zum Verarbeiten hergerichtete Garn, das der Fabrikant oder Verleger dem Weber lieferte.

11,23 *Sefzrich:* Seufzer.

11,27 f. *vermickertes Dingl:* schwächliches, armseliges kleines Ding.

11,29 f. *Unreenichkeit ... durchs Geblitte:* wörtl: Unreinlichkeit ... durchs Blut. Vgl. dazu Alexander Schneer: »Von schwächlichen Eltern entsprossen und denselben schwächenden Ursachen verfallen, nimmt unter dieser Volksclasse Hinfälligkeit und Schlaffheit von Generation zu Generation zu, und muß endlich zu einem erblichen Cretinismus [z. B. Zwergwuchs, Idiotie], wie schon jetzt in einzelnen Ortschaften, ausarten« (*Über die Noth der Leinen-Arbeiter in Schlesien und die Mittel ihr abzuhelfen*; Auszüge abgedr. in: Praschek, S. 39–51, hier S. 49). In diesem Zusammenhang ist an August, den Sohn der Baumerts zu denken, von dem es im zweiten Akt heißt: »idiotisch, mit kleinem Rumpf und Kopf und spinnenartigen Extremitäten« (S. 17 f.).

11,36 *Hundl schlacht'n lassen:* Vgl. dazu u. a. Alfred Zimmermanns 1885 erschienene Darstellung *Blüthe und Verfall des Leinengewerbes in Schlesien.* Der aus der Schule des staats- und königstreuen Gustav Schmoller hervorgegangene Nationalökonom schreibt dort: »Selbst das Gebell der Hunde, das sonst in keinem Dorf fehlt, ertönte hier nicht. Man besaß kein Futter für sie und hatte die treuen Wächter als willkommene Nahrung verzehrt« (Zit. nach: Praschek, S. 51–64, hier S. 52).

12,3 ff. *wenn man achtz'n Tag ... dreiz'ntehalb Beehmen erschind't:* Die hier von Hauptmann angegebenen Lohnhöhen stimmen nicht ganz mit der historischen Realität überein. So berichtet Wilhelm Wolff in seinem 1845 veröffentlichten Aufsatz »Das Elend und der Aufruhr in Schlesien« von den Brüdern Zwanziger in Peterswaldau: »Für ein Webe Kattun von 140 Ellen, woran ein Weber 9 Tage zu arbeiten hat und wofür andere Lohnherrn 32 Sgr. zahlten, gaben sie nur 15 Sgr. Für 160 Ellen Barchent, welches 8 volle Tage angestrengter Arbeit erfordert, entrichteten sie 12½ und 12 Sgr. Lohn« (zit. nach: *Deutsches Bürgerbuch für 1845*, hrsg. von H[ermann] Püttmann, Darmstadt 1845, S. 187 f.). Vgl. auch Alfred Zimmermanns in Anm. zu 11,36 genannte Untersuchung (*Blüthe und Verfall des Leinengewerbes*, S. 42 ff.), die sich in ihren Ausführungen auf die von Alexander Schneer für das Jahr 1844 zusammengetragenen Fakten stützt. – In Hauptmanns Drama hingegen arbeitet der rote Bäcker achtzehn Tage für einen Lohn von 13½ bzw. 12½ Silbergroschen.

12,5 *halb drehnig:* ganz schwindlig, fast besinnungslos; sonst auch: verdreht, verrückt, verdrießlich oder halb verschlafen.

12,20 *indigniert:* peinlich berührt, entrüstet, unwillig.

12,21 f. *Der geht aso lange aufs Eis tanzen ... versehen hat:* Der geht so lange aufs Eis tanzen, bis er einmal das Nachsehen hat. Vgl. auch die Redensart: Wenn's dem Esel zu wohl ist, geht er aufs Eis.

12,23 *Fennigmandel:* Wicht, Zwerg.

12,35 *Rotte:* Das seit dem Anfang des 13. Jahrhunderts bezeugte Wort für ›wilder Haufen, zusammengewürfelte

Horde, Schar‹ geht auf mlat. *rupta* ›Abteilung, [Räuber]-schar‹ zurück.

12,36 *grünen Lümmel:* unreifen, unerfahrenen Lümmel. Das Adjektiv »grün« wird in dieser Bedeutung als Gegensatz zu ›rot, reif‹ gebraucht; vgl. ›Grünschnabel‹.

12,37 f. *niederträchtigen Liede ... Bluttgericht:* Das Absingen des Weberlieds *Das Blutgericht*, damals auch »Blutgerüst« (Schaffott) genannt, spielte im Weberaufstand eine große Rolle und wirkte beim Sturm auf das Haus des Fabrikanten Zwanziger gleichsam als Initialzündung. Als »ein offenes Manifest aller der Klagen und Beschwerden, welche bis dahin nur verstohlen und leise von Mund zu Mund wanderten«, charakterisiert es die *Vossische Zeitung* in ihrer Nummer vom 19. Juni 1844. Bekannt war das in 25 Strophen überlieferte anonyme Lied schon vor Ausbruch der Unruhen. So gelangte bereits im Mai 1844 ein Exemplar in die Hände der Polizeibehörde. Aus dem Lied übernahm Hauptmann nahezu unverändert die Strophen 1–4 und 9–11. Vgl. dazu auch die Dokumente in Kap. II.

13,3 *Ich fackle nicht lange:* ich zögere nicht lange. Das Verbum ›fackeln‹ geht auf das seit dem 14. Jahrhundert belegte mhd. *vacklen* zurück, das urspr. ›wie eine Fackel brennen‹, dann ›unstet wie das Licht einer Fackel sein, hin und her schwanken‹ bedeutete. In seiner übertragenen Bedeutung läßt ›nicht lange fackeln‹ sich frühestens im 18. Jahrhundert nachweisen, z. B. bei Matthias Claudius oder Johann Gottfried Schnabel.

13,11 f. *bekommt keinen Schlag mehr bei uns:* bekommt keine Arbeit mehr bei uns; vgl. die Redewendung ›Schlag Arbeit‹, in der das Schlagen als eine Grundform menschlicher Tätigkeit noch erkennbar ist.

13,24 *Meine Färber machen gerade Mittag:* Die Färber galten im Webergebiet z. Zt. des Aufstandes als besonders fabrikantenhörig. Der Fabrikant Dreißiger bedient sich ihrer später (4. Akt), um gegen die Aufständischen vorzugehen.

13,30 *sein richt'gen Paß gehn:* seinen richtigen Weg gehen, das braucht seine Zeit.
13,39 *a klee hipprich Jungl:* ein kleiner schwächlicher Junge; ›Hipperle‹ ist ein kleines, hilfloses Ding, ein Würmchen. *Kränkte:* auch ›Kränke‹; allg.: Krankheit, hier spez.: Schwindsucht, daneben auch für epileptische Anfälle oder Krämpfe verwendet. Früher galt ›Kränke‹ als verhüllender Ausdruck für die Pest und andere schwere Seuchen, was sich bis heute in Verwünschungen und Flüchen bewahrt hat, die insbesondere im 18. Jahrhundert gängig waren; z. B.: »Daß Du die Kränke kriegst!« Noch heute ist im Mecklenburgischen ›Kränke‹ als Bezeichnung für Krankheit üblich.
14,39 *d'r Hunger schmeißt:* der Hunger niederwirft.
15,2 *Schleefl:* Schlinge; geknüpftes Band, Schlaufe.
15,3 *Neurode:* Stadt in Niederschlesien am Westfuß des Eulengebirges.
15,4 f. *a paar Kerndl:* ein paar Körnchen.
15,6 *Perlgraupe:* enthülste, zerkleinerte und kugelig geschliffene Gersten-, Weizen- oder Dinkelkörner; man kochte sie zu Brei oder verwendete sie als Suppeneinlage. Das seit dem 16. Jahrhundert bezeugte Wort für ›geschälte Gerste‹ (seltener für ›geschälter Weizen‹) stammt vermutl. aus dem Slawischen, vgl. obersorb. und russ. *krupa* ›Graupe, Grütze; Hagelkorn‹.
15,13 f. *vierzehn Nothelfern:* die von kath. Gläubigen in besonderen Notlagen angerufenen vierzehn Heiligen (Achatius, Ägidius, Blasius, Christophorus, Cyriacus, Dionysius von Paris, Erasmus, Eustachius, Georg, Pantaleon, Vitus, Barbara, Katharina, Margareta).
15,21 *Schock:* alte Maßeinheit; ein Schock entsprach vier Mandel (vgl. Anm. zu 36,37), das sind 60 Stück.
15,22 *Meilen:* altes Wegemaß unterschiedlicher Länge, in Preußen 7532,485 m; von lat. *milia* abgeleitet.
15,29 *Skribent:* Schreiberling; »dies ist ganz offensichtlich eine Anspielung auf u. a. den unter dem Anonym Treu-

mund Welp und Johannes Horniß schreibenden Eduard Pelz, der sich in besonderer Weise für die Notlage der Weber und ihre Hintergründe bereits vor dem Aufstand vom Juni 1844 verwandt hat« (Schildberg-Schroth, S. 21).

15,30 *da haben wir die Schauergeschichte in allen Zeitungen:* Neben den kleineren Lokalblättern und Zeitschriften wie dem *Boten aus dem Katzbachthale*, dem *Boten aus dem Riesengebirge* und den *Schlesischen Provinzblättern* zählten die *Breslauer Zeitung* und die *Privilegierte Schlesische Zeitung* zu den auch außerhalb ihrer Landesgrenzen bekanntesten schlesischen Zeitungen. Die in ihnen veröffentlichten Darstellungen der Webernot wurden von den Nachrichtenblättern im übrigen Deutschland sehr schnell nachgedruckt. Vgl. dazu ausführlich Kroneberg/Schloesser.

15,35 *Preßhund:* Pressehund; auch hier wiederum verächtlich gebraucht.

15,38 *sein großes Risiko läuft:* sich der (wirtschaftlichen) Verlustgefahr aussetzt.

16,1 *schweigt des Sängers Höflichkeit:* eigentl. ›Das verschweigt des Sängers Höflichkeit‹, Kehrreim des in Berlin erschienenen anonymen *Als der liebe Gott die Welt erschaffen*. Vgl. auch das 1808 in der Zeitschrift *Allerhand für Stadt und Land* veröffentlichte Lied *Des Dichters Höflichkeit* und den Anfang von August Friedrich Langbeins gedichteter Erzählung *Die Weissagung* (1812).

16,12 f. *Fusel:* minderwertiger Branntwein. Ehe man allgemein Branntwein aus Kartoffeln brannte, wurde mit Fusel nur der geringe oder Kornbranntwein bezeichnet. Möglicherweise leitet sich das Wort von ›fuseln‹ ab, das übereilt und schlecht arbeiten bedeutet.

quartweise konsumieren: Quart, ein altes dt. Hohlmaß, faßte in Preußen 1,145 l. Das Wort geht auf lat. *quartarius* ›Viertel‹ zurück. Vgl. in diesem Zusammenhang auch Wilhelm Wolff: »In Niederschlesien minder gewaltig, stieg der Branntweinsoff dagegen in Oberschlesien zu einer solchen Höhe, daß endlich die katholische Geistlichkeit an seine Ausrottung Hand angelegt hat« (»Das Elend und der Aufruhr in Schlesien«, zit. nach: Deutsches Bürgerbuch für 1845, hrsg. von H. Püttmann, Darmstadt 1845, S. 178).

16,23 f. *Wird mir's zu bunt:* Ist meine Geduld zu Ende. In dieser Redewendung drückt sich der Argwohn des Volkes gegenüber allzu Vielfarbigem, Buntscheckigem aus; bunt bezeichnet dabei das ungeordnete, wirre Vielerlei.

16,27 f. *a brinkel angestrichen:* ein klein wenig, ein bißchen angeschmutzt. Vgl. ›brinkeln‹: zerkrümeln, Brotkrumen beim Essen verstreuen.

Zweiter Akt

17,34 *Häuslers:* Dorfbewohner mit eigenem Haus, aber ohne Feldbesitz, der auf Lohnarbeit bzw. gewerbliche Tätigkeit angewiesen war.

17,38 *kontrakte Alte:* verkrüppelte, gelähmte Alte; aus lat. *contractus* ›zusammengezogen, gelähmt‹.

18,12 *Kropfhals:* umgangssprachl. auch Blähhals genannt; eine Vergrößerung der Schilddrüse.

18,19 *Weifen:* Garnwinden, Haspeln; Maschine, um das Garn in Strangform zu bringen.

18,22 *Viertelkörbe:* kleine, aus Weidenruten geflochtene Körbe. Viertelkorb ist auch ein altes Hohlmaß aus Holz, das einen Viertelzentner faßt.

18,23 *Gewuchte der Lade:* dumpfe Geräusche des Webstuhls.

18,25 *Schiffchen:* das mit einer Spule versehene Gerät, mit dem der Schußfaden durch die Kettfäden gezogen wird.

18,30 f. *Mißt er schon wieder knipp'n:* Müßt ihr schon wieder (das Garn) zusammenknoten.

18,33 *Zucht mit der Werfte:* Umstand mit dem Garn; vgl. auch die Redensart ›Zucht machen‹ viel Aufhebens um etwas machen. »Zucht« meint ansonsten ›Lärm, Krach; Unordnung‹.

19,7 *Kerndlkoffee:* Malzkaffee aus Gerste; allg.: Getreidekaffee, der aus gerösteter Gerste, aus Roggen oder Weizen hergestellt wird.

19,9f. *Neegl Puttermilch:* ein wenig, eine kleine Menge Buttermilch; »Neegl« ist der letzte Inhalt eines Gefäßes, der Rest (vgl. ›Neige‹).

19,34 *Pusch:* kleines Wäldchen, Gehölz.

a paar Rittl: ein paar dürre, abgefallene Äste; Reisig.

20,27 *hat uns's Wasser mitgenommen:* die Kartoffelernte war durch Überschwemmungen verdorben worden. Vgl. dazu Alexander Schneer: »die mißrathenen Erndten der Kartoffeln, namentlich in den beiden letzten Jahren, haben sie auf die billigeren wilden oder Viehkartoffeln und auf das Schwarz- oder Viehmehl zur Nahrung angewiesen« (*Über die Noth der Leinen-Arbeiter in Schlesien*, zit. nach: Praschek, S. 44).

20,30 *Fleckl:* ein kleiner Lappen; zum Wortstamm von mhd. vlec[k]e ›Flecken‹ gehört das Verb ›flicken‹.

20,38 *nischt ni:* doppelte Verneinung als starke Verneinung.

20,39 *'s liegt'n uf d'r Brust und im Kreuze:* Schwindsucht (Tuberkulose), Rachitis, Arthritis und Rheumatismus waren typische Krankheitsbilder unter den Webern.

20,40 *abgebrannt:* völlig ohne Geld sein; urspr. ›wem das Haus abgebrannt ist‹, dann in der Gauner- und Studentensprache ›verarmt, ohne Geld‹.

21,1 *Ami'n:* Name des kleinen Hundes, den Baumert hat schlachten lassen; vgl. Anm. zu 11,36.

21,24 *Reservist:* ausgedienter, nicht mehr aktiv dienender Soldat, der bis zu einem bestimmten Alter wehrdienstpflichtig bleibt und zu Übungen herangezogen werden kann. Vgl. auch das Fremdwort ›Reserve‹, das Vorrat, Rücklage, aber auch Ersatzmannschaft bzw. -truppe bedeutet.

21,26 *Muhme:* von mhd. *muome*; bedeutete zunächst ›Schwester von Vater oder Mutter, Großvater oder Großmutter‹, dann ›Tante bzw. Patentante‹ oder ganz allg. ›weibl. Verwandte‹.

21,39 *marode:* durch körperliche Strapazen geschwächt; erschöpft, ermattet. Die Redewendung ›marode sein‹ kam im Dreißigjährigen Krieg auf und ist der Soldatensprache entnommen. Das dem frz. *maraud* ›Lump, Vagabund‹ entlehnte Wort wurde auf die marschunfähigen, oft auch plündernden Nachzügler (Marodeure) einer Soldatentruppe angewandt.

22,3 *Zylinderuhre:* eine Taschenuhr mit Zylindergang. Dieser erste ruhende, für Taschenuhren geeignete Gang, von dem Londoner Uhrmacher Thomas Tompion (1639–1713) entwickelt, wurde von seinem Schüler George Graham 1720 eingeführt. Urspr. bezeichnete man als Zylinderuhr die im trommelförmigen Stil gefertigte Tischuhr des späten 16. Jahrhunderts.

22,5 *großpratschig:* großspurig.

22,12 *Nischtegutts:* Tunichtgut, Taugenichts; ungeratener Mensch.

22,15 f. *Meesekasten . . . Rotkätlsprenkel:* Meisenkasten und Rotkehlchenschlingen, beides Fangvorrichtungen für kleine Vögel. Sprenkel war ein zusammengebogenes, mit Vogelbeere versehenes Reisig oder ein aus Ruten und Roßhaaren verfertigtes Gerät. Rotkätel nannte man sowohl Rotkehlchen wie Rotschwänzchen.

22,19 *Schwalben sind giftig:* Dies ist hier im Sinne einer Warnung gemeint, galt doch die Schwalbe im deutschen Aberglauben als ein heiliger Vogel, den man weder stören, vertreiben, noch töten durfte. Gleichwohl fanden in der Volksmedizin Fleisch, Blut, Eier und Kot der Schwalben vielfältige Verwendung.

22,23 *hab ich an Fluß kriegt:* Rheuma, krankhafter Blutfluß.

22,43 *Klunkern:* umgangssprachlich für (baumelnde) Schmuckstücke, auch Troddel oder Quaste. Nach Walter Heynen ist das Wort »hier im Sinne von (geringwertiger) Kleidung« gebraucht (*Die Weber. Schauspiel aus den vierziger Jahren von Gerhart Hauptmann* mit Einl. und

Anm. für den Schulgebrauch von Walter Heynen, Berlin 1926, S. XIX).

23,4 *Galgengeschlinke:* sehr magerer Mensch; von elendem Aussehen.

23,10 *Plautze:* Brust, Lunge; ›es auf der Plauze haben‹: schwer atmen, es auf der Lunge haben.

23,13 *mukscht:* schlechte Laune haben; verdrießlich, mürrisch sein; nörgeln.

23,17 *eelitzicher Mann:* alleinstehender Mann.

23,20 *Staat macht:* Eindruck macht. Die Redensart geht auf die ältere Verwendung von »Staat« im Sinne von ›prunkvolle äußere Aufmachung‹ zurück.

23,25 *Quartflasche Branntwein:* Viertelflasche Branntwein.

23,41 *Abgelassene:* Magermilch; diese Milch wurde durch eine Tonschüssel mit Bodenloch (Asch) abgelassen; daher die Wortbildung ›Abgelassene‹.

24,2 *dir wern se Moritz lehr'n:* Verballhornung des umgangssprachlichen ›dich werden sie Mores lehren‹. Das in der Schulsprache des 15./16. Jahrhunderts aufgekommene ›Mores‹ für ›Sitte und Anstand‹, leitet sich aus dem Plural *mores* ›Denkart, Charakter‹ von lat. *mos* her.

24,4 *Kneppe:* die Knöpfe am Kragen des Soldatenrocks, das Zeichen des Gefreiten.

24,6 *gefirre wie a Wieslichen:* flink, hurtig wie ein Wiesel; »Gefirre« heißt eigentl. ›rasch sich drehend‹, daher wird der Drehkreisel schlesisch auch Firlefanz genannt.

24,8 *finkeln:* blank sein; von ›fünkeln‹, funkeln.

24,11 *ufgepaßt ... wie a Schießhund:* der Jägersprache entnommene Redensart. Der Schießhund ist bei der Jagd ein Vorstehhund, der so lange gespannt wartet, bis der Jäger schußbereit ist und ihm das Zeichen zum Aufscheuchen des Wildgeflügels gibt. In dieser noch heute gebräuchlichen Bedeutung von ›scharf aufpassen, mit größter Gespanntheit auf etwas achten‹ ist die sprichwörtl. Wendung seit dem 18. Jahrhundert belegt.

24,14 *Schwadron:* die der Kompanie entsprechende Einheit

bei der Kavallerie; seit dem 17. Jahrhundert im deutschen Heerwesen gebräuchliche Bezeichnung.

24,15 *Husar:* Angehöriger der leichten Reiterei; urspr. Mitglied einer in Ungarn Ende des 15. Jahrhunderts aufgestellten berittenen Miliz.

24,25 *kreescht a Braten:* kreischt ein Braten; gemeint ist das zischende Geräusch bratender Speisen; »kreischen« bedeutet daher auch ›Fett auslassen‹.

24,26 *sollst laba:* sollst leben.

24,37 *happich:* gierig nach; auf etwas geradezu versessen sein.

24,39 *is gar ratlich:* ist gut zu empfehlen, sehr angeraten.

24,43 *Guttschmecke:* Leckerbissen; etwas Gutes, Schmackhaftes.

25,17 f. *Haussteuer . . . Grundabgaben . . . Hauszinse:* Über den Verdienst der Spinner und Weber sowie die Höhe der von ihnen zu leistenden Abgaben vgl. die ausführlich bei Alexander Schneer angeführten Beispiele (*Über die Noth der Leinen-Arbeiter in Schlesien*, in: Praschek, S. 39–51).

25,24 f. *Keeniche:* Friedrich Wilhelm IV.; vgl. Anm. zu 30,21.

25,27 *genug in a Zeitungen . . . gekommen:* vgl. Anm. zu 15,30.

25,28 f. *ieberteifeln a besten Christen:* den besten Christen überteufeln, d. h. übervorteilen.

25,30 *den Pli nich hab'n:* nicht den richtigen Dreh, keinen Durchblick haben. Eigentl. bedeutet das vom frz. *pli* ›Falte‹ übernommene Fremdwort im mundartlichen Gebrauch generell ›Gewandtheit, Schliff im Benehmen‹.

25,32 f. *schind't sich's Bast . . . Händen:* sich die Haut von den Händen schinden.

25,40 *meent a iebersche:* mit einer über das normale Maß hinausgehenden Anstrengung.

25,43 *kumpabel:* aus: kapabel, ›fähig sein zu‹.

26,10 *Röhr:* Bratröhre.

26,16 *richtich vorschirrn:* richtig den Tisch herrichten, richtig decken; urspr. ein Fuhrmannsausdruck.

26,18 *Gottstischrock:* Sonntagsrock; schwarzer Gehrock, der zu feierlichen Anlässen, so auch zum Abendmahl getragen wurde. Vgl. dazu Alexander Schneer: »Den Kirchenrock haben viele schon lange verkauft oder versetzt; sie schämen sich, in ihren Lumpen zur Kirche zu gehen, und so entbehren sie auch noch des geistigen Trostes bei diesem Elend« (*Über die Noth der Leinen-Arbeiter in Schlesien*, zit. nach: Praschek, S. 44).

26,28 *Eklipaschen:* statt ›Equipage‹; vgl. Anm. zu 33,9.

26,31 *In a alten Zeiten ... wo se kenn'n:* Hauptmann lehnt sich hier sehr eng Alexander Schneers Bericht an. Die entsprechende Passage lautet dort: »Der Kaufmann ließ den Weber mitleben, aber wie steht's heute? Der hohe Stand kennt nur seine hohen, der niedere Stand seine niederen Geschäfte. Wenn aber beides wechselseitig verbunden würde, und in der Furcht Gottes und im wahren Glauben an Ihn, so zweifle ich nicht, ob nicht eine Errettung möglich wäre. [...] Unsere Zeitgenossen haben treffliche Künste erfunden, um einander die Nahrung zu schwächen und zu untergraben« (*Über die Noth der Leinen-Arbeiter*, zit. nach: Praschek, S. 44).

26,42 *Schölzerei:* Wirtshaus, das mit dem Haus und Amt des Dorfschulzen, dem Ortsvorsteher, verbunden ist.

27,2 *lacht sich de Hucke voll:* unmäßig lachen, sich vor Lachen biegen.

27,3 *feder:* schnell, beeil dich.

27,11 *Fabrikantenräudeln:* als Räudel bezeichnete man rohe, grausame Menschen.

27,14 *Dittrichen:* Das historische Vorbild sind die Brüder Friedrich und Wilhelm Dierig, Fabrikanten aus Langenbielau; vgl. Anm. zu 55,41.

27,21 *Krien:* Mut, Entschlußkraft.

27,36 *amal was Guttes dergattert:* auch einmal etwas Gutes ergattert.

27,39 *Gerichtsschulzen:* Gerichtsvorsteher.

27,39 *Schmärwampen:* Schmer-, Fettbäuche; Schmer nennt

man in verschiedenen Gegenden das Bauchfett der Schweine.

28,14 *Vehmen:* Feme, das heimliche oder Freigericht; aus mhd. *veime* ›Strafe‹. Die besonders im Westfälischen verbreiteten Gerichte erlangten ihre größte Bedeutung in der friedlosen Zeit des ausgehenden Mittelalters. Vom König mit dem sog. Blutbann, der Blutgerichtsbarkeit beliehen, verhängten sie vornehmlich Todesurteile. Seit dem 16. Jahrhundert waren sie mit Ausnahme Westfalens nur noch als heimliche Gerichte tätig, deren Mitglieder unerkannt blieben. In einer weiteren Bedeutung gilt ›Feme‹ als Notgericht bzw. Gericht zur Selbsthilfe mit willkürlichem Charakter.

28,35 *die Diener ihre Schergen:* In einer anderen überlieferten Fassung des Liedes heißt es mit Bezug auf die beiden Langenbielauer Fabrikanten Friedrich und Wilhelm Dierig »die Dierig« (vgl. Anm. zu 55,41); Schergen: Häscher; sodann auch ›Büttel, Gerichtsdiener‹.

29,4 *Kujone:* Schuft, niederträchtiger Kerl; aus frz. *couillon* ›Feigling, Memme‹.

29,28 *Baumert . . . hingerissen zu deliranter Raserei:* Peter Sprengel hat angemerkt, daß die Figur des alten Baumert hier ähnliche Reaktionen zeigt wie die Psychopathen, die Hauptmann während seines Zürich-Aufenthalts 1888 in der Kantonalirrenanstalt Burghölzli beobachten konnte (Sprengel, 1984, S. 85 f.).

Dritter Akt

30,13 *Honoratiorenstübchen:* eigener, abgesonderter Raum für die angesehenen Bürger; von lat. *honoratiores* ›die mehr als andere Geehrten‹, Komp. Pl. von *honoratus* ›geehrt‹.

30,21 *Friedrich Wilhelms IV:* (1795–1861), König von Preußen (ab 1840). Der »Romantiker auf dem Thron« war einem christlich mystischen Staatsideal verhaftet, in dem sich seine Vorstellungen vom Gottesgnadentum mit einem mittelalterlichen Ständestaat verbanden. Unter seiner Führung wurde 1848/49 die Revolution niedergeschlagen und am 5. Dezember 1849 die erste (1850 revidierte) preußische Verfassung mit Einführung des Dreiklassenwahlrechts oktroyiert. Nachdem Friedrich Wilhelm IV. durch schwere geistige Erkrankung regierungsunfähig geworden war, übernahm sein Bruder, Prinz Wilhelm von Preußen, 1857 die Stellvertretung und ein Jahr später die Regentschaft.

30,26 *propre gekleidet:* sauber, ordentlich, nett gekleidet; Anfang des 17. Jahrhunderts aus frz. *propre* ›eigen; reinlich‹ entlehnt.

30,36 *Reiseeffekten:* Reisegepäck, allg. auch: bewegliche Habe. Der Begriff ›Effekten‹ wird heute fast nur noch im Bankgeschäft verwendet.

31,16 *klee numpern Särgl:* ein kleiner, minderwertiger Sarg.

31,17 *rasnich:* rasend, übermäßig.

32,1 f. *iebertriebliche Vorstelligkeit:* übertriebene Vorstellungen. Vgl. dazu Alexander Schneer: »Daß die Seeligkeit des Todten von einem prunkenden Begräbnisse abhänge, oder, daß manche, demselben im Leben zugefügte Unbill durch gute Bekleidung der Leiche wieder gut gemacht werde, ist eine im Gebirge sehr verbreitete Meinung. Diese pomphaften Begräbnisse, welche zu unnützen Ausgaben verleiten (indem selbst die Ärmsten auf die Bekleidung der Todten und die Bewirthung des Trauergeleites mehr verwenden, als ihre Lage es gestattet) werden von den Geistlichen, da die hierbei vorkommenden Offertorien ihr Haupteinkommen ausmachen, nach unzweifelhaften Zeugnissen, größtentheils befördert, und stille Begräbnisse von denselben nur selten, als kaum vorkommende Ausnahmen gestattet« (*Über die Noth der Leinen-Arbeiter in Schlesien*, zit. nach: Praschek, S. 50).

32,7 *Magnaten:* aus lat. *magnus* ›groß‹; früher, besonders in Polen und Ungarn, Bezeichnung für Angehörige des hohen Adels, heutzutage nur noch für Großgrundbesitzer bzw. Großindustrielle gebräuchlich. Hier ist das Wort in der allg. Bedeutung von ›wohlhabende Leute‹ zu verstehen.

32,8 *der Pastor wird verschuldet:* man bleibt dem Pastor die Gebühren schuldig. Das Wort ist hier im mundartl. Gebrauch dem Hochdeutschen genau entgegengesetzt.

32,10 f. *respektive Kindlichkeit:* gemeint ist der Respekt der Kinder ihren (verstorbenen) Eltern gegenüber.

32,19 f. *scheene Iebervorteilung:* schöner, vorteilhafter Geldgewinn.

32,20 *Offertorien:* eigentl. Darbringung, Opferung (von Brot und Wein), aber auch Meßgebete; gemeint sind hier damit die Gebühren für die kirchlichen Amtshandlungen.

32,28 *Häkel und Esel:* Haken und Ösen; umgangssprachl. Redewendung, wenn sich eine Sache nicht ganz unproblematisch gestaltet und Schwierigkeiten zu erwarten sind.

33,7 *Scholzentochter:* Schulzentochter.

33,9 *Equipage mit Livreediener:* herrschaftliche Kutsche mit einem uniformähnlich ausstaffierten Diener; aus frz. *équipage* ›Fuhrwerk‹ und *livrée* ›Bedientenkleidung; Dienerschaft‹.

33,14 *Geniste:* elendes Haus; sonst auch: Strohsack bzw. Bettstroh, Bett oder Nest.

33,35 *von der Kultur so beleckt:* Vgl. J. W. Goethe: »Auch die Kultur, die alle Welt beleckt, hat auf den Teufel sich erstreckt« (*Faust I*, »Hexenküche«, V. 2495 f.).

33,38 *Balbier:* Barbier, Bartpfleger.

33,39 *ni derschwingen:* sich nicht leisten können, für einen unerschwinglich sein.

34,1 *Mucken:* umgangssprachl. für ›Launen; Eigensinn‹; in dieser Bedeutung seit dem 16. Jahrhundert belegt.

34,7 f. *Sie machen Furore. Parole d'honneur:* ›Sie werden Aufsehen erregen. Mein Ehrenwort.‹ »Furore« geht auf lat. *furor* ›Wut, Raserei, Gier, Begeisterung‹ zurück.

34,15 *Raupen:* hier: Grillen, hochfahrende Illusionen; sonst wie nhd. lose Streiche, faule Witze, Launen.

34,25 *underfertigen:* unterstreichen, unterstützen.

34,34 *Nipper:* Gauner; sonst auch: Trinker.

34,35 *Neegl Spuln:* eine Anzahl, kleine Menge Spulen; vgl. Anm. zu 19,9 f.

34,36 *Feifl Schußgarn:* Garnspule Schußgarn.

34,40 *de kleen'n Kreppe:* die kümmerlichen Kinder, allg. auch für ›kleine Kinder‹; geht zurück auf niederdt. *Krop* ›[Klein]vieh‹.

35,42 *egelganz:* ganz und gar; sonst auch: tölpelhaft, ungeschickt.

36,1 f. *Schutzgelder, Spinngelder, Naturalleistungen ... Gänge laufen ... Howearbeit:* Neben den Bauern hatten auch die Weber und Spinner feudale Abgaben und Handdienste zu leisten. Denn trotz der sog. Bauernbefreiung, Aufhebung der Erbuntertänigkeit (1807) und dem Erlaß einer Ablöseverordnung (1821) waren die feudalen Gesellschaftsverhältnisse noch keineswegs überwunden.

36,17 *mit achzig schweren Radwern:* altes Maß für 80 große Fuhren. »Radwer« ist eine einrädrige Schubkarre mit zwei Holmen; von mhd. *baere* ›Tragbahre‹, also eigentl. eine Radtrage.

36,18 *Gelammetiere:* Gejammer, jämmerliches Klagen.

36,33 f. *Ma is wie a Griebsch, an dem alle rumfressen:* Man ist wie das Kerngehäuse des Obstes, an dem alle herumbeißen.

36,37 *Mandel Habergarben:* 15 zu einem Garbenbund zusammengestellte Hafergarben; ›Mandel‹ bezeichnet eine Anzahl von 15 Stück.

36,43 *Bremmerochse:* Zuchtstier.

37,9 *Kupsel:* der hanfene Tragegurt; Ableitung von ›Kuppel, Koppel‹.

37,10 *klaubten ... im Miste rum:* wühlten im Mist herum; urspr. ›mit den Fingerspitzen, Nägeln oder Zähnen an etwas herumarbeiten‹, dann auch ›pflücken, aussondern, mit Mühe heraussuchen‹.

37,13 *Schlichte:* Mehlkleister bzw. mit Stärke versetztes Wasser, das in der Weberei zum Glätten der Leinwand diente. Die Schlichte verhinderte aber auch das Reißen der Fäden. Vgl. dazu Alexander Schneer: »Daß die Weber dazu getrieben werden von der Schlichte – sauer und stinkig riechenden Stärke – sich zu ernähren, war nach unzweifelhaften Zeugnissen eine nicht seltene Erscheinung« (*Über die Noth der Leinen-Arbeiter in Schlesien*, zit. nach: Praschek, S. 44).

37,27 *Klitschen:* alte verfallene Häuschen, kleine ärmliche Landgüter, bes. auf lehmigem Boden; aus poln. *kleć* ›Lehmhaus‹.

37,28 *Schaubennester:* strohgedeckte Hütten; verächtlich für alte Bauernhäuser.

38,12 *Teeps is uf allen Gassen:* Aufruhr, Lärm ist auf allen Gassen; das Wort gilt aber auch für ›laute Wesen‹.

38,12 f. *Wenn solche Leubel im Dorfe rumschwuchtern:* Wenn sich solche ungehobelten, groben Kerle im Dorf herumtreiben.

38,15 *Puttputt:* mundartl. für Geld; von »Putt Putt« als Lockruf für Hühner abgeleitet.

38,16 *Scheps:* Braunbier; Schöps war die alte Bezeichnung für das Schweidnitzer Bier.

38,17 *Kaffee lappern:* Kaffee schlürfen.

38,25 f. *Ich mach mit'n Fabrikanten Halbpart:* Ich mach mit dem Fabrikanten Halbe-Halbe.

39,16 *Goten:* dumme, alberne Menschen; Verkürzung von ›Gottfried‹, gleich diesem Namen zur Bezeichnung eines altmodischen, etwas albernen Kerls gebraucht.

39,34 *Robspier:* Maximilien de Robespierre (1758–1794), frz. Revolutionär, der die Hinrichtung Ludwigs XVI. und den Sturz der Girondisten betrieb. Mit seinem Namen verbindet sich die jakobinische Schreckensherrschaft. Von seinen eigenen Gefolgsleuten gestürzt, wurde er in Paris hingerichtet.

39,34 *Patschel:* Dimunitiv von ›Patsche‹ Hand, weit verbreitet in der Mundartdichtung.

39,35 *Allee, schaff fort:* frz. allez ›geht‹; »schaff fort« überschneidet sich im Klangbild mit ›Schaffott‹.
Giljotine: Guillotine, das in der Französischen Revolution eingeführte Hinrichtungsgerät. Der Name geht auf seinen Erfinder, den französischen Arzt Joseph Ignace Guillotin (1738–1814) zurück, der aus humanitären Gründen den Ersatz des Handbeils durch ein mechanisches Fallbeil gefordert hatte.

39,35 f. *allong sangfang:* frz. *Allons enfants* ›Vorwärts, ihr Kinder‹, Anfangszeile der französischen Revolutions- und späteren Nationalhymne, der »Marseillaise«; 1792 in Straßburg gedichtet und unter Verarbeitung zeitgenössischer Melodien von dem französischen Pionieroffizier Claude Joseph de Lisle (1760–1836) vertont, wurde sie durch die Truppen aus Marseille populär.

39,38 *hallwäge:* halbwegs.

39,41 f. *Ob man nu schachtert:* Ob man nun schuftet, sich abrackert; das Wort erinnert an ›im Schacht arbeiten‹ und bedeutet insofern ›mühselige, anstrengende Arbeit tun‹.

40,8 *mit »Zungen« zu reden:* vom heiligen Geist erfüllt reden. Vgl. 1. Kor. 14,2: »Denn der mit Zungen redet, der redet nicht den Menschen, sondern Gott; denn ihm hört niemand zu, im Geist aber redet er die Geheimnisse.«

40,10 *Zebaoth:* (hebr.) Heerscharen; im Alten Testament Beiname Jahwes, ›Herr der Heerscharen‹.

40,21 f. *Gewalt üben im Recht der Elenden:* Vgl. dazu den Propheten Habakuk: »Raub und Frevel sind vor mir. Es geht Gewalt über Recht« (Hab. 1,3).

40,24 ff. *Und doch wie wunderlich . . . will verachten:* Anfangszeile eines Volksliedes aus Franken, bekannter in der Fassung: »Ei, wie so töricht ist, wenn man betrachtet, wer einem Leineweber seine Arbeit verachtet.«

40,33 *Forsche:* Mut, Stärke, Gewalt, aber auch Nachdruck.
40,39 *ärschlich ufknippen:* verkehrt herum aufhängen, aufknüpfen.
40,41 *Franzeschen Revolution:* Französische Revolution (1789). Mit seinen wiederholten Verweisen auf die Französische Revolution spielt Hauptmann offensichtlich auf die aufrührerische Tradition der schlesischen Weber an, die bereits 1793 gegen die Garnhändler und Kaufleute wegen der zu niedrigen Entgelte revoltierten. Damals zirkulierten unter der Weberbevölkerung auch Flugblätter und Freiheitslieder, die Einflüsse der Französischen Revolution zeigten.
41,9 *Uf die Kamradschaft plamp' ich:* Auf diese Kameradschaft verzichte ich, pfeife ich. Eigentlich bedeutet plampen ›sich träge herumtreiben‹.
Laps: Schimpfwort für ›Lump; dämlicher Kerl‹, aber auch für ›leichtsinniger Mensch‹.
41,30 *Schlampanjerwein:* Champagner.
41,34 *Schepsbier:* billiges, schlechtes Bier.
41,39 *bekreeschen:* betrinken.
41,40 f. *uf'n Ferde rumschappern:* auf einem Pferd herumtraben.
42,9 f. *verschänd't und verleumd't:* in Schande gebracht und verleumdet.
42,13 *infame karnalje:* niederträchtiger Schuft, ehrloser Schurke; aus frz. *canaille* ›Hundepack, Gesindel‹.
42,15 *Ochsenziemer:* mehrriemige Peitsche mit kurzem Holzstiel.
durchgewalkt: durchgeprügelt.
42,26 *retiriert er:* zieht er sich zurück; aus frz. *retirer* ›zurückziehen, entziehen‹.
42,34 *Stockhause:* Gefängnis; früher wurden die Häftlinge in den sog. Stock, d. h. in Fußfesseln gelegt, um die Flucht zu verhindern, aber auch, um sie nicht bewachen zu müssen.

42,39 *Reechenbach:* Reichenbach, Kreisstadt am Eulengebirge.

43,35 *Krepper:* Krüppel; Schimpfwort für alte, schwächlich gewordene Männer.

Vierter Akt

44,14 *Kandidaten:* Studenten vor dem letzten Examen; von lat. *candidus* ›weiß‹ – im alten Rom waren die Bewerber um ein Amt weiß gekleidet.

45,2 *Wanstsorger:* Schimpfwort für jemanden, der sich nur um sein eigenes Wohlergehen bekümmert. Wanst wird der ›Bauch des Viehs‹ genannt.

45,28 *Whist:* aus England stammendes Kartenspiel (52 Blatt) für vier Personen, von denen je zwei Partner sind; Vorläufer des Bridge.

45,36 *insultiert hat:* belästigt, beleidigt hat; geht zurück auf lat. *insultatio* ›Verhöhnung‹.

46,11 f. *cum grano salis:* wörtl.: mit einem Körnchen Salz; hier sprichwörtl.: im großen und ganzen. Die Redensart geht auf den älteren Plinius zurück, in dessen Naturgeschichte es von einem Rezept für ein Gegengift heißt: »addito salis grano« (*Naturalis historia* 23,8), einzig unter ›Hinzufügung eines Salzkörnchens« sei das Mittel wirksam. Allgemein wird der Ausdruck in dem Sinne benutzt, daß eine Behauptung nur unter ganz bestimmten Voraussetzungen und sehr eingeschränkt einen Wahrheitsgehalt beanspruchen könne.

47,27 *auf der Pike habe:* einen heimlichen Groll gegen jemanden hegen. Die Redensart ist im 17. Jahrhundert aus dem ndl. *eenen pick hebben teghen iemanden* über das Niederdt. ins Hochdt. gedrungen.

47,37 *Kantschu:* kurze lederne Riemenpeitsche, Ziemer; aus poln. *kanczuk* ›Peitsche‹.

47,39 f. *Es muß ein Exempel statuiert werden:* Es muß ein abschreckendes Beispiel gegeben werden; von lat. *exemplum* ›Muster, Beispiel‹.

48,24 *Hab ich mit dir schon die Schweine gehit't:* Die Redensart ist eine Zurückweisung plumper und verletzender Vertraulichkeit. Jäger gibt dadurch dem Polizeiverwalter zu verstehen, daß er sich durch dessen Duzen erniedrigt und beleidigt fühlt.

48,32 f. *fünfundzwanzig überreißen:* fünfundzwanzig Peitschen- oder Stockhiebe überziehen.

48,38 *Plättbrettl-Emilie:* Anspielung darauf, daß das Mädchen zuvor als Büglerin gearbeitet hat.

49,27 *Quäker:* von engl. *to quake* ›zittern‹; urspr. Spottname für eine protestantische Freikirche, deren Anhänger im 17. Jahrhundert ihrer ekstatischen Frömmigkeit wegen Aufsehen erregten. Begründer der ›Society of Friends‹, wie sich die Glaubensgemeinschaft selbst bezeichnet, waren George Fox (1627–1691) und William Penn (1644–1718). Die Mitglieder, die jedwede kirchliche Hierarchie sowie die Sakramente ablehnen, glauben, daß alle Menschen das »innere Licht« in sich haben und daher vor Gott und den Menschen gleich sind.

49,41 *Hetze Menschen*: (jagende) Menge Menschen.
Schwefelbande: umgangssprachl. für: mutwillige Bande; 1770 Name einer wilden Studentenverbindung in Jena.

50,5 *nich lange gefackelt:* vgl. Anm. zu 13,3.

50,27 *Krakeel:* Lärm.

50,40 f. *Humanitätsdusler:* Abfällige Bezeichnung für die Initiatoren der Vereine und Komitees für die notleidenden Weber; vgl. Anm. zu 50,43.

50,43 *Vereine und Komitees ... Webernot:* Angesichts der verzweifelten Lage der schlesischen Weber wurden zahlreiche Vereine ins Leben gerufen, die mit Spendenaufrufen an die Öffentlichkeit traten. Im Auftrag des Breslauer »Vereins zur Abhilfe der Not unter den Webern und Spinnern in der Provinz Schlesien« bereiste Alexander Schneer unmittelbar vor Ausbruch der Unruhen die Webereidistrikte und fertigte eine detaillierte Studie über die dortigen Verhältnisse an. Siehe dazu Kap. III, S. 78–80.

51,20 f. *Das Ausland ... durch Zölle verbarrikadiert:* Die deutsche Textilindustrie, die lange Zeit der einzige größere Exportträger gewesen war, hatte durch die englische Kontinentalsperre einen schweren Rückschlag erhalten, der selbst nach deren Aufhebung nicht aufzuholen war. Hinzu kam die frühe Entwicklung mechanischer Webstühle in England wie auch die Zurückdrängung des Leinens durch Baumwolle.

52,23 *riede Hunde:* rüde Hunde.

52,29 *tummen Luder:* dummen Luder; urspr. ein alter Jagdausdruck für die Lockspeise. Daraus entwickelte sich zum einen die Bedeutung ›Aas‹, an das sich die Verwendung von ›Luder‹ als Schimpfwort anschließt, und zum anderen die Bedeutung ›unsittliches Wohlleben, Schlemmerei‹.

53,18 *Heller fer Fennig:* Heller für Pfennig. Der Heller, urspr. ›Haller‹ nach dem Prägeort Schwäbisch Hall genannt, zunächst ein Silberpfennig, wurde im 18. Jahrhundert zur Kupfermünze (›roter Heller‹) und war im Deutschen Reich von 1690 bis 1866 als kleinste Münzeinheit in Umlauf.

54,2 *ungerochen:* ungerächt; das Verb flektierte früher stark.

54,9 *Sonnenkoller:* Sonnenstich. Der umgangssprachl. weitverbreitete Ausdruck »Koller« für ›Wutausbruch, Tobsuchtsanfall‹ geht auf ahd. *kolero*, mhd. *kolre* ›ausbrechende oder stille Wut‹ zurück.

54,43 f. *Schipp ock nich:* stoß doch nicht; neben ›schieben, stoßen‹ heißt »schippen« aber auch ›treten‹.

54,44 *Hilf schirjen:* Hilf schieben; neben »schirgen« finden sich noch die Formen »schürgen« und »schergen«, von mhd. *schürgen*, *schurgen* ›schieben, stoßen‹.

55,1 *Wirgebänder:* Schimpfwort, etwa: Galgenstricke.

55,41 *nach Bielau nieder, zu Dittrichen ... mechan'schen Webstiehle:* In Langenbielau wohnten die Fabrikanten Friedrich und Wilhelm Dierig, in Hauptmanns *Weber* Dittrich genannt, die einige wenige Jacquard-Webstühle betrieben. Mit ihnen ließen sich – im Unterschied zum

Handwebstuhl – besonders reich- und großgemusterte Gewebe mechanisch herstellen. Benannt ist die Jacquard-Maschine (1805) nach ihrem Erfinder, dem französischen Mechaniker Joseph-Marie Jacquard (1752–1834).

Fünfter Akt

56,14 *Ritsche:* Fußbank, Schemel.

56,20 *Prast:* Wust, wertloses Zeug, Gerümpel; sonst auch: schlechte Handelsware, Ausschuß.

57,14 *nächt'n Abend:* gestern Abend.

57,17 *Aaler:* Alter.

57,29 *Kleie:* Frucht- und Samenschalen des Getreides, die beim Mahlen abfallen und als Viehfutter verwendet werden.

57,31 f. *wo d'r Schinder a verreckt Ferd hat verscharrt:* Wo der Schinder, der Abdecker, ein verrecktes Pferd verscharrt hat. Vgl. dazu die in Alexander Schneers Bericht angeführte Aussage des Webers Anton Berner, der »mit Freudentränen in den Augen« erzählte: »Er hätte bei der mangelnden Arbeit das Glück gehabt, daß in der Nähe zwei Pferde krepiert wären, deren Fleisch ihn, sein Weib Antonie und seine drei Kinder eine Zeitlang erhalten« (*Über die Noth der Leinen-Arbeiter in Schlesien*, zit. nach: Praschek, S. 44).

57,33 *Luder:* totes Tier, Aas; vgl. Anm. zu 52,29.

58,15 *plutze:* plötzlich.

58,16 *Schweidnitz:* Stadt in Niederschlesien, nordöstl. von Waldenburg an der Weistritz gelegen.

58,33 *Indigo:* ältester dunkelblauer, lichtechter Pflanzenfarbstoff, der bereits um 2000 v. Chr. in Ägypten nachweisbar ist; in Europa seit dem 9. Jahrhundert aus Färberwaid, einem zweijährigen Kraut mit gelben Blüten gewonnen.

58,39 *verpucht:* verflucht (gelinder Fluch).

59,10 *beese Greschl:* Schildberg-Schroth gibt hier als mögliche Erläuterung »böse, dumme Frau« (Schildberg-Schroth, S. 23).

59,43 *gejädert:* gejagt, gelaufen.

60,2 *hinter a Oden:* außer Atem.

60,10 f. *Dare, dir wer ich's Mausen austreiben:* Dirne, Mädchen, dir werde ich das Stehlen austreiben.

61,7 *Lichtadern:* Augenlicht.

61,15 *renitent:* widersetzlich, widerspenstig; hartnäckig. Im 18. Jahrhundert über frz. *rénitent* aus lat. *renitens*, Part. Präs. von *reniti* ›sich widersetzen, entgegenstemmen‹, entlehnt.

61,22 *Herr Kanter:* Herr Kantor; Leiter des Kirchenchores, Organist; aus lat. *cantor* ›Sänger‹. An den Lateinschulen des 16.–18. Jahrhunderts war der Kantor zugleich Stellvertreter des Rektors.

61,33 *genatscht:* geweint; »natschen« heißt sonst aber auch ›albern reden, plappern‹.

61,34 *Bittern:* Kräuterschnaps.

61,37 *Bunzeltopp:* irdener Topf aus Bunzlau am Bober, Kreisstadt in Niederschlesien, die noch heute für ihre Keramikwaren bekannt ist.

62,2 *Stichliche:* Gabeln, auch spitze Reisighölzer; gemeint sind hier wohl Hacken und Heu- bzw. Mistgabeln.

62,3 *Randal:* Lärm, Krach, Gejohle. Das urspr. studentensprachliche Substantiv ist vermutlich eine Wortkreuzung aus mundartl. *Rand* ›Possen‹ und ›Skandal‹.

62,9 *jächen:* rennen, jagen; von ›jäh‹; mhd. *gach* ›hastig‹.

62,29 *kaffer du dich hinter a Owen:* verkriech du dich hinter dem Ofen; »kaffern« bedeutet ›sich klein machen, hinkauern, hocken‹.

in de Helle: veraltete Bezeichnung eines Raumes, in dem man etwas bzw. sich selbst verbergen kann; hier der Raum zwischen Ofen und Wand.

62,36 *meschantes Maulwerk:* boshaftes Maulwerk, von frz. *méchant* ›schlecht, elend, böse, schlimm‹.

62,39 *bigotten Räden:* scheinheiligen Reden; aus frz. *bigot* ›frömmelnd, abergläubisch-fromm‹.
63,7 *rumpaschen:* herumlaufen.
63,15 *Lappärsche:* Schimpfwort; vgl. Anm. zu 41,9.
63,15 f. *Haderlumpe:* heruntergekommene, liederliche, schlechte Menschen.
63,16 *Gattschliche:* Schimpfwort für einen allzu nachgiebigen, geduldigen Menschen; Duckmäuser.
63,44 *Schißkojenne:* einerlei, egal; aus dem poln. *wszystko jedno* ›alles eins‹.
63,46 *O Jeckerle:* entstellt aus »O Jesulein«.
64,18 *deine Parte:* deinen Teil, das dir bestimmte Los.
64,21 *mein is die Rache:* Vgl. 5. Mose 32,35: »Die Rache ist mein; ich will vergelten«, und Röm. 12,19: »Rächet euch selber nicht, meine Liebsten, sondern gebet Raum dem Zorn [Gottes]; denn es steht geschrieben: ›Die Rache ist mein, ich will vergelten, spricht der Herr‹.«
64,31 *jemersch:* Ausruf der Verwunderung und Verzweiflung: »o jeh«.
64,34 f. *nu kommen se knippeldicke:* nun kommen sie in großer Zahl.
64,42 *Froppen:* Pfropfen, Korken.
65,9 *gefirre:* gefährlich; mhd. *geværlich* ›verfänglich, hinterlistig‹.
65,10 *Schaumprezeln:* leichtes, mürbes Ostergebäck und Gebäck zum sog. Sommersingen (am dritten Sonntag vor Ostern: Lätare).
65,11 *in de Mache kriegt:* jemanden in die Mache nehmen, jemanden fertig machen (umgangssprachlich).
65,13 f. *A hängt an Tafel raus:* Der Fabrikant Wilhelm Dierig hatte tatsächlich eine Tafel ausgehängt, auf der die Worte standen: »Ihr sollt alle befriedigt werden«.
65,38 *Exterei:* Quälerei.
66,31 *'ne Forsche aso stark wie a Bremmer:* vgl. Anm. zu 36,43 und 40,33.
66,33 *Verflugasich:* verballhornter Fluch.

67,1 *Das wär den a Gestrichnes:* sinngemäß: das wäre denen recht; möglicherweise eine Umkehrung der umgangssprachl. Wendung ›gegen den Strich gehen‹, zuwider sein.

67,2 *Feuerkasse:* Feuer-, Brandversicherung.

67,3 *Freiburg:* Stadt im Kreis Schweidnitz am Nordfuß des Waldenburger Berglandes.

zu Tromtra'n: möglicherweise ist damit der Fabrikant Kramsta gemeint.

67,6 *Breslau:* Hauptstadt der Provinz Niederschlesien und des Regierungsbezirks Breslau, 1742 an Preußen gefallen.

67,12 *Alle Tage is nich Kirm's:* Alle Tage ist nicht Kirchweih; vgl. auch die Redensart: Alle Tage ist kein Sonntag.

67,13 *Ihr Hellenbrände:* Ihr Höllenbrände, Teufelsbraten; geht auf ahd. *hellabrand* ›böser Mensch‹ zurück.

67,42 *Nimmermehrschtage:* (Sankt) Nimmerleinstag.

68,19 *A bissel iebertrabt:* Ein bißchen überdreht, ein wenig durchgedreht

68,21 *fläm'sch:* frech, unverschämt; sonst auch: mürrisch, finster.

68,24 *labern:* daherreden

69,1 *Hundsfott:* Schuft, Schurke.

69,11 f. *an kleene Schleuder hab ich:* ein wenig durchgedreht, übergeschnappt bin ich.

70,3 *Hilse, die Hand auf der Brust, betend:* In der Erstausgabe findet sich an dieser Stelle noch ein Irrtum besonderer Art. So faltet der einarmige Hilse die Hände zum Gebet (vgl. Behl, 1949, S. 57).

70,16 *Kringl:* Kreis.

70,18 *aso viel Blut kam getreescht:* so viel Blut spritzte hervor.

70,32 *Prellkugel:* Querschläger.

70,34 f. *Nu zieht aber Leine:* Nun ist es aber genug, nun macht euch aber davon; ein der Seemannssprache entlehnter Ausdruck.

Nu hattje, Soldaten: Nun adieu, Soldaten.

71,7 *wenn ihr alle vollens drehnig wird:* wenn ihr alle vollends verrückt werdet.

II. Dokumente zur Weber-Revolte von 1844

Als zwischen dem 3. und 6. Juni 1844 in den beiden schlesischen Ortschaften Peterswaldau und Langenbielau die notleidenden Weber und Spinner revoltierten, war eine breite Öffentlichkeit von deren verzweifelter Lage schon seit längerem unterrichtet. Hatte doch die schlesische und deutsche Presse wiederholt in ausführlichen Darstellungen auf die zunehmende Verelendung in den Webereidistrikten aufmerksam gemacht und landesweit Spendenaufrufe für die hungernde Bevölkerung im Eulengebirge verbreitet. Über den Aufstand selbst hingegen finden sich in den großen schlesischen Blättern mit Ausnahme zweier kurzer Meldungen keine Beiträge. Denn unmittelbar nach Ausbruch der Unruhen wurde der schlesischen Presse jedwede Berichterstattung über die Vorfälle untersagt. So konnte die regierungstreue *Privilegierte Schlesische Zeitung* in die Beilage ihrer Ausgabe vom 7. Juni 1844 nur die Notiz einrücken:

»Breslau. 6. Juni. Es haben am 4ten d. Mts. bedauerliche Exzesse von seiten der Baumwollenweberei-Fabrik-Arbeiter in Peterswaldau und Langenbielau stattgefunden, welche die Zerstörung der Werkstätten und des sonstigen Eigentums von einem Fabrik- und Handlungshause in Peterswaldau und einem zweiten in Langenbielau zur Folge gehabt haben. Die erforderlichen Maßregeln sind von seiten der Militär- und Zivil-Behörden getroffen worden und lassen auch die neuesten eingegangenen Berichte erwarten, daß jetzt schon der gewöhnliche Zustand der Ruhe an beiden Orten wiederhergestellt sei.«

Zit. nach: Weber-Revolte 1844. Der schlesische Weberaufstand im Spiegel der zeitgenössischen Publizistik und Literatur. Hrsg. von Lutz Kroneberg und Rolf Schloesser. Köln: Leske, 1979. S. 147.

Ungeachtet der verschärften Pressezensur in Schlesien fand der Aufstand ein großes Echo in Deutschland. Nahezu gleichzeitig verbreiteten die übrigen deutschen Zeitungen Nachrichten von der Weberrevolte im ganzen Land und dokumentierten in häufig gleichlautenden Artikeln deren Verlauf. Als eines der ersten außerschlesischen Blätter meldet die *Deutsche Allgemeine Zeitung* in ihrer Nummer vom 8. Juni 1844:

»Aus Schlesien, 4. Juni. Soeben hat ein Haufe Weber aus Peterswaldau, Langenbielau und der Umgegend in Peterswaldau (dem Konsistorialpräsidenten Grafen Stolberg gehörig) die Gebäude und Vorräte des Fabrikanten Zwanziger demoliert und zerstört. Die Familie des Zwanziger ist auf das Schloß des Grafen Stolberg geflüchtet. Das angemessene Einschreiten der Prediger Schneider und Knüttel hat vorläufig weiteren Unfug gehemmt, wozu Geldausteilungen des Fabrikanten Wagenknecht, der sein Haus nur durch diese bewahrt hat, beigetragen haben mögen. Es ist Militär aus Schweidnitz requiriert, das jeden Augenblick erwartet wird.«

Zit. nach: Ebd. S. 148.

Mit Datum vom 5. Juni 1844 hatte die Polizeibehörde von Langenbielau angesichts ihrer Machtlosigkeit gegenüber den Aufständischen dem Landrat des Reichenbacher Kreises, von Prittwitz-Gaffron, ein Dringlichkeitsschreiben folgenden Inhalts übermitteln lassen, überliefert in einer Chronik des Volksschullehrers FRITZ HOENOW (1893–1940):

»›Herr Landrat!
Jetzt eben um 1 Uhr ist ein Haufe fremder Menschen von Peterswaldau her hier in Oberbielau eingezogen und zerstören hier wie dort das Eigentum der Fabrikanten. Bereits sind von Polizei wegen Anstalten getroffen, den Tumultu-

anten kräftig entgegenzuschreiten, doch hat sich die wilde Schar in ihrem Unfuge noch nicht hindern lassen. Euer Hochwohlgeboren zeige ich dies pflichtmäßig an und bitte um schleunige Hilfe.

[Unterschrift]‹

Die Antwort lautete:
›Eine Wohllöbliche Orts-Polizeibehörde benachrichtige ich hierdurch in Eile, daß in ca. 3 Stunden von jetzt ab eine Infanterie-Macht von 600 bis 700 Mann nebst 4 Geschützen mit ca. 40 Pferden am dasigen Orte von Peterswaldau her eintreffen werde, welcher morgen noch eine Kavalleriemasse folgen wird ---.
Reichenbach, den 5. Juni 1844

Der Königliche Landrat‹«

Fritz Hoenow: Chronik von Langenbielau. Langenbielau 1931. – Zit. nach: Ebd. S. 561–578 (hier S. 561).

Einen Tag später, am 6. Juni 1844, erging an die Langenbielauer Bevölkerung ein Aufruf des Bataillons-Kommandanten, Major von Schlichting, dessen Wortlaut neben vielen anderen Zeitungen auch die *Berlinischen Nachrichten von Staats- und gelehrten Sachen* am 10. Juni (Nr. 133) abdruckten.

»Aufruf

Mit recht schmerzlichem Gefühle mache ich den Einwohnern von Langenbielau bekannt, daß ich den Befehl bekommen habe, mit Infanterie und Artillerie in diesen mir seit langen Jahren so lieb gewordenen Ort einzurücken, um Unordnungen und Exzesse zu verhüten, welche leider nach dem, was vorgefallen ist, noch zu fürchten sind. Ich erkläre hiermit, daß bis jetzt noch kein Gewehr und Geschütz scharf geladen ist und hege auch die Hoffnung, daß ich ebenso friedlich, wie ich eingerückt bin, auch wieder ausrücken werde. Ebenso bestimmt aber erkläre ich auch öf-

fentlich, daß ich bei vorkommender Widersetzung gegen die Anordnungen und Vorschriften der Zivil- und Polizeibehörden sofort von der Gewalt der Waffen Gebrauch machen werde. Um die Ordnung im Bereich der Truppen aufrechtzuerhalten, muß ich verlangen, daß alles Zusammentreten von mehr als 5 oder 6 Menschen vermieden werde. Die Patrouillen, welche ich durch das Dorf schicke, haben den Befehl, alle Leute, die sich in größerer Anzahl versammeln, zuerst höflichst zu ersuchen, auseinanderzugehen, bei Nichtbefolgung dieser Bitte aber aufs entschiedenste das Verlassen der Straße zu fordern und schließlich mit Gewalt durchzusetzen. Auch muß ich wünschen, daß nach Verordnung der Polizeibehörde in den Wirtshäusern für jetzt keine Versammlungen gehalten werden, indem die Nichtbefolgung dieser Anordnungen für Wirte und Gäste die übelsten Folgen haben könnte. Ganz besonders aber wende ich mich nun noch schließlich recht vertrauensvoll an die alten bewährten Landwehrmänner des ehemaligen Schweidnitzer Landwehr-Bataillons, die mich wohl noch genügsam kennen werden und gewiß überzeugt sind, daß ich in Langenbielau niemand übelwill. Von ihnen hoffe ich ganz bestimmt, daß sie mich auf alle Weise in meinen Bestrebungen unterstützen werden, Ruhe, Friede und Eintracht in ihrer Mitte wiederherzustellen.
Langenbielau, den 6. Juni 1844
von Schlichting, Major und Bataillons-Kommandeur«

Zit. nach: Ebd. S. 151.

Einzelheiten über den Verlauf der Revolte und die militärischen Gegenmaßnahmen veröffentlichte die *Aachener Zeitung*, die in ihrer Nummer vom 14. Juni 1844 einen Beitrag aus dem *Oberschlesischen Wanderer* abdruckte:

»Breslau, 8. Juni. Der in Reichenbach erscheinende ›Oberschlesische Wanderer‹ bringt folgende Notizen über die

Käthe Kollwitz: Weberzug. Radierung
Blatt 4 aus dem Zyklus *Ein Weberaufstand*, 1894–98

Weber-Unruhen, die ich Ihnen zur teilweisen Vervollständigung meiner Berichte hier mitteile: ›Reichenbach. In dem benachbarten Dorfe Peterswaldau haben am 4. und 5. d. M. Auftritte stattgefunden, wie sie bisher in Schlesien noch nicht vorgekommen sind. Ein großes reiches Kaufmannshaus hatte die Löhne der Weber gegen frühere Zahlungen bedeutend herabgesetzt, was den Unwillen derselben erregte. Mehrmals hatten sie dies geäußert und um bessere Preise für ihre Arbeiten gebeten. So geschah, daß sie, als sie am 4. Juni ihr Gesuch wiederholten und abermals abschlägig beschieden wurden, im Verein mit Webern anderer Fabrikdörfer nach dem genannten Kaufmannshause zogen, vor demselben ein Spottlied sangen, dann die Fenster der

Fabrik einwarfen und hierauf diese sowie die zu derselben gehörigen Gebäude, fünf an der Zahl, völlig zerstörten. Die erbitterten Weber zertrümmerten nicht allein sämtliche in den Häusern vorgefundenen Möbel und Gerätschaften, Betten, Kleidungsstücke usw., sondern vernichteten auch das sehr reichhaltige Warenlager roher und fertiger Waren oder gaben es der Menge preis. Dies währte vom Abend des 4ten bis Mitternacht. Die Eigentümer der Fabrik suchten sich mit ihren Angehörigen in Sicherheit zu bringen und begaben sich hierher (nach Reichenbach). Die Weber setzten am Morgen des 5ten ihr Zerstörungswerk fort und deckten sogar einen Teil der Dächer ab, worauf sie sich, nachdem ihre Rache gesättigt war, entfernten. Als der Vorschlag gemacht wurde, die Gebäude nicht zu demolieren, sondern kurzweg zu verbrennen, wurde angeführt, daß dann die Eigentümer Brandgelder erhalten würden, während es jetzt nur gelte, sie ebenfalls zu armen Leuten zu machen. Bald nach ihrer Entfernung traf Militär von Schweidnitz ein, welches man sich von dort erbeten hatte. Dasselbe kam jedoch zu spät auf dem Schauplatze an, und bei der Räumung des Gehöftes wurde leider ein Mann, der, wie man sagt, keinen Teil an den Exzessen genommen hatte, durch den Bajonettstich eines Soldaten in die rechte Seite dergestalt verwundet, daß man an seinem Aufkommen zweifelt. Als das Militär erschien, war alles bereits zerstört, und außer einigen Personen, die handgemein wurden, befanden sich nur ruhig dastehende Zuschauer auf der Straße des Dorfes. So endete der zweite verhängnisvolle Tag in Peterswaldau. Das Militär marschierte hierauf zum Teil nach Langenbielau, wohin die Masse der Weber gezogen war und auch noch anderweitiges Militär sich befand. Da die Weber auch hier drei Fabrik-Etablissements zerstörten, so ließ der Kommandierende nach der fruchtlos erlassenen Aufforderung, ›von ihrem Vorhaben abzulassen‹ und nachdem die Weber Steine geworfen hatten, Feuer geben, wodurch 13 Weber getötet und mehrere teils schwer, teils leicht verwundet wurden.

Der Abend machte dem Kampf ein Ende. Die Weber zogen sich in die Berge und in das Gebüsch zurück, und das Militär bewachte den Ort. [...]‹ Soweit der ›Oberschlesische Wanderer‹. Nach den neuesten hier eingetroffenen Nachrichten ist die Zahl der aufrührerischen Weber auf 20 000 angewachsen, worunter 4000 Böhmen sich befinden. Es steht zu besorgen, daß binnen kurzem ihre Zahl sich um das Doppelte vergrößert, namentlich aus dem Landeshuter Distrikte.«

Zit. nach: Ebd. S. 167 f.

Ergänzende Darstellungen finden sich beispielsweise in der *Allgemeinen Preußischen Zeitung* vom 11. Juni 1844 (Nr. 161):

»Berlin. 10. Juni. Wir sehen uns heute in den Stand gesetzt, unsere gestrige vorläufige Mitteilung über die Exzesse der Baumwollen-Fabrikarbeiter im Reichenbacher Kreise durch folgende Details, die zugleich zur Verhütung von Entstellungen dienen mögen, zu ergänzen. Der am 4. d. M. zu Peterswaldau ausgebrochene Tumult, welcher, wie bereits gemeldet, gegen einen dortigen Fabrikunternehmer gerichtet war und die Demolierung der Wohnung desselben sowie die Vernichtung des Hausrats und der Warenvorräte zur Folge hatte, wobei der Eigentümer sich samt seiner Familie nur mit Mühe durch die Flucht retten konnte, tat sofort die Unzulänglichkeit der den Behörden zu Gebote stehenden Mittel zur Unterdrückung des Exzesses dar. Die landrätliche Behörde sah sich daher veranlaßt, von der Kommandantur zu Schweidnitz Militärhilfe zu requirieren, die ihr auch sogleich in einem Kommando von 200 Mann Infanterie unter Anführung eines Stabsoffiziers gewährt wurde. Durch das Einschreiten der bewaffneten Macht wurden die Tumultuanten aus den Trümmern der zerstörten Gebäude entfernt und die Ruhe und Ordnung in Peterswaldau wiederhergestellt. Kaum war dies geschehen, als die Nachricht von dem Ausbruche eines zweiten Tumults in dem nahegelegenen Fabrikorte Langenbielau, mit mehr als 10 000 Einwohnern, eintraf. Da, der Meldung zufolge, auch hier mit Zerstörung der Fabriken gedroht wurde, so brach der die Militärmacht befehligende Offizier auf der Stelle mit 160 Mann nach Langenbielau auf, während 40 Mann als Besatzung in Peterswaldau zurückblieben. Die Bewegung in Langenbielau war inzwischen gleichfalls rasch vorgeschritten. Ein dortiger Kaufmann hatte denjenigen, die ihn vor der drohenden Menge schützen würden, Geld versprochen, und da die Zahlung dieser Belohnung etwas stockte, brach der Aufruhr plötzlich los. Ein jenem Kaufmann zugehöriges Haus wurde gestürmt und demoliert und die Zerstörung eines zweiten nur durch das unterdes von Peterswaldau herangekommene Militär verhindert. Inzwischen schwoll der Haufe der Aufrührer immer mehr an; die vorschriftsmäßige Aufforderung zum Auseinandergehen ward mit Steinwürfen beantwortet. Da hierdurch mehrere Soldaten schwere Verletzungen empfingen, so mußte der kommandierende Offizier von der Feuerwaffe Gebrauch machen lassen, wodurch einige der Tumultuanten – die Angaben schwanken zwischen 5 und 9 – getötet und mehrere verwundet wurden. Da aber, des hierdurch zur Stelle erreichten Effekts ungeachtet, die Zusammenrottung im ganzen fortwährend mehr anwuchs (es sollen an 2000 Mann mit Steinen und Knütteln bewaffnet dem Militär gegenübergestanden haben), so hielt der befehligende Offizier es für geraten, sich zunächst mit den Truppen in Verbindung zu setzen, welche er zu seiner Verstärkung von Schweidnitz zu erwarten hatte und bis zu deren Ankunft eine passende Stellung einzunehmen. Der Sukkurs ward, nach Weisung des General-Kommandos zu Breslau, durch die Kommandantur von Schweidnitz gewährt. Vier weitere Kompanien gingen sofort ab, um Langenbielau zu besetzen. Am 6. Juni früh waren nach den neuesten Berichten Peterswaldau und auch Langenbielau ruhig, nachdem jedoch tags zuvor am letzteren Orte auch das früher durch das Militär beschützte Gebäude demoliert worden war.«

Zit. nach: Ebd. S. 157f.

Eine erste Schilderung der Ereignisse aus sozialistischer Sicht gibt Wilhelm Wolff (1809–1864), der sich in seinem Ende Juni 1844 abgeschlossenen Bericht eigenen Aussagen zufolge auf Nachrichten von Augenzeugen stützt. Die seiner Darstellung entnommene Passage betrifft die Vorgänge im Verlauf des 5. Juni 1844:

»Am folgenden Tage, den 5. Juni, ging es zum drittenmal in die Zwanziger'schen Etablissements. Ein Garnvorrath auf dem Boden des Hauses war am 4. Juni nicht entdeckt worden; darum fiel er heute der Vernichtung anheim. Zum Schluß ward selbst an die Dächer Hand gelegt und ihre theilweise Zerstörung bewerkstelligt. Nachdem hier Alles zu Ende, begab sich der Haufe zum Fabrikant F. W. Fellmann, jun. Fellmann beschwichtigte die Leute, indem er Jedem 5 Sgr. zahlte und Brod und Butter, nebst einigen Speckseiten an sie verabreichte. Ein Stück Brod und 1 Viergroschenstück reichten hin, die Wuth der von Hunger und Rache Getriebenen, im Zaum zu halten! Nun ging's weiter zu E. G. Hofrichters Wittwe und Söhne. Die Masse der Weber betrug hier schon an 3000. Auch Hofrichter zahlte ein Geschenk von 5 Sgr. für den Einzelnen, doch erhielten dies nur die Ersten, die Letzten weniger.
Von hier bewegte sich der Zug ›zum Sechsgröschel Hilbert‹. Hilbert u. Andretzky wohnen in Bielau. Mit ihrem Hause begann die Zerstörung an diesem Orte. Zunächst kam das obere Etablissement der Gebrüder Dierig an die Reihe. Der Pastor Seiffert, Schwiegersohn des Dierig, dem seine Frau eine Mitgift von 20,000 Thalern zugebracht und der nun

wohl bequem von der ruhigen Ergebung des wahren Christen in sein Schicksal, von den Freuden, die dem Dulder hienieden, dort oben winken sollen sprechen, und zur Ruhe und zum Frieden ermahnen mochte, soll in's Wasser geworfen worden sein. Unterdeß hatten die Commis ihre Fabrikknechte und andere Leute versammelt, mit Knütteln und was sonst zur Hand lag bewaffnet und drangen nun unter Anführung des Bauergutsbesitzer Werner auf die Weber los. Nach einem heftigen Gefecht flohen die Weber unter Zurücklassung mannichfaltiger Blutspuren und mit zerschlagenen Köpfen zu dem Gebäude hinaus und fort. Indeß fanden sich die Entwichenen mit neu Angekommenen bald vor dem zweiten Hause Dierig's ein. Besonders hatten sich viele Weber von denen, die bei Dierig arbeiten, versammelt. Letzterer hatte allen, die sein Eigenthum beschützen und somit sich selbst die Gelegenheit, weiter zu arbeiten, erhalten würden, ein Geschenk von 5 Sgr. zugesagt. Mehrere Fremde, die eindringen wollten, waren von den zur Beschützung Bereitwilligen zurückgewiesen worden. Unterdeß rückte das schon vor 24 Stunden aus Schweidnitz requirirte Militär in Bielau ein. Ich verbürge nicht, ob Pastor Seiffert zu seinem Schwiegervater gesagt hat: jetzt brauche er nicht mehr zu bezahlen, das Militär sei ja da! Genug, so wird es fast allgemein erzählt. Das steht fest, daß sich die Menge so eben in Ordnung aufzustellen begann, um die auf einem Zettel, der ans Haus geklebt wurde, von Dierig versprochenen 5 Sgr. entgegen zu nehmen, als das Militär ankam. Dieses verschaffte sich durch Rückwärtsbewegung einigen Raum; Weber redeten es in der Nähe an und der Commandirende mochte solche Ansprache mit Recht für gefahrbringend halten. Deshalb begab sich der Major von der ersten Stelle weg, um hinter dem Hause und auf seinen Seiten eine vortheilhaftere Stellung zu wählen. Ein Lieutenant mit 10 Mann wurde in den Garten vor dem Hause beordert. Die Weber formirten zwei Reihen, um jeder seine 5 Sgr. zu erhalten. Die Austheilung sollte am Hause des

Dierig vor sich gehen und Jeder bald nach dem Empfang durch's Haus hindurch in's Freie sich entfernen. Die Ein- und Ausgänge waren mit Soldaten besetzt. Es dauerte aber so lange und die Zahlung verzögerte sich so sehr, daß die Masse ungeduldig wurde, und, außerdem beim Anblick der Soldaten ohnehin aufgeregt und von einigen Unteroffizieren barsch zur Ordnung gerufen und bald fest überzeugt, daß sie kein Geld erhalten würden, gegen die Truppen immer mehr andrängte. Der Major, welcher Dierig's Haus und seine Truppen mehr und mehr bedroht sah, ließ Feuer geben.

In Folge dreier Gewehrsalven blieben sofort 11 Menschen todt. Blut und Gehirn spritzte weit hin. Einem Manne trat das Gehirn über dem Auge heraus. Eine Frau, die 200 Schritte entfernt an der Thüre ihres Hauses stand, sank regungslos nieder. Einem Manne war die eine Seite des Kopfes hinweggerissen. Die blutige Hirnschale lag entfernt von ihm. Eine Mutter von 6 Kindern starb denselben Abend an mehreren Schußwunden. Ein Mädchen, das in die Strickstunde ging, sank von Kugeln getroffen zu Boden. Eine Frau, die ihren Mann stürzen sah, ging auf den Boden und erhenkte sich. Ein Knabe von 8 Jahren wurde durch's Knie geschossen. Bis jetzt sind überhaupt 24 schwer und tödtlich Verwundete, außer den obigen 11 Todten, bekannt geworden.«

Wilhelm Wolff: Das Elend und der Aufruhr in Schlesien. In: Deutsches Bürgerbuch für 1845. Hrsg. von H[ermann]. Püttmann. Darmstadt: Leske, 1845. S. 190–192.

Bereits Mitte Juni 1844 hatten die Brüder FRIEDRICH und WILHELM DIERIG aus Langenbielau eine Erklärung abgefaßt, in der sie die Berichterstattung bezüglich ihrer Person entrüstet zurückwiesen. Veröffentlicht werden konnte die Gegendarstellung jedoch aufgrund der Pressezensur erst in der Beilage der *Privilegierten Schlesischen Zeitung* vom 29. Juni 1844.

»Erklärung

Noch tief gebeugt von dem furchtbaren Schlage, der uns am 5ten d. M. aus heiterem Himmel getroffen, müssen wir mit schmerzlicher Entrüstung vernehmen, daß sich lieblose Gerüchte jetzt an der Ehre unseres Namens – wie jene zerstörungswütige und räuberische Rotte an unser Eigentum, die Frucht langjähriger, mühevoller Arbeit – wagen. Wir sollen, so heißt es, die Verteilung von Geld versprochen, damit begonnen, jedoch auf die Nachricht von der Ankunft des Militärs innegehalten und somit den Angriff der durch die Täuschung Gereizten gegen unser Etablissement gewissermaßen selbst verschuldet haben; ja, man geht so weit, unsern Schwager, den Pastor Seiffert, als denjenigen zu nennen, der uns die erwähnte Nachricht gebracht und den Rat, innezuhalten, erteilt habe.

Wir weisen das Gerücht als lügenhaft und verleumderisch zurück. Nahe bedroht durch die in Langenbielau eingedrungenen Frevler, riefen wir mit der Zusage einer Belohnung die Gutgesinnten zur Verteidigung unseres Eigentums auf. Die Verteilung des Geldes begann, aber die damit Beauftragten vermochten bald nicht mehr die einzelnen zu berücksichtigen. Eine unruhige, aufgeregte, sich fortwährend vergrößernde Masse drängte sich heran. Viele, die Geld empfangen hatten, traten mit neuem Begehr an sie, und, als sie in freundlichem Tone baten, die nötige Ordnung zu erhalten, weil sie sonst nicht jedem gerecht werden könnten, stürzte sich plötzlich die Masse mit Wutgeschrei auf sie, entriß ihnen das Geld und zwang sie mit Mißhandlungen zur schleunigen Flucht. Dies ist die Tatsache, welche jetzt von einem tückischen Gerüchte zur Folie benutzt wird, und hiernach ist besonders die zu Mißdeutungen leicht Anlaß gebende, auch bei andern Punkten durchaus ganz unrichtige Darstellung der ›Allgemeinen Preußischen Zeitung‹ zu berichtigen. Wir unterfangen uns nicht, die Motive der Ereignisse vom 4ten und 5ten hier untersuchen zu wollen. Aber imstande, mit gutem Gewissen zu sagen, daß wir uns niemals irgendeine Bedrückung, Härte oder Verkürzung gegen die 4000 Arbeiter, welche wir, zum Teil mit eigenen Opfern, für unser Etablissement bis jetzt beschäftigten, erlaubt haben und unausgesetzt bemüht waren, die vaterländische Industrie zu heben, wie auch bei den unglücklichsten Konjunkturen für den fleißigen und redlichen Arbeiter gute Arbeitslöhne zu erhalten – dürfen wir uns von jeder moralischen Verantwortlichkeit für das, was geschehen ist, freisprechen.

Breslau, den 15. Juni 1844

Die Brüder Wilhelm und Friedrich Dierig
in Langenbielau«

Zit. nach: Weber-Revolte. Der schlesische Weberaufstand im Spiegel der zeitgenössischen Publizistik und Literatur. Hrsg. von Lutz Kroneberg und Rolf Schloesser. Köln: Leske, 1979. S. 212 f.

Die Berichterstattung in den öffentlichen Blättern, insbesondere in der *Allgemeinen Preußischen Zeitung*, mißbilligte nicht zuletzt die Königliche Regierung zu Breslau, Abteilung des Inneren. Die Behörde sah sich veranlaßt, in einer von Fritz Hoenow zitierten amtlichen Bekanntmachung vom 28. Juni 1844 eine offiziöse Darstellung der Ereignisse zu geben. Darin heißt es:

»Über die anfangs dieses Monats in der Gegend von Reichenbach stattgefundenen tumultuarischen Auftritte sind durch öffentliche Blätter, z. B. die Allgemeine [Preußische] Zeitung Nr. 168, 169, 173, 174 teils unvollständige, teils unrichtige Nachrichten verbreitet worden. Da gegenwärtig ausreichende zuverlässige Nachrichten darüber vorliegen, so wird das Erheblichste von diesen verbrecherischen Vorgängen zur öffentlichen Kenntnis gebracht.

1) Am 3. d. M. abends zogen in Peterswaldau etwa 20 Personen an den Gebäuden der Baumwollenwaren-Fabrikanten Zwanziger vorbei, ein Spottlied auf sie singend. Bei dem

entstandenen Lärm verhaftete der Gerichtsmann Wagner einen Teilnehmer, Webergesellen Wilhelm Maeder. Am folgenden Tage nachmittags wurde im Dorfe ein ungewöhnliches Treiben der Webergesellen bemerkbar; der Polizeiverwalter Krist fand etwa 20 hinter dem Schloßhofe versammelt und erfuhr bald darauf, daß bei Zwanziger bereits Lärm ausgebrochen sei. In Begleitung des Gendarm Rißmann sich dahin verfügend, ermahnte er die Versammelten, die bereits mit Einwerfen und Einschlagen der Fenster beschäftigt waren, zur Ruhe und Ordnung, aber vergebens; er wurde umringt, und obgleich er die von ihm verlangte Freilassung des Maeder versprach, wurde er doch gemißhandelt, verwundet und mußte eiligst entfliehen. Den Maeder entließ er aus dem Gefängnis. Der hiernächst von dem Vorfall benachrichtigte Landrat requirierte militärische Hilfe aus Schweidnitz, welche am folgenden Tage mittags eintraf. Inzwischen wurden in den beiden Wohnhäusern der Familien Zwanziger, von welchen das eine ganz neu und gut eingerichtet war sowie in den Werkstätten alles, was zerschlagen werden konnte, total zertrümmert. Haus- und Warenvorräte wurden, zum Teil von Frauen und Kindern, geplündert. Am nächsten Morgen setzten die Zerstörer ihr Werk fort, insoweit noch etwas zu zerstören und zu rauben war, und zogen gegen Mittag nach Langenbielau, um hier gleich Exzesse zu begehen.

2) Die Fabrikanten Fellmann zu Peterswaldau schützten ihre Gebäude gegen die andringenden Tumultuanten nur dadurch, daß sie ihnen im ganzen etwa 280 Tlr. auszahlten, auch Lebensmittel unter sie verteilten.

3) In ähnlicher Weise wurden dem Sohn des kürzlich verstorbenen Fabrikanten Hofrichter an Geld und Nahrungsmitteln gegen 350 Tlr. abgepreßt.

4) Mittags den 5. d. M. begaben sich die Tumultuanten von Peterswaldau unter Anführung mehrerer Weber aus Langenbielau, welche ermittelt sind, mit einer selbstgemachten Fahne nach Langenbielau, zunächst vor das Wohnhaus der

Kaufleute Andretzky und Hilbert. Letzterer versuchte vergeblich, sie mit Gelde abzufinden. Das Haus wurde gestürmt, alles Zerbrechliche zertrümmert, die Kasse und Warenvorräte geplündert.

5) Bei dem Fabrikanten Ernst ließen sich die Tumultuanten durch Geld abfinden.

6) Hierauf zogen sie zu den Gebäuden der Kaufleute Friedrich und Wilhelm Dierig, die gemeinschaftlich ein Geschäft in Seiden- und Baumwollenwaren betreiben. Friedrich Dierig, der Pfarrer Seifert, der Gendarm Riegel und der Gerichtsmann Werner versuchten, die Tumultuanten, als sie mit Gewalt nicht zurückgedrängt werden konnten, durch das Versprechen einer Geldabfindung zu beruhigen, was anfangs auch gelang. Doch bald begannen sie das Friedrich Dierigsche Haus zu stürmen und zu demolieren und die Waren zu vernichten und zu plündern.

7) Der Maurermeister Mathias und Gendarm Riegel brachten etwa 50 Mann zum Schutz des Wilhelm Dierigschen Hauses zusammen, gingen damit auf die Tumultuanten, welche mit der Plünderung bei Friedrich Dierig beschäftigt waren, los und vertrieben sie von dort. Der jetzt mit Truppen von Peterswaldau her eingetroffene Major Rosenberger besetzte das Friedrich Dierigsche Haus. Nach kurzer Zeit forderten die Personen, welche die aus Peterswaldau gekommenen Tumultuanten eben vertrieben hatten, die ihnen dafür von Wilhelm Dierig versprochene Belohnung. Auf das Ansuchen des Landrats und des Gutsbesitzers Grafen v. Pfeil aus Hausdorf im Kreise Glatz, welcher sich ebenfalls eingefunden hatte, schickte der Major Rosenberger 20 Mann unter dem Leutnant Hille zur Aufrechterhaltung der Ruhe ab. Wilhelm Dierig begann auch wirklich, vor seinem Hause Geld zu verteilen. Bald fingen die hintersten Reihen der Tumultuanten aber an, auf das Militär einzudringen, worauf der Major Rosenberger, hiervon benachrichtigt, mit 30 Mann herbeikam. Mehrmalige Aufforderungen desselben blieben ebenso erfolglos als die früheren des Leutnant

Hille. Als der zusammengerottete Haufe von Tausenden Steine in die Fenster des Dierigschen Hauses und auf das Militär warf, machte das Militärkommando nach vorherigem Befehl von der Schußwaffe Gebrauch. Etwa *fünf* Personen fielen. Nach kurzer Zeit wiederholte sich der Angriff gegen das Militär mit Steinen, so daß der Major Rosenberger von neuem schießen ließ, sich aber dann vor der Übermacht zurückzog. Darauf wurde das Wilhelm Dierigsche Haus bis zum späten Abend geplündert und wie die übrigen demoliert. Auch wurden die in einem besonderen Gebäude stehenden Jacquard-Webstühle zertrümmert. Durch die Steinwürfe sind zwei Unteroffiziere und ein Gemeiner erheblich, mehrere andere Getroffene aber nicht bedeutend verletzt. Aus den Fenstern des Dierigschen Hauses ist seitens der Tumultuanten ein Schuß auf die Truppen getan, hat aber nicht getroffen. Durch das Militär sind 11 Personen erschossen, 29 verwundet, von denen einer als gestorben angezeigt ist, außerdem sollen noch 2 oder 3 von den Verwundeten gestorben sein. Die Verwundeten befinden sich in ärztlicher Behandlung. [...]

10) Am 6. d. M. nachmittags brachen 60 bis 70 Mann bei dem Gottfried Winkler zu Alt-Friedersdorf, Kreises Waldenburg, welcher Garnausgeber für die Kaufleute Zwanziger ist, mit Gewalt in die verschlossenen Gemächer ein und gaben alle Vorräte an Garn und verarbeiteten Waren der Plünderung preis.

11) Ein Drohbrief d. d. Langenbielau, den 6. d. M., sagte dem Oberförster in Neurode, Kreises Glatz, eine Demolierung der Försterwohnung für den Fall an, daß die gegen Langenbielauer Einwohner festgesetzten Forstkontraventions-Strafen vollstreckt werden sollten. Der Verfasser des Drohbriefes ist entdeckt.«

Fritz Hoenow: Chronik von Langenbielau. Langenbielau 1931. Zit. nach: Ebd. S. 568–571.

Käthe Kollwitz: Sturm. Radierung
Blatt 5 aus dem Zyklus *Ein Weberaufstand*, 1894–98

Das bereits am 31. August 1844 ergangene Urteil des Königlichen Kriminalgerichts gegen die aufrührerischen Weber von Langenbielau und Peterswaldau wurde unter dem Datum des 7. November 1844 in der *Breslauer Zeitung* öffentlich bekanntgegeben. Einen entsprechenden Artikel druckte die *Weser-Zeitung* in ihrer Ausgabe vom 13. November nach.

»Breslau, 7. Nov. (›Magdeburger Zeitung‹) Die Untersuchungs-Kommission des hiesigen Königl. Oberlandesgerichts, bestehend aus dem Oberlandesgerichtsrat Bergius, Oberlandesgerichtsassessor Weymar und Kammergerichtsassessor Pratsch, macht in der heutigen ›Breslauer Zeitung‹

das Ergebnis der Kriminaluntersuchung wider die Teilnehmer an den schlesischen Arbeiterunruhen im Juni d. J. bekannt.

1) In betreff des Tumults in Langenbielau sind 35 teils zu Festungs-, teils zu Zuchthausstrafe verurteilt worden, unter ihnen z. B. der Weber Burkhardt unter Versetzung in die 2. Klasse des Soldatenstandes, Verlust der Nationalkokarde und des National-Militärabzeichens, zu neunjähriger Festungsstrafe, der Weber Umlauf wegen Tumults zu achtjähriger Festungsstrafe, der Schuhmacher Rohleder unter Versetzung in die zweite Klasse etc. zu siebenjähriger Festungsstrafe, der Weber A. Winkler wegen Tumults zu 6½jähriger Zuchthausstrafe und 30 Peitschenhieben, der Weber Herford wegen Tumults und großen Diebstahls unter Verlust der Nationalkokarde zu 6jähriger, der Weber Franke ebenfalls zu 6jähriger Zuchthausstrafe, noch 3 wegen Tumults zu 6jähriger Festungsstrafe, 5 zu 5jähriger, 6 zu 4½ bis 4jähriger, 12 zu 3½ bis 3jähriger Zuchthaus- oder Festungsstrafe, 4 zu 2½jähriger Zuchthaus-, 1 zu 1jähriger Festungsstrafe.

2) In betreff des Tumults zu Peterswaldau wurde ebenfalls gegen 35 erkannt, von denen 2 zu 5jähriger Zuchthaus- oder Festungsstrafe, 3 zu 4jähriger Zuchthausstrafe, 16 zu 3½ bis 5jähriger Zuchthaus- oder Festungsstrafe, 9 zu 2¼ bis 2jähriger Zuchthaus- oder Festungsstrafe, 2 zu 1jähriger Zuchthausstrafe, die übrigen 4 zu milderen Strafen verurteilt wurden.

3) In betreff des Tumults zu Friedersdorf wurden 11 verurteilt. Die höchste Strafe bestand wegen Tumults und Diebstahls unter Verlust der Nationalkokarde in 6jähriger Zuchthausstrafe und 20 Peitschenhieben, die geringste wegen Tumults in 1½jähriger Zuchthausstrafe.

4) In betreff des Tumults in Leutmannsdorf wurden von 6 Angeklagten 2 wegen Aufruhrs zu 4jähriger, 1 zu 3jähriger, 1 zu 2½jähriger und 2 zu 2jähriger Zuchthausstrafe verurteilt.«

Zit. nach: Ebd. S. 231 f.

Trotz der abschreckenden Strafen befürchteten die Unternehmer und Gutsbesitzer neuerliche Unruhen. Denn an der elenden Lage der Spinner und Weber hatte sich nichts geändert. Zur Zeit der Märzunruhen 1848 erließen daher vorsorglich die Rittergutsbesitzer des Kreises Reichenbach an die ländliche Bevölkerung folgenden Aufruf:

»›Wir, die unterzeichneten anwesenden Rittergutsbesitzer des Reichenbacher Kreises, fühlen uns in der Mitte unserer wackeren Dorfbewohner sicher und meinen der Militärgewalt zur Aufrechterhaltung der Ordnung und Sicherheit entbehren zu können.
Wir hegen zu der Ehrenhaftigkeit der Einsassen des hiesigen Kreises überhaupt das Vertrauen, daß zum Schutze des Besitzes, des Eigentums und der Personen es für uns nicht der Hilfe des Kriegsheeres bedarf.
Wir haben aus diesen Gründen bei den Königl. Behörden erbeten, daß die dauernde Verlegung eines Militär-Kommandos in den Reichenbacher Kreis in der gegenwärtigen Zeit unterbleibe, und diesem unserem Antrage ist ein gewährender Bescheid gefolgt.
Wir bitten die ländliche Bevölkerung des Kreises, dem Vererbeten, daß die dauernde Verlegung eines Militär-Kommandos haben, nicht bloß durch Aufrechthaltung der Ruhe und Ordnung und durch den Schutz des Eigentums und der Personen zu entsprechen, sondern auch unser Vertrauen durch eine gleiche Gesinnung ihrerseits zu erwidern.‹
[...]
Am Ende des Jahres 1848 bildete sich in Langenbielau ein *Auswanderungsverein*, um zur Linderung der Not durch Verminderung der Bevölkerung die Auswanderung zu fördern. Anfang 1849 hatten sich bereits 150 Familien gefunden, die nach den westlichen Staaten Nordamerikas auswandern wollten. Der Verein wandte sich an die Allgemeinheit um Unterstützung seiner Arbeit durch Geldspenden.«

Fritz Hoenow: Chronik von Langenbielau. 1931.
Zit. nach: Ebd. S. 577.

III. Zur Entstehungsgeschichte

Selbstzeugnisse Hauptmanns zu seinem Drama *Die Weber* lassen sich, wenn auch an verstreuten Orten, vielfältig ausmachen, sei es in seinen autobiographischen Schriften und Tagebüchern, seinem Diarium und Notizkalender oder aber in Briefwechseln und überlieferten Gesprächen. Allein die Mehrzahl dieser Äußerungen stammt überwiegend aus späteren Tagen. Für die unmittelbare Entstehungszeit der *Weber* sind solche Dokumente vergleichsweise rar. Doch auch über den Kampf mit der preußischen Zensurbehörde um die Freigabe seines Schauspiels fehlen Selbstaussagen. So gleicht die nachstehende Zusammenstellung eher einer Collage denn der stringenten Nachzeichnung eines Entstehungsprozesses.

1. Vor den *Webern*

In Hauptmanns Jugend verbinden sich die Einflüsse seines bürgerlichen Elternhauses mit eigenen Erfahrungen, die er im Umgang mit Menschen aus der Unterschicht machte. Heimisch fühlte er sich gleichermaßen in beiden Lebenswelten. Rückblickend beschreibt der 67jährige Dichter den sozialen Kontrast seiner Kindheitsschauplätze:

»So ungefähr boten sich zunächst die Schauplätze dar, auf welchen ich mich im Vollgenuß meines Lebenstriebes – im gesunden Kinde ist Freude und Leben ein und dasselbe – in dauerndem Wechsel täglich bewegte. Sie lagen auf zwei verschiedenen Hauptebenen, von denen die eine die bürgerliche, die andere zwar nicht die durchum proletarische, aber jedenfalls die der breiten Masse des Volkes war. Ich kann nicht bestreiten, daß ich mich im Bürgerbereich und in der Hut meiner Eltern geborgen fühlte. Aber nichtsdestoweniger tauchte ich Tag für Tag, meiner Neigung überlassen, in

den Bereich des Hofes, der Straße, des Volkslebens. Nach unten zu wächst nun einmal die Natürlichkeit, nach oben die Künstlichkeit. Nach unten wächst die Gemeinsamkeit, von unten nach oben die Einsamkeit. Die Freiheit nimmt zu von oben nach unten, von unten nach oben die Gebundenheit. Ein gesundes Kind, das von unten nach oben wächst, ist zunächst wesenhaft volkstümlich, vorausgesetzt, daß es nicht durch Generationen verkünstelten Bürgertums verdorben ist. [...]
Aber es lag nun einmal im Geiste des oberen Bereichs, daß man sich nicht natürlich betragen konnte. Der Unterschied zwischen unten und oben war so groß, wie der zwischen dem sinnlich-seelenvollen Dialekt und dem sinnlich-armen, nahezu entseelten Schriftdeutsch ist, das als Hochdeutsch gesprochen wird. Unten im Hof erzog die Natur, oben wurde man, wie man fühlte, nach einem bewußten menschlichen Plan für irgendeine kommende Aufgabe zugerichtet.«

Gerhart Hauptmann: Sämtliche Werke. Centenar-Ausgabe. Hrsg. von Hans-Egon Hass, fortgeführt von Martin Machatzke und Wolfgang Bungies. Frankfurt a. M. / Berlin: Propyläen Verlag, 1962–1974. Bd. 7: Autobiographisches. [Im folgenden zit. als: CA.] S. 474 f. – © 1962 Verlag Ullstein GmbH, Frankfurt am Main und Berlin.

Und an anderer Stelle führt der Dichter aus:

»Der eigentliche Ort lag seiner ganzen Länge nach an der Westseite der Baache, aber es gab, wie in vielen Dörfern des nahen Böhmens und selbst in Prag, eine Kleine Seite. Ich war auf der Großen und Kleinen zu Hause. Ich ging nicht nur in den Weberhütten, sondern auch in den übrigen Werkstätten der Kleinen als ein Dazugehöriger ungehindert, ja unbeachtet aus und ein, ebenso auch in den einzelnen, bis dahin versprengten Elendsquartieren der Bergleute aus dem nahen Industrie- und Kohlenbezirk. Dem Schmiede sah ich zu, wenn er Hufeisen auflegte, dem von

Tuchfetzen umgebenen Schneider auf seinem niederen Tisch bei der Stichelei, dem Schuhmacher auf seinem Schemel vor dem Arbeitstisch, wo hinter den wassergefüllten Glaskugeln die Ölfunse brannte.«

CA 7, 494.

Besonders nachhaltig aber wirkten auch die Erzählungen des Vaters über die 48er Revolution in Paris und über politisch Verfolgte in Gerhart Hauptmann nach. Wenn ihm der Sohn seine *Weber* zueignet, so mögen dafür, neben dem Hinweis auf seine Weberahnen, durchaus politische Gründe gesprochen haben (Vgl. dazu Sprengel, 1984, S. 99). Rückt doch der Dichter seine Aussagen über die eigene Revolutionsbegeisterung und die der Freunde in einen engen Zusammenhang mit den väterlichen Berichten. So ist im handschriftlichen Material über seine Züricher Zeit zu lesen:

»Sozialisten im Sinne von damals waren wir eigentlich nicht, eher verspätete Ideologen jener Zeit, die im Jahre 1848 gipfelte. Revolutionäre und Ritter vom Geist. Die Marseillaise, die mein Vater gelegentlich in der Dämmerstunde am Klavier halblaut anzuschlagen liebte und sein Bücherschrank mit Meyers Universum, dem Leuchtturm, Heineschen und anderen Werken wirkte in mir nach. Auch seine Erzählungen von Gottfried Kinckel, der im Gefängnis zu Naugard schmachtete, von der standrechtlichen Erschießung Robert Blums in Wien, von seinen Erlebnissen in Paris während der Juli-Revolution wurden höchst lebendig in dieser Zeit. Wir waren auf diesem Wege im fortschreiten [!], und nahe bevorstehende große Ereignisse der Zeit gaben dem allgemeinen Geist des Protestes bald eine neue Leidenschaftlichkeit.«

Gerhart Hauptmann. Nachlaß. Staatsbibliothek zu Berlin – Preußischer Kulturbesitz. GH Hs 384. Bl. 981 f. [Im folgenden zit. als: GH Hs 384.] – Mit Genehmigung der Staatsbibliothek zu Berlin – Preußischer Kulturbesitz.

2. Die Arbeit an den *Webern*

Der erste Plan zu einem Weber-Drama reicht nach Hauptmanns Aussage bis in die Tage seines Zürich-Aufenthalts von 1888 zurück, den der Dichter, einer Einladung seines Bruders Carl folgend, im Frühjahr angetreten hatte. Hauptmann, der damals vielfältige Studien sozial- und naturwissenschaftlicher Art betrieb, nahm dort auch an Vorlesungen und Krankenvorführungen des anerkannten Hysterie-Forschers Auguste Forel (1848–1931) teil, dessen Klinik in der Kantonalirrenanstalt er bei dieser Gelegenheit zweimal wöchentlich aufsuchte.

In seiner 1929–35 entstandenen autobiographischen Schrift *Das Abenteuer meiner Jugend* (1937), mithin aus einer Distanz von über vierzig Jahren, kommt er auf jene Zeit und die frühe Konzeption seiner *Weber* zu sprechen:

»Ich habe ein Stück ›Die Weber‹ geschrieben. In Zürich regte sich bereits sein embryonales Leben zugleich mit dem eines Bauerndramas, dem ich den Titel ›Der Säemann‹ zu geben gedachte.

In und um Zürich blühte damals noch, und zwar seit dreihundert Jahren, die Seidenweberei. An den Stühlen saßen Handweber. An dem Hüttchen eines von ihnen ging ich mehrmals die Woche vorbei, wenn ich die Psychiatrische Klinik in der Irrenanstalt Burghölzli besuchte. Das Wuchten des Webstuhles hörte man durch die Wand dringen. Und eines sonnigen Morgens, erinnere ich mich, überfiel mich bei diesem Geräusch der Gedanke: du bist berufen, ›Die Weber‹ zu schreiben! Der Gedanke führte sofort zum Entschluß.

Die schlesischen Weber von Langenbielau, die Ärmsten der Armen, und ihr Aufstand in den vierziger Jahren waren damals noch unvergessen in der Welt. Dazu hatte das Weberlied eines deutschen Dichters das Seinige beigetragen:

Altdeutschland, wir weben dein Leichentuch,
wir weben hinein den dreifachen Fluch,
wir weben, wir weben!

Meine Auffassung der Geschehnisse wich nun zwar von der des Liedes ab. Aber es gehörte immerhin Mut dazu, dieser in Preußen übel vermerkten Erinnerung, statt sie völlig auszulöschen, in einer Gestaltung neue Gegenwart, ja möglicherweise Dauer zu geben. Aber das soziale Drama, wenn auch zunächst nur ein leeres Schema, lag als Postulat in der Luft. Es real ins Leben zu rufen war damals eine Preisaufgabe, die gelöst zu haben so viel hieß wie der Initiator einer neuen Epoche sein. Bei diesem der alten Zeit konträren Beginnen – wir standen nach Karl Bleibtreu mitten in einer Revolution der Literatur – waren Zivilcourage und Bekennermut eine Selbstverständlichkeit. So konnten denn auch die glücklichste Ehe, in der ich lebte, die Rücksicht auf meine alten Eltern und meine Kinder keinerlei Hemmungen meiner Berufung, mit der verwachsen ich fiel oder stand, bei mir einschalten.
Ich konnte ›Die Weber‹, ich konnte das Bauerndrama schreiben, denn wie gesagt, ich beherrschte den Volksdialekt. Ich würde ihn also, war mein Beschluß, in die Literatur einführen. Dabei dachte ich nicht an sogenannte Heimatkunst oder Dichtung, die den Dialekt als Kuriosum benützt und meistens von oben herab humoristisch auswertet, sondern dieser Volkston war mir die natur- und kunstgegebene, dem Hochdeutsch ebenbürtige Ausdrucksform, durch die das große Drama, die Tragödie ebenso wie durch Verse Goethes oder Schillers Gestalt gewinnen konnte. Ich wollte dem Dialekt seine Würde zurückgeben. Man mag entscheiden, ob es geschehen ist.
Friedrich Nietzsche rückt entschieden vom Mitleid ab, während Schopenhauer Mitleid für Liebe, Liebe für Mitleid hält. Diese Art Mitleid wird mir später ›Die Weber‹ diktiert haben. Aber ebensosehr der Zwangsgedanke sozialer Gerechtigkeit.

Wie entsteht ein Gedanke dieser Art? Und wie entsteht er zugleich in aber und abermals Hunderttausenden? Vielleicht hat sich innerhalb einer Volksgemeinschaft durch die unkontrollierte millionenfache und aber millionenfache Seelenverletzung der schwächeren Volksteile ein gemeinsames heimliches Trauma gebildet, das auch bis in den stärkeren Volksteil hinein fühlbar wird. Dieses schmerzhafte Fühlen war allgemein. Auch wir wären ohne dies Fühlen nicht als Dichter zugleich gewissermaßen Bekenner geworden.«

CA 7, 1078 f.

Forels klinische Vorträge, unter anderem hörte Hauptmann bei ihm ein Kolleg über gerichtliche Psychiatrie, das mit hypnotischen Experimenten verbunden war, bestärkten den Dichter zugleich in seinem Anliegen, die menschliche Natur bis in ihre Abgründe auszuloten.

» [. . .] in der Irrenanstalt, wo ich Geisteskranke aller Art zu sehen bekam und also auch hier einer immer dringenderen Neigung gemäß in die Menschennatur tiefer und tiefer eindringen konnte.«

GH Hs 384. Bl. 999.

Die Erlebnisse in der Irrenanstalt verbinden sich auf sonderbare Weise mit den *Schlesischen Webern* Heinrich Heines. So heißt es in den unveröffentlichten Materialien:

»Die durch Ferdinand Simon besonders neu angeregte Heinelektüre hatte es mir wieder nahe gebracht. Und dort, im Vorübergehen an den Seidenweberkaten bei der Rückkehr aus dem Inferno des Irrsinns, inmitten der vollen Sonne, der vollen Wiesen, der seligen Junilust dieser köstlichen Gegenden, wußte ich plötzlich, daß ich ein Dichtwerk: ›Die Weber‹ schreiben müsse. Ich wußte, ich war nach Gesetz und Kindererfahrung berufen dazu. Das Werk war geboren in diesem Augenblick. Jahre mußten indeß noch vergehen, bevor ich es wirklich schreiben konnte.«

GH Hs 384. Bl. 1015.

Erst Mitte 1890 ist Hauptmann näher mit dem neuen Stoff befaßt. In die Zeit seiner Vorarbeiten fallen auch Zeitungsmeldungen über die Not der schlesischen Textilarbeiter, deren unverändert elende Lage sich 1890/91 abermals akut verschärfte und Gegenstand zahlreicher Presseberichte wie Auseinandersetzungen war. Die Ausschnitte zweier Artikel aus der *Vossischen Zeitung* finden sich in Hauptmanns Kalendarium eingeklebt. Der erste ist vom 15. Juni 1890 (Nr. 273):

»Die schlesischen Weber im Eulengebirge haben sich an den Kaiser mit einer Petition gewendet, in der sie ihre traurige Lage schildern. Es heißt darin:
›Der Industriezweig der Handweberei, welchem wir angehören, hat schon längere Jahre unter dem Drucke der Konkurrenzfähigkeit schwer zu leiden. Infolgedessen sind die Löhne so weit heruntergedrückt worden, daß ein Weber der Hausindustrie bei täglich 14stündiger Arbeitszeit einen wöchentlichen Durchschnittslohn von nur fünf Mark – auch noch darunter – verdient; davon fallen noch 50–60 Pf. auf Spulerlohn ab; denn von dem Garne, welches der Weber zur Verarbeitung in die Kette erhält, müssen Spulchen gefertigt werden, ohne sie kann der Weber keine Ware herstellen. Dieses Spulen ist meist Beschäftigung der Kinder, welche schon mit fünf Jahren dazu herangezogen werden und daher vielfach einer Verkümmerung ihrer körperlichen Entwicklung preisgegeben sind. Zum Teil müssen ja auch Erwachsene diese Arbeit verrichten, doch können dieselben, wenn sie nicht in irgendeiner Art und Weise Unterstützungen erhalten, sich davon nicht nähren. Die Frau des Webers

muß ebenfalls am Webstuhl arbeiten, und sie verdient während der Zeit, wo sie nicht von den häuslichen Arbeiten in Anspruch genommen ist, einen Wochendurchschnittslohn von zwei Mark fünfzig Pfennigen! Besonders zu bemerken ist auch, daß wir bei unserer Arbeit nicht ununterbrochen beschäftigt werden können, bei Ablieferung der fertigen Ware müssen wir oft Tage lang auf die Kette warten, und es ist darum nicht zu hoch gerechnet, wenn wir sagen, daß dadurch jährlich ein Monat unserer Arbeitszeit verlorengeht. Unsere Fabrikanten, bei welchen wir arbeiten und die ohne Dampfbetrieb ihre Ware fertigen lassen, sind beim besten Willen nicht in der Lage, uns höhere Löhne zahlen und uns ununterbrochen beschäftigen zu können; denn infolge der Konkurrenz, die ihnen von den Fabriken durch massenhafte Produktion und billigeren Verkauf der Ware gemacht wird, finden diese unsere Arbeitgeber bei der durch die Fabrikware hervorgerufenen Überfüllung des Weltmarkts fast kein Absatzgebiet mehr. Die teuren Lebensmittel und die Preissteigerung des Feuerungsmaterials machen bei unserem geringen Verdienste das uns so notwendige Fleisch fast unerreichbar, und es müssen daher Kartoffeln unser Hauptnahrungsmittel bilden.‹
In dem weiteren Teil ihrer Petition an den Kaiser bitten die Weber um Gewährung der »zur körperlichen und geistigen Erfrischung unbedingt erforderlichen Sonntagsruhe« und weisen ferner auf die traurige, durch ihre wirtschaftliche Lage bedingte Notwendigkeit hin, daß die Kinder, anstatt sich einem lohnenden Handwerk zuzuwenden, sich immer wieder der Handweberei widmen.«

Zit. nach: Gerhart Hauptmann: Notiz-Kalender 1889 bis 1891. Hrsg. von Martin Machatzke. Frankfurt a. M. / Berlin: Propyläen Verlag, 1982. S. 258 f. –

Bei dem zweiten, in Hauptmanns Unterlagen nur fragmentarisch erhaltenen Zeitungsausschnitt handelt es sich um den Beitrag »Zur Webernot in der Grafschaft Glatz« des Pastors Ernst Klein (1863 – nach 1939) aus Reinerz, der bereits kurz zuvor mit einem Spendenaufruf für die hungernde Bevölkerung an die Öffentlichkeit getreten war. Jener mehrfach nachgedruckte Aufruf erregte erhebliches Aufsehen und trug seinem Initiator die schärfste Mißbilligung der Obrigkeit ein. So untersagte die Regierung in Breslau am 17. März 1891 Lehrern, Pfarrern und Behörden jedwede Zusammenarbeit mit dem Geistlichen, der unter dem Druck der Kirchenleitung schließlich seine publizistische Aktivität einstellen mußte.
Für die Herausgabe des *Notiz-Kalenders* hat Martin Machatzke den Artikel bibliographisch ermittelt und ergänzt. Ihm vorangestellt wird hier der Hilfeaufruf des Pastors, wie ihn die *Vossische Zeitung* in der 4. Beilage ihrer Nummer vom 4. Januar 1891 zum Abdruck brachte.

»Hilfe!

Die vielbesprochene, nie beseitigte, stets wachsende Not der hiesigen Weberbevölkerung schreit laut um Erbarmen. Ein furchtbar strenger Winter ist früher als gewöhnlich ins Land gekommen. Die Preise für alle Nahrungsmittel sind aus mannigfachen Gründen rasch gestiegen und bleiben jetzt hinter großstädtischen kaum zurück. Die Kartoffeln, die Hauptspeise unserer Bevölkerung, sind dies Jahr schlecht und teuer. Ein Weber verdient sich, noch dazu unter Beihilfe seiner Familie, die das Spulen besorgen muß, bei oft 17stündiger täglicher Arbeitszeit, 4, 5, höchstens 7 Mk. wöchentlich. Wie soll er davon seine gewöhnlich große Familie ernähren! Dabei finden jetzt viele trotz alles Bittens und Flehens beim Wollausgeber überhaupt keine Arbeit mehr. Der Weltmarkt hat Überfluß an gewebten Stoffen, und der Weber verhungert! In dem kommenden Vierteljahre wird es noch schlimmer werden – eine Geschäftskrisis steht bevor! Hilfe! Erbarmen! Einige barmherzige Gaben, vor allem aus unserem Ort, haben es mir ermöglicht, vor etwa 14 Tagen eine Volksküche für jedermann (ohne Unterschied des Glaubens), 10 Pfennige den Mittagstisch, dreimal wöchentlich zu eröffnen. Gleich beim ersten Male war der Andrang stürmisch. Ich sehe, daß das stets wachsende Bedürfnis, zur Zeit schon 90 arme Mittagsgäste, die geringen Mittel, die ich habe, weit übersteigt. Dabei möchte ich den Preis ermäßigen, ihn etlichen ganz erlassen und die Küche täglich öffnen. O helft, die ihr diese Zeilen lest. Helft mit Geld oder Nahrungsmitteln! Helft schnell! Selig sind die Barmherzigen, denn sie werden Barmherzigkeit erlangen!

Reinerz, Grafschaft Glatz, d. 1. Januar 1891.

Ernst Klein, Pastor.«

Zit. in: Ebd. S. 450 f.

Am 15. Januar 1891 schrieb Klein in der *Vossischen Zeitung* (Nr. 23):

»ZUR WEB[ERNOT IN DER GRAFSCHAFT GLATZ]
HI[LFE! DANKSAGUNG!]

Allen, die [mir bisher geholfen haben, bei dem] namenlosen Elend hiesi[ger Gegend linder]nd einzugreifen, besonders auch der R[edakti]on dieses Blattes, herzlichsten Dank! Gott der Herr vergelte es Ihnen!

Leider bin ich völlig außerstande, bei der vielen Arbeit, die augenblicklich auf mir lastet, die einzelnen Zuschriften, Anfragen usw. zu beantworten und den einzelnen Gebern zu danken, ich werde es aber so bald als möglich nachholen. Durch die bisher an mich eingesandten Gaben ist es mir möglich geworden, die Volksküche täglich zu öffnen und, wo es not tut, das Essen umsonst zu geben. Haufenweis strömen die Leute auch aus der fernen Umgegend herbei. Von morgen an werde ich Nahrungsmittelvorräte und Kohlen zu halben Preisen beziehungsweise umsonst an die Weber der Umgegend verteilen lassen. Die Gemeindevorsteher und Lehrer der umliegenden Ortschaften helfen mir bei der Kontrolle.

Die Not ist beständig im Wachsen. Trotz der vielen und reichen Gaben, die ich schon empfangen habe, höre ich nicht auf, zu bitten. Hilfe! Erbarmen!

In den letzten Tagen war ich in Goldbach, wohin mich der Weg nur selten führt, da nur wenige Glieder meiner Gemeinde daselbst wohnen. Eine kurze Schilderung der dortigen Zustände soll ein Bild geben, wie es hier in der Gegend aussieht:

Durch oft meterhohen Schnee, auf weitem Umwege, der direkte Weg war für Schlitten zu gefährlich, die Goldbacher können jährlich höchstens 20 Mark für Unterhaltung ihrer Wege ausgeben, gelangte ich ins Dorf. Beim Gemeindevorsteher, einem armen Weber, der grade dabei ist, einen Hilferuf für seine Gemeinde an den Provinzial-Armenverband auszuarbeiten, erfahre ich folgendes: Goldbach zählt 312 Seelen, zum größten Teil Weber. Einkommensteuerpflichtige gibt es nicht. Klassensteuerpflichtig sind zwei, schreibe zwei Einwohner, der Müller und der Lehrer. Der Gemeindevorsteher nennt mir im Handumdrehen 18 Familien, deren sämtliche 30 Glieder als Greise, Waisen, Krüppel, Blinde, Irre durchaus erwerbsunfähig sind, d. h. nichts, gar nichts haben. Für diese Allerärmsten (Ärmste gibt es noch genug) bringt die arme Gemeinde jährlich 58 Mark auf. Mehr hat sie nicht. Stiftungen sind nicht vorhanden, auch sonst kein Geber. Wovon leben aber die 18 Familien, die 30 Ärmsten? Hilfe! Mit dem Gemeindevorsteher besuchte ich mehrere Wohnungen der armen Leute, selten war eine, wo ich nicht einen schwer Kranken oder Verkrüppelten oder gar Blöden (deren es hier verhältnismäßig viele gibt) antraf. Und wer beschreibt das Elend auch der Gesunden? Niedrige Stuben, Löcher, verdorbene Luft, halbnackte Kinder, am rasselnden Webstuhl sitzen im schlecht geheizten Raum die bleichen abgehärmten Gestalten. Sie arbeiten, arbeiten, rastlos, schon seit morgens 5 oder 6 Uhr, viele auch die Nacht hindurch, keine Sekunde darf verlorengehen. Nun reißt der schwache Faden, es muß geknotet werden, ach, wenn die Ware nur angenommen wird! Wie oft schon wurde sie zurückgewiesen, und der Verdienst eines Tages, einer Woche war verloren! ›Kinder seid fleißig! spult eifrig! Vielleicht werden wir mit dem Stück bis Sonntag fertig, dann gehen wir zusammen zur Stadt, zur Kirche, und dann bekommen wir beim Wollausgeber 4 Mark, ach hoffentlich!‹ Und der Webstuhl rasselt weiter, in der Stube wird es immer kälter und dunkler, doch das teure Holz – Kohlen konnten schon lange nicht mehr gekauft werden – muß gespart werden. Das kleine Lämpchen wird trotz des Qualmes, trotz der schwierigen Arbeit niedriggeschraubt, damit bei den kurzen Tagen nicht zuviel Petroleum verbrennt. So geht es einen wie den andern Tag, wie in dieser Hütte so in jeder anderen, wie in Goldbach so hier fast überall. Ich lasse zum Schluß ein Gutachten des Gemeindevorstehers von Goldbach über den Verdienst eines Webers, welches er nach wiederholter Vernehmung und nach dem Hinweis, daß er dasselbe vor jedermann müsse vertreten können, abgab, folgen:

›Gutachten des Gemeindevorstehers Sammeck in Goldbach über den Verdienst eines Webers.

Der Weber verdient bei täglicher Arbeit von früh 6 Uhr bis 10 oder 11 Uhr abends höchstens 6 Mark wöchentlich, durchschnittlich 4 Mark, dabei müssen ihm noch 2–3 Personen spulen helfen. Davon geht ab eine Auslage (Stärke zur Schlichte) wöchentlich 0,50 Mark, ferner der eine Stunde weite Weg zur Ablieferung der Waren und Abholung der Garne. Als Erschwernis für die Herstellung der Weberwaren dient noch folgender Umstand: Zur Handweberei werden nur solche schlechte Garne geliefert, die zur [Verarbeitung auf der Maschine nicht verwendbar sind. Infolgedessen ist der Weber genötigt, durch häufiges Knüpfen der

Fäden unter erschwerenden Umständen zu arbeiten und Zeit zu verlieren, auch hat er für unvermeidliche Fehler, die infolgedessen eintreten, Abzüge bei Ablieferung der Ware zu erleiden, welche für das Stück, das etwa eine Woche Arbeit erfordert, 50 Pfg., auch 3 Mark, ja sogar Verlust des ganzen Wochenlohnes betragen. Letzteres kommt recht oft vor.

Goldbach, Grafschaft Glatz, den 10. Januar 1891.
Sammeck, Gemeindevorsteher.‹

Ich schließe mit dem nochmaligen Ruf: Hilfe!
Selig sind die Barmherzigen, denn sie werden Barmherzigkeit erlangen!

Reinerz, Grafschaft Glatz, den 11. Januar 1891.
Klein, Pastor.]«

Zit. in: Ebd. S. 325 ff.

Zwar wird die aktuelle Berichterstattung über die notleidenden Weber den Dichter in seinem dramatischen Vorhaben durchaus bestärkt haben, aber noch entbehrte es eines tragfähigen Handlungskonzepts. So vermerkt Hauptmann unter dem Datum des 16. Juni 1890, kurz nach Beendigung seiner novellistischen Studie *Der Apostel*: »Zeit voller Unruhe. Meinen ›Apostel‹ in ›Moderne Dichtung‹ abgesandt. Nun zieht es mich, den ›Webern‹ nahetreten zu können. Dazu fehlt mir aber vorerst noch jedes Material.« (Zit. ebd., S. 259)

Nur ein wenig später muß ihn ein Antwortschreiben Otto Pringsheims erreicht haben, in dem der ausgebildete Nationalökonom die entscheidenden Literaturhinweise mitteilt, nicht ohne den Freund zur Vorsicht beim Quellenstudium zu mahnen. Angesichts der Tatsache, daß Hermann Püttmanns (1811–1874) *Deutsches Bürgerbuch für 1845*, das Pringsheim anführt, noch im Jahr seines Erscheinens durch Gerichtsbeschluß in Preußen verboten worden war, war das eine keineswegs unbegründete Sorge. Zumal es sich bei dem betreffenden Beitrag, dessen Autor der Privatgelehrte in seinem Brief wohlweislich verschweigt, um den Aufsatz »Das Elend und der Aufruhr in Schlesien« aus der Feder des überzeugten Sozialisten Wilhelm Wolff (1809–1864) handelt.

Auch mag sich Pringsheim des nur drei Jahre zurückliegenden Breslauer Sozialistenprozesses erinnert haben, in dem Hauptmann als Zeuge gegen seinen Bruder Carl und die Freunde Alfred Plötz und Ferdinand Simon auftreten sollte, die als Mitglieder der »Gesellschaft Pacific« der gemeingefährlichen sozialdemokratischen Umtriebe beschuldigt worden waren. Daß Vorsicht geboten war, sollte sich einmal mehr im Verlauf der Rezeptionsgeschichte der *Weber* zeigen.

»Kaltenleutgeben bei Wien.
Kuranstalt Winternitz.
14. Juni 90.

Lieber guter Gerhart!
Herzlichen Dank für Deinen Brief. Hauptwerk über Geschichte der schlesischen Weber ist Alfred Zimmermann, Blüte und Verfall des Leinengewerbes in Schlesien, Breslau: Korn 1885. Hier findest Du auch weitere Literatur angegeben. Püttmann, Deutsches Bürgerbuch enthält nur einen Aufsatz über die Weber, der nicht von großer Bedeutung. Wenn ich nicht irre, besitze ich das Buch, und will ich es, sobald ich nach Haus komme, heraussuchen. Übrigens wird es auch auf der Königlichen Bibliothek in Berlin zu haben sein. Glückauf zu Deinem neuen kühnen Vorhaben! Ich bitte Dich aber, bei Deinen Studien *vorsichtig* zu sein, damit Dir nicht Unannehmlichkeiten erwachsen. – [. . .]
Solltest Du noch weitere Auskunft über Bücher etc. wünschen, so bin ich stets bereit. Daß ich Stillschweigen beobachte, ist selbstverständlich.«

Zit. in: Ebd. S. 257f. –

Obschon Pringsheim der Darstellung von Wilhelm Wolff (1809–1864) einen eher geringen Aussagewert einräumt, scheint Hauptmann gerade dieser Quelle wesentliche Anregungen für seine Arbeit verdankt zu haben. Dafür spricht nicht zuletzt die Übernahme wichtiger Details in das *Weber*-Drama. Eine kürzere Passage aus Wolffs Studie, die den Ausbruch der Revolte in Langenbielau und die Konfrontation mit den Brüdern Zwanziger schildert, verdeutlicht dies beispielhaft.

»Das anfangs nicht allzugroße Vermögen der Zwanziger war in kurzer Zeit zu großem Reichthum angewachsen. Sechs prächtige Gebäude gaben Zeugniß davon. Herrliche Spiegelscheiben, Fensterrahmen von Kirschbaumholz, Treppengeländer von Mahagony, Kleider- und Wagenpracht sprachen der Armuth der Weber Hohn. Bei der letzten Lohnverkürzung sollten die Zwanziger auf der Weber ihre Vorstellung, daß sie nun gar nicht mehr bestehen und selbst nicht mehr Kartoffeln kaufen könnten, geäußert haben: sie würden noch für eine Quarkschnitte arbeiten müssen, oder, wie andere sagen: die Weber möchten nur, wenn sie nichts anderes hätten, Gras fressen; das sei heuer reichlich gewachsen. Ich lasse diese Aeußerungen dahin gestellt sein; ich theile sie nur mit, weil sie in Aller Munde sind. Dagegen kann ich folgenden kurzen Bericht, wie ich ihn Augenzeugen, und zwar glaubhaften Männern, nacherzähle, verbürgen.
Ein Gedicht, nach der Volksmelodie: „Es liegt ein Schloß in Oesterreich" abgefaßt, und von den Webern gesungen, ward gleichsam die Marseillaise der Nothleidenden. Sie sangen es zumal vor Zwanziger's Hause wiederholt ab. Einer ward ergriffen, ins Haus genommen, durchgeprügelt und der Ortspolizei überliefert. Endlich um 2 Uhr Nachmittags, den 4. Juni, trat der Strom über seine Ufer. Eine Schaar Weber erschien in Nieder-Peterswaldau und zog auf ihrem Marsche alle Weber aus den Wohnungen rechts

und links an sich. Alsdann begaben sie sich nach dem wenig entfernten Kapellenberge und ordneten sich paarweise, und rückten so auf das neue Zwanziger'sche Wohngebäude los. Sie forderten höheren Lohn und – ein Geschenk! Mit Spott und Drohen schlug man's ihnen ab. Nun dauerte es nicht lange, so stürmte die Masse ins Haus, erbrach alle Kammern, Gewölbe, Böden und Keller und zertrümmerte alles von den prächtigen Spiegelfenstern, Trümeaus, Lüsters, Oefen, Porzellan, Möbels bis auf die Treppengeländer herab, zerriß die Bücher, Wechsel und Papiere, drang in das zweite Wohngebäude, in die Remisen, in's Trockenhaus, zur Mange, in's Packhaus und stürzte die Waaren und Vorräthe zu den Fenstern hinaus, wo sie zerrissen, zerstückt und mit Füßen getreten oder, in Nachahmung des Leipziger Meßgeschäfts, an die Umstehenden vertheilt wurden. Zwanziger flüchtete sich mit seiner Familie in Todesangst nach Reichenbach. Die dasigen Bürger, welche einen solchen Gast, der die Weber auch ihnen auf den Hals ziehen konnte, nicht dulden wollten, veranlaßten ihn zur Weiterreise nach Schweidnitz. Aber auch hier deuteten ihm die Behörden an, die Stadt zu verlassen, weil sie durch seine Gegenwart leicht einer Gefahr ausgesetzt sein konnten; und so fand er endlich hier in Breslau Sicherheit.

Der Polizeiverweser Christ und ein Gensdarm nahmen zwar in Peterswaldau eine Arretirung vor, indeß befreiten die Weber bald den Gefangenen. Neben Zwanziger wohnt der Fabrikant Wagenknecht. Er hatte die Weber menschlicher behandelt, er blieb verschont. Da er ihnen noch ein kleines Geschenk verabreichte, brachten sie ihm ein Vivat aus. Bald fanden sich Weber aus Arnsdorf und Bielau ein. Was bei Zwanziger noch übrig geblieben, wurde vollends zertrümmert. Die Nacht unterbrach das Rachewerk.«

Wilhelm Wolff: Das Elend und der Aufruhr in Schlesien. In: Deutsches Bürgerbuch für 1854. Hrsg. von H[ermann] Püttmann. Darmstadt: Leske, 1845. S. 188–190.

Bei Wilhelm Wolff fand Hauptmann auch den Text des Weberliedes abgedruckt, dessen Bedeutung für den Ausbruch der Revolte historisch belegt ist. Der Gesang des Liedes wirkte als solidarisierende Kraft und hatte Initialwirkung für den Sturm auf das Haus der Fabrikantenfamilie Zwanziger. Seine Wirkung verdankte das in unterschiedlichen Fassungen überlieferte anonyme Gedicht *Das Blutgericht* nicht zuletzt der ihm untergelegten, in Schlesien volkstümlichen Melodie »Es liegt ein Schloß in Österreich«. In Übereinstimmung mit der historischen Realität weist Hauptmann dem Lied in seinen *Webern* eine vergleichbar zentrale Rolle zu. Der Germanist Peter Sprengel hat in diesem Zusammenhang auf die dem Gedicht inhärente religiöse Dimension aufmerksam gemacht und zugleich auf eine im Gerhart-Hauptmann-Nachlaß verwahrte Abschrift des *Blutgerichts* verwiesen, die den Zusatz »Jerem. 22,13–17« trägt (vgl. Sprengel, 1984, S. 85).

Lied der Weber
in Peterswaldau und Langenbielau

Melodie: Es liegt ein Schloß in Oesterreich

Das Blutgericht

Hier im Ort ist das Gericht,
Viel schlimmer als die Vehmen,
Wo man nicht mehr ein Urtheil spricht,
Das Leben schnell zu nehmen.

2

Hier wird der Mensch langsam gequält,
Hier ist die Folterkammer,
Hier werden Seufzer viel gezählt
Als Zeugen von dem Jammer.

3

Die Herrn Zwanziger die Henker sind,
Die Diener, ihre Schergen,
Davon ein Jeder tapfer schind't,
Anstatt was zu verbergen.

4

Ihr Schurken all', ihr Satansbrut!
Ihr höllischen Cujone!
Ihr freßt der Armen Hab' und Gut,
Und Fluch wird euch zum Lohne!

5

Ihr seid die Quelle aller Noth,
Die hier den Armen drücket,
Ihr seid's, die ihr das trockne Brod
Noch von dem Munde rücket.

6

Was kümmerts euch, ob arme Leut'
Kartoffeln kauen müssen,
Wenn ihr nur könnt zu jeder Zeit
Den besten Braten essen?

7

Kommt nun ein armer Webersmann,
Die Arbeit zu besehen,
Findt sich der kleinste Fehler dran,
Wird's ihm gar schlecht ergehen.

8

Erhält er dann den kargen Lohn,
Wird ihm noch abgezogen,
Zeigt ihm die Thür mit Spott, und Hohn
Kommt ihm noch nachgeflogen.

9

Hier hilft kein Bitten, hilft kein Fleh'n,
Umsonst sind alle Klagen;
Gefällts Euch nicht, so könnt ihr gehn,
Am Hungertuche nagen.

10

Nun denke man sich diese Noth
Und Elend dieser Armen;
Zu Hause keinen Bissen Brod,
Ist das nicht zum Erbarmen?

11

Erbarmen! Ha! ein schön Gefühl,
Euch Kannibalen! fremde;
Ein jeder kennt schon euer Ziel:
Es ist der Armen Haut und Hemde.

12

O! Euer Geld und Euer Gut,
Das wird dereinst zergehen,
Wie Butter an der Sonne Glut,
Wie wird's um euch dann stehen?

13

Wenn ihr dereinst nach dieser Zeit,
Nach diesem Freudenleben,
Dort, dort, in jener Ewigkeit
Sollt Rechenschaft abgeben?

14

Doch ha! sie glauben an keinen Gott,
Noch weder an Höll' und Himmel,
Religion ist nur ihr Spott,
Hält sich an's Weltgetümmel.

15

Ihr fangt stets an zu jeder Zeit,
Den Lohn herabzubringen,
Und andre Schurken sind bereit,
Eurem Beispiel nachzuringen.

16

Der Reihe nach folgt Fellmann nach,
Ganz frech ohn' alle Bande,
Bei ihm ist auch herabgesetzt
Der Lohn, zur wahren Schande.

17

Die Gebrüder Hofrichter sind,
Was soll ich ihnen sagen?
Nach Willkühr wird auch hier geschindt,
Dem Reichthum nachzujagen.

18

Und hat auch Einer noch den Muth,
Die Wahrheit nachzusagen,
Dann kommt's so weit, es kostet Blut,
Und dann will man verklagen.

19

Herr Cammlott, Langer genannt,
Der wird dabei nicht fehlen,
Einem jeden ist es wohl bekannt,
Viel Lohn mag er nicht geben.

20

Wenn Euch, wie für ein Lumpengeld,
Die Waare hingeschmissen,
Was Euch dann zum Gewinne fehlt,
Wird Armen abgerissen.

21

Sind ja noch welche, die der Schmerz
Der armen Leut beweget,
In deren Busen noch ein Herz
Voll Mitgefühle schläget,

22

Die müssen von der Zeit gedrängt,
Auch in das Gleis einlenken,
Der Andern Beispiel eingedenk
Sich in dem Lohn einschränken.

23

Ich sage, wem ist's wohl bekannt,
Wer sah vor 20 Jahren,
Den übermüth'gen Fabrikant
In Staatskarossen fahren?

24

Sah man dort wohl zu jeder Zeit
Palläste hoch erbauen?
Mit Thüren, Fenstern, prächtig weit,
Ist's festlich anzuschauen!

25

Wer traf wohl dort Hauslehrer an
Bei einem Fabrikanten?
In Livreen Kutscher angethan,
Staats-Domestiken, Gouvernanten!

Zit. nach: Ebd. S. 199–202.

Weitere zahlreiche Einzelheiten entlehnte Hauptmann der ebenfalls von Pringsheim empfohlenen Veröffentlichung *Blüthe und Verfall des Leinengewerbes in Schlesien. Ge-*

werbe- und Handelspolitik dreier Jahrhunderte (Breslau 1885) des Legationsrats Alfred Zimmermann, der in weiten Teilen eng der Darstellung Alexander Schneers (s. u.) folgt. Daneben stützte sich Hauptmann bei seinem Quellenstudium auf die 1845 in Breslau erschienene Schrift *Ueber die Verhältnisse der Spinner und Weber in Schlesien und ihre Thätigkeit der Vereine zu ihrer Unterstützung* von Carl Gustav Kries und auf Alexander Schneers Abhandlung *Ueber die Noth der Leinen-Arbeiter in Schlesien und die Mittel ihr abzuhelfen.* Schneer (1806–1885), der seinen Bericht 1844 im Auftrag des Breslauer »Vereins zur Abhilfe der Noth unter den Webern und Spinnern in Schlesien« anfertigte, hatte nur wenige Tage vor Ausbruch der Revolte die Webereidistrikte bereist. Seiner anschaulichen Schilderung der dortigen Lebensverhältnisse entnahm Hauptmann wesentliche Details, so unter anderem auch die Personennamen Ansorge und Hornig.

»Nicht volle acht Tage, bevor jene Unruhen ausgebrochen, war ich in der Gegend. Beinahe überall fand ich in den Häusern, die mir als die ärmsten bezeichnet wurden, ordentliche Betten, feste Wohnungen und nicht schlecht bekleidete Menschen, und so habe ich denn schon damals auch den Mitgliedern der Lokal-Vereine und den Polizeibeamten der betreffenden Ortschaften meine Ansicht ausgesprochen, nach welcher jene Gegend mir grade als die am wenigsten notleidende und bedürftige erschienen.

Wenn wir zu den bei der Leinen-Industrie Beschäftigten zurückkehren, so müssen wir hier wieder die Hauptklassen scheiden: Bleicher, Weber, Flachsspinner und Faken oder Putzelspinner, und die Reihe, in der dieselben hier aufgeführt sind, bildet auch die Gradationen der herrschenden Not.*

Der Erwerb des Webers steigt gegenwärtig im allgemeinen

* Die Bleicher, als die im allgemeinen wenigst bedürftige Klasse, könnten füglich von dieser Betrachtung ausscheiden.

von 10 Sgr. bis zu 20 Sgr., der des Flachsspinners von 5 bis 12 Sgr., der des Faken oder Putzelspinners von 2 Sgr. bis höchstens 4 und 5 Sgr., bei allen drei Klassen für die Woche berechnet.
Welches schreckenerregende Elend namentlich bei dieser letzten Klasse vorherrscht, davon kann sich selbst die regste Phantasie keinen Begriff machen; alle Schilderungen, welche Tagesblätter und Zeitungen hiervon enthielten, bleiben, wenn man sie für noch so übertrieben halten wollte, weit hinter der Wirklichkeit zurück. Zahlen frappieren! Nun wohl, man wird sich am leichtesten den Zustand denken können, wenn man erwägt, daß für Hunderte, ja Tausende dieser unglücklichen Familien der tägliche Erwerb von 9 Pf. bis 1 Sgr. 3 Pf., den Mann, Frau und ein Kind erarbeiten, oft für 6 Köpfe ausreichen soll. [...]

Seit sieben und mehr Jahren haben sich die Unglücklichen nicht mehr irgendein Kleidungsstück beschaffen können, ihre Bedeckung besteht aus Lumpen, ihre Wohnungen verfallen, da sie die Kosten der Herstellung nicht aufbringen können, die mißratenen Ernten der Kartoffeln, namentlich in den beiden letzten Jahren, haben sie auf die billigeren wilden oder Viehkartoffeln und auf das Schwarz- oder Viehmehl zur Nahrung angewiesen; Fleisch kommt nur bei einigen zu Ostern, Pfingsten und Weihnachten ins Haus, und dann für eine Familie von fünf bis sechs Personen ein halbes Pfund! Schenkt der Bauer ihnen ein Quart Buttermilch, oder tauschen sie es für die Kartoffelschalen bei ihm nach langem Aufsammeln ein, so ist dies ein Festtag. Wenn es zuweilen zu etwas Butter noch ausreicht, so zehrt die ganze Familie an einem Viertelpfund die Woche. Den Kirchenrock haben viele schon lange verkauft oder versetzt; sie schämen sich, in ihren Lumpen zur Kirche zu gehen, und so entbehren sie auch noch des geistigen Trostes bei diesem Elend.
Im letzten Winter hat man von wirklicher Hungersnot unter diesen Armen sprechen können.

[...] Aus einem wahrheitsliebenden Munde hörte ich von einer Familie, die ich selbst nicht mehr besuchen konnte, welche, sechs Jahre verheiratet, nach mehrtägigem Hunger das Stück Brot hervorsuchte, welches sie, dem abergläubischen Gebrauche folgend, bei ihrer Verheiratung im Hause versteckt, damit es ihnen nie an Brot fehle. Dieses sechs Jahre alte verschimmelte Brot war ihnen ein glücklicher Fund, als sie sich an dessen Vorhandensein erinnerten. [...]
Ehe ich den Leser mit den wirklichen Zuständen durch einzelne Bilder genauer bekanntmache, wie ich sie in den bedürftigsten Hütten nur mit flüchtiger Feder aufzuzeichnen imstande war, will ich hier noch eines Ausspruchs erwähnen, den ein sehr einsichtiger Verwalter der Ortspolizei in einem Gebirgsdorfe getan hat.
›Die Not‹, sagte mir derselbe, ›hat die Unglücklichen nur deshalb nicht zu allerhand Verbrechen getrieben, weil die lange Gewohnheit des Elends sie körperlich und moralisch deprimiert hat, und es ihnen bereits an der zum Verbrechen nötigen Tatkraft fehlt.‹ Und es ist wahr: Zum Verbrechen gehört eine Art von Energie. –«

Zit. nach: Weber-Revolte 1844. Der schlesische Weberaufstand im Spiegel der zeitgenössischen Publizistik und Literatur. Hrsg. von Lutz Kroneberg und Rolf Schloesser. Köln: Leske, 1979. S. 126–129.

Im Frühjahr 1891, als eine vorläufige Niederschrift des Dramas bereits fertiggestellt war, unternahm der Dichter zwei schon lange geplante Reisen in die Weberdörfer des Eulengebirges, um seine Kenntnisse durch Milieustudien und Gespräche mit Augenzeugen des Aufstands von 1844 zu ergänzen. Auf der ersten dieser Unternehmungen bediente er sich der Führung des ortskundigen sozialdemokratischen Redakteurs Max Baginski (1864–1943), dessen 1905 in den *Sozialistischen Monatsheften* veröffentlichter Aufsatz »Gerhart Hauptmann unter den schlesischen Webern« ein eindrückliches Bild seiner Begegnung mit dem Dichter und ihrer gemeinsamen Wanderung durch die Webersiedlungen vermittelt.

»Der Eindruck, den ich beim ersten Zusammentreffen mit Hauptmann empfing, war etwa dieser: Kein Mann des leichten gesellschaftlichen Verkehrs. Diskret, fast scheu, schweigsam. Versunkener, schwerer Träumer, dabei doch nicht irrezuführender Beobachter des Menschlichen und Allzumenschlichen. Nicht Goethe, eher Hölderlin. [. . .]
Mit Hauptmann wurden gemeinsame Streifzüge in die Hauswebersiedlungen verabredet. In Langenbielau ist schon die besser bezahlte, geregeltere Fabrikweberei überwiegend. Das Elend ist nicht so grenzenlos und hoffnungslos, so von allen Wegen abgeschnitten, wie in den Hausweberhütten. In diesen war die Not entsetzlich. Die nächsten Tage enthüllten dem Auge des Dichters Grauenvolles. Die Gestalten der Baumann, Ansorge, Hilse wurden lebendig. Die stille Anklage auf den Lippen, schoben sie sich vor das Auge, greifbar, und man hätte doch so herzlich gern geglaubt, es bloß mit Phantomen zu tun zu haben. Sie lebten, aber wie, das war das unsere ganze Kultur Beschämende. In den im Schnee steckenden Hütten, deren schneefreier oberer Teil Ähnlichkeit mit ungepflegten, verfallenden Grabhügeln hatte, grinsten auch jetzt noch, im Zeichen staatlicher Fürsorge, aus allen Winkeln die Verzweiflung, der Hunger des historischen Notstandsjahres 1844. Hier, in kleinen Tälern, auch Anhöhen, verstreut, breitete sich ein Stück Produktion aus, an welchem jeder technische, industrielle Fortschritt vorübergeeilt war, wie an einem verfluchten, spukhaften Ort. Und trotzdem, die hier mehr starben als lebten, sollten mit der modernen Großindustrie konkurrieren!
Der Dichter trat in diese Behausungen weder als ein kühler Beobachter noch als ein Samariter ein. Der Mensch kam zum Menschen. Kein Herabsteigen zum armen Lazarus. Auf diesem Wege, so schien es mir, schritt Hauptmann si-

cherer einher, als auf den Wegen des konventionellen Verkehrs.
Steinseifersdorf, hinter Peterswaldau gelegen. Über eine kahle Schneefläche versprengte schadhafte Hütten aus Lehm, Reisig, Brettern. Nichts Lebendiges zu sehen. Kein Hund, keine Katze, kein Sperling. Selten, daß aus einem Rauchloch auf den schiefen Dächern dünner Rauch aufsteigt. Geheizte Wohnräume gehören in diesem Landstrich zu den schwer zu erringenden Kostbarkeiten, und was für eine Mahlzeit sollte man wohl aus nichts zubereiten können? In diese rechts von der Fahrstraße abliegende Hütte wollen wir eintreten. Ein geschaufelter oder ausgetretener Schneepfad führt nicht zu ihr, die Füße müssen sich durch den Schnee selbst den Weg bahnen. Atmen da drinnen überhaupt Menschen? Das vom Wetter zerzauste, geduckte Hüttchen scheint keinem Windstoß mehr standhalten zu können. Die paar verfaulten schiefen Holzstufen, die zum Eingang führen, drohen unter den Tritten vollends zusammenzubrechen. Auf unser Klopfen antwortet von innen kein Laut. Noch einmal geklopft, stärker als vorher. Jetzt schlurft etwas langsam dem Eingang zu. Ein grober Holzriegel, in dieser Form nur noch an altmodischen Scheunen- und Stalltüren zu finden, wird zurückgeschoben. Es zeigt sich ein menschliches Antlitz, dessen Ausdruck der eines wunden, furchtsamen Tieres ist. Wie ein aufgescheuchter Missetäter starrt der Öffnende die Eindringlinge dumpf an. Kein Hoffnungsschimmer belebt das Gesicht. Der Mann hat es wohl schon längst aufgegeben, von seinen Mitmenschen eine Linderung seiner Not zu erwarten. Sein Verhalten zeigt nicht das geringste Zutrauen zu dem Jahrhundert der Humanität. Die Gestalt ist in Lumpen gehüllt. Und was für Lumpen! Nicht Stromerlumpen, die im Chausseegraben im Augenblick gewechselt werden. Es sind ewige Lumpen, sie scheinen verwachsen mit der von ihnen bedeckten Haut. Ekelerregende, einzige Hülle, die nicht fortgeworfen werden darf.

George Grosz: Bühnenbildentwurf für *Die Weber*
Aquarell, 1921

Der ungefähr fünfzig Jahre alte Mann spricht nicht. Er führt uns den schmutziggrauen kalten Hausgang entlang, tappt nach einer Tür und stößt sie auf. Man sieht einen Webstuhl, auf dessen Sitzbrett eine zusammengedrückte Frauengestalt, einen kalten Herd, vier schmutzige Wände, von denen Wasser tropft, an einer entlang einen Bettkasten mit ein paar weiteren Lumpen, die das fehlende Bettzeug ersetzen sollen. Sonst erspäht das Auge nichts in dem Raum. Der Mann murmelt etwas zu der auf dem Brett des Marterstuhls sitzenden Frau. Sie richtet sich auf. Beide haben rote, entzündete Augen, aus denen mit der gleichen Monotonie, wie von den Wänden, unaufhörlich Wasser läuft. Die beiden sind über das laute Klagen hinaus. Hauptmann beginnt zu sprechen, zögernd, beklommen von so viel Jammer. Er lockt wenige rauhe Äußerungen hervor. Es ist schon lange her, daß die letzte fertige Webe abgeliefert wurde, nichts

Eßbares, nichts Brennbares im Haus. Kein Brot, kein Mahl, keine Kartoffeln, weder Holz noch Kohle. Dabei sehen uns Frau und Mann scheu an mit den schmerzenden Augen, wie Übeltäter, die strengen Tadel oder Strafe zu erwarten haben. Hauptmann gibt der Frau Geld; der Gedanke, von dieser Stätte fortzugehen, ohne wenigstens für die nächsten Tage die Mittel zur Beschaffung von Brot zu hinterlassen, ist Qual, ganz unerträglich.

[...] Auf der Rückfahrt kommt die Rede immer wieder auf das Schicksal dieser vom modernen Industrialismus zur Verdammnis verurteilten Weber zurück. Ich frage Hauptmann, welche Wirkung er sich von einem Theaterstück verspreche, das dieses Schicksal zu dramatischer künstlerischer Darstellung bringt. Er antwortet, seine Neigungen zögen ihn mehr Sommernachtsträumen, sonnigen Ausblicken entgegen, aber ein harter innerer Druck treibe ihn dazu an, diese Not zum Gegenstand seiner Kunst zu machen. Die erhoffte Wirkung? Die Menschen sind nicht gefühllos. Auch der Behagliche, Reiche muß sich im Innersten betroffen fühlen, wenn er solche Bilder entsetzlichen Menschenjammers vor seinen Augen aufsteigen sieht. Alles Menschliche stehe im Zusammenhang. Meinen Einwand, daß das Besitzrecht den darin Wohnenden Scheuklappen vor die Augen zu legen pflegt, will Hauptmann nicht als allgemein berechtigt gelten lassen. Es ergibt sich: er will das werktätige Mitgefühl in den Gutgestellten erwecken. Mitleid, freilich ein tatkräftiges Mitleid, das den Armen eine wirkliche Erleichterung ihres Loses verschafft. Er fügt hinzu, ihn selbst habe zuzeiten die Not der Massen so gepeinigt, daß es ihm nicht möglich war, seine Mahlzeiten ruhig einzunehmen, die oft auch, besonders während der Züricher Studentenzeit, karg genug gewesen seien. In solchen Augenblicken sei schon eine Tasse Kaffee als beschämender Luxus erschienen.

Ich konnte mich dieser Betrachtungsweise nicht anschließen. Den Einfluß, den eine künstlerische Darstellung des Weberelends auf die Besitzenden ausüben konnte, schlug ich sehr gering an. Satter Tugend ist schwer beizukommen. Hingegen stellte ich mir vor, sie müsse eine große aufrüttelnde Wirkung auf die Massen der Leidenden selbst haben.«

Max Baginski: Gerhart Hauptmann unter den schlesischen Webern. [1905.] Zit. nach Hans Schwab-Felisch (Hrsg.): Gerhart Hauptmann. Die Weber. Dichtung und Wirklichkeit. Frankfurt a. M. / Berlin [36]1995. S. 166–175 (hier: S. 167–170).

Hauptmann selbst faßt seine ersten Erkundungen vor Ort in einem Brief an Otto Brahm (1856–1912) zusammen, der schon früh in die Arbeit am *Weber*-Drama eingeweiht war. Unter dem Datum des 5. März 1891 schreibt der Dichter aus Langenbielau, wo er im Gasthof »Preußischer Hof« Quartier genommen hatte:

»Lieber,
ich bin auf dem klassischen Boden. Leider weiß ich nicht, ob mein Programm in allen Teilen auf den ersten Anlauf wird durchzuführen sein, denn – der Boden ist sehr, sehr aufgeweicht.
Bis jetzt geht es übrigens gut. Eine herrliche alte Frau hat ausgiebig u. als Augenzeugin der 44er Vorgänge erzählt. Viele schöne Gestalten sind dadurch schon gegeben. Heut steige ich zu einem Manne, der bei dem Krawall einen Major vom Pferde gezogen hat. Ich bin gespannt.
Wenn ich in Langenbielau fertig bin, steige ich ins Eulengebirge, das mir vor der Nase liegt. Hoffentlich läßt's das Wetter bis dahin zu.
Sei mir gegrüßt!

G. Hauptmann«

Otto Brahm – Gerhart Hauptmann. Briefwechsel 1889–1912. Hrsg. von Peter Sprengel. Tübingen: Narr, 1985. S. 114 –

Welch tiefgreifenden Eindruck die Reise auf Hauptmann gemacht haben muß, bezeugt der schwedische Schriftsteller Ola Hansson (1860–1925), der Ende März 1891 mit dem Dichter in Berlin zusammengetroffen war.

»Nach der Aufführung der ›Einsamen Menschen‹ im ›Deutschen Theater‹ zog Hauptmann aus Berlin weg. Er war ganz voll von einem neuen Plan, dessen Einzelheiten schon von ihm Beschlag genommen hatten, während das Ganze noch verworren und beängstigend vor ihm stand. Er war vor allem als Mensch ergriffen. Er berichtete von den Eindrücken, die er gehabt, mit zitternden Lippen, nervös und gepeinigt, er sah elend und angegriffen aus, er flüchtete bald von ihnen fort und bald zu ihnen hin. Sie waren keine inneren Erlebnisse und keine Halluzinationen seiner Phantasie. Sie waren sehr wirklich, sehr vorhanden, sehr lokal und sehr gegenwärtig. Es war die Not der schlesischen Weber. Eine jahrhundertalte Not in ebenso jahrhundertaltem Gottvertrauen und Degeneration. Er hatte hineingeschaut auf einer Reise in seine Heimat und es ließ ihn nicht mehr los. Und es endete damit, daß er sich ihm mit Haut und Haar anheimgab, dem alten Elend – dem neuen Stoff.«

Zit. in: Gerhart Hauptmanns *Weber*. Eine Dokumentation. Hrsg. von Helmut Praschek. Mit einer Einl. von Peter Wruck. Berlin: Akademie-Verlag, 1981. S. 106.

Die Stationen seiner zweiten Reise zu den schlesischen Webern des Eulengebirges im April 1891 hat Hauptmann in seinem Notiz-Kalender festgehalten

»Freitag, 17. April 1891.
Früh in Reichenbach. Am Nachmittag bei Fianke und Bandweber Ernst Meie.
Uferstraße Vorstadt Reichenbach.«

»Sonnabend, 18. April 1891.
In Peterswaldau. Den Wächter, der mit Grünzeug handelte, aufgegriffen. Mit ihm gegangen. Augenzeuge von 44.
Bei Weberfamilie Karl Springer.
Am Abend Geburtstag bei Fiankes Sohn. Mit Maus dort gewesen. Er ist Fabrikweber.«

»Sonntag, 19. April 1891.
In Langenbielau. Örtlichkeiten studiert.«

»Montag, 20. April 1891.
Über das Eulengebirge, Sieben Kurfürsten nach Charlottenbrunn. Weberdörfer fünf Familien besucht.«

»Montag, 27. April 1891.
In Langenbielau im Kretscham. Ein Mädchen, groß, voll, neunzehn Jahr. Lange Wimpern, müde Augen. Faule schwere Glieder.«

»Dienstag, 19. Mai 1891.
Mit Brahm, Herrn Boxer, Ashelm, Pin, Maus, O[lga] T[hienemann] und Zarle in Petersdorf.
Der revolutionäre Geist.
Ich wiß ne, wer mich zwingen kann, meine Frau in ne kalte Kirche zu schicken.
Die neue Bedienung, dies Mädchen, welches in der Angst den Gast fragt, was es für Weine gibt.
Der herausgeforderte Geck, der rivalisiert.
Die Kammpartie
Der faule Wirt.«

Gerhart Hauptmann: Notiz-Kalender 1889 bis 1891. Hrsg. von Martin Machatzke. Frankfurt a. M. / Berlin: Propyläen Verlag, 1982. S. 334 ff. –

In seiner 1938 unter dem Titel *Das zweite Vierteljahrhundert* fragmentarisch fortgeführten Autobiographie erinnert sich Hauptmann noch einmal der beiden Studienreisen:

»Die erste Niederschrift von ›Die Weber‹ war zu Papier gebracht. Noch vor der Übersiedlung in das neue Haus ging ich mit Mary auf die lange geplante Studienreise nach dem Eulengebirge ins Webergebiet. Sie blieb in einem Gasthof zu Reichenbach, während ich und ein junger Redakteur, der sich hier in der Gegend heimisch gemacht hatte, in die Berge und das berüchtigte Handwebergebiet eindrangen. Was ich in den versprengten Hütten, deren Verfall erschrecklich war, zu sehen bekam, war eben, was ich zu sehen erwartete. Da es vielfach geschildert und sattsam besprochen ist und auch mein Drama ›Die Weber‹ besteht, werde ich kurz darüber weggehen.
Der Menschheit ganzer Jammer, wie man sagt, faßte mich nicht zum ersten Male an. Ich hatte in dieser Beziehung, wie das Buch meiner Jugend beweist, schon in Salzbrunn vieles gesehen. Grimmiger Treffendes dann in Zürich unter den Kranken des Burghölzli, der Kantonalirrenanstalt. Was sich in diesen Weberhütten enthüllte, war, ich möchte sagen: das Elend in seiner klassischen Form.
Man kann diesen Ausdruck befremdlich finden. So will ich mich etwas näher erklären. Großstadtelend, Jammer und Schrecken der Lasterhöhlen und des Verbrechens sind vielfach scheußlich und abstoßend. Das Innere dieser halbzerfallenen Berghütten, in deren Mitte das rhythmische Wuchten des Webstuhls, das Schnalzen und Scheppern des Schiffchens tönte, war gleichsam beim ersten Blick anziehend. Der Webstuhl ist nun einmal ein Ding, an dem zu sitzen die Göttin Kirke nicht verschmäht. Und der musikalische Klang ihrer Arbeit über die Insel Ogygia verknüpft sich mir mit jedem Webstuhle.
Nun war alles in diesen Weberhütten Dürftigkeit. Im gleichen Raume mit dem mächtigen braunen Kachelofen und

der Ofenbank wurde geschlafen, gekocht und gearbeitet. Schuhe schienen nicht in der Welt zu sein, alles tat man mit bloßen Füßen.

Ich gedenke dabei hauptsächlich des zweiten Häuschens, das ich besucht habe. Ein Maler vom Schlage Rembrandts würde unschwer hier Schönheit, ja Größe entdeckt haben. Eine alte, noch die Spindel drehende blinde Frau, ein Mädchen mit Glutaugen, kaum zehn Jahr, halbnackt, am Spinnrad. Dagegen am Webstuhl ein Riese, Gesicht und Haupt umwuchert von rotblonden Haarmassen, bärtig wie Wotan oder Zeus. Auch er bis auf weniges unbekleidet. Am anderen Webstuhl sein Weib oder seine Tochter. Bei unverkennbaren Zeichen des Elends im Angesicht ist sie grade und hochgewachsen. Sie erhebt sich, ich empfinde einen edlen Körper, seltsamerweise auch von Fülle, nicht nur von Ebenmaß. Ich sehe ein Wesen, das sich wie hier seit Jahrtausenden versteckt bewahrt, eins der stolzen Kimbernweiber etwa, die von der Wagenburg den Kohorten ihre Kinder statt Geschossen entgegenschleudern, Tochter vielleicht eines vergossenen Tropfens aus dem Blute Alarichs. Irgendwie dachte man hier an wiehernde Rosse, Stahl und Erz oder, als ob hier der Zauber einer Verkleidung geübt würde, an Haß, tödliche Inbrunst, Mord.

Ich habe besonders über diese Entdeckung in der Weberhütte wieder und wieder nachgedacht und bin gewiß, leuchteten Götter uns, wenn wir es heiß erflehen, in das hemmende Dunkel der Vergangenheit, wir würden darüber Großes erfahren.

Nun also, schon diese Erscheinung allein zeigt irgendwie Elend und Würde vereint. Wenn einem nun auch, wie gesagt, in diesen Weberstuben, deren Fenster hie und da mit Papier verklebt, mit Kistenbrettchen vernagelt waren, das Elend in allen seinen Formen entgegenschlug, so sah man es doch, weil eine gewisse Größe darin zu spüren war, nicht ohne Erschütterung. Erwachsene pflichtgetreu an den Webstühlen, bis zum kleinen Buben herunter ist jedem seine

Arbeit zugeteilt. Kleine Mädchen schleppen und warten die kleineren Kinder. Man atmet in dicker, übelriechender Luft, da man hier nicht nur die Säuglinge nährt, sondern auch ihre Windeln reinigt. Der Geruch einer schmorenden Speckschwarte, die sich in einem Berg ungeschälter, trockner Kartoffeln verlieren wird, vermischt mit dem von Sauerkraut, dringt aus der Ofenröhre. Der Säugling gibt kreischend seine Verzweiflung kund. Hungrige Krausköpfe kämpfen um eine Brotkante. Der Himmel weiß, wo diese Menge zusammengepferchter Menschen nachts ihr Lager hatte. Es wird dabei noch ein Hund gehalten. Die Katze liegt vor dem Ofenloch. Und schließlich ein Rotkehlchen, überall zu Haus, gehört auch noch zu den Stubengenossen. Aber diese Familiengenossenschaft, welcher der Mangel, der Hunger aus den Augen glotzt, kämpft mit einem Gleichmut, den man wohl heroisch nennen mag, ihren Daseinskampf. Sie kämpft ihn, indess der Wintersturm durch alle Ritzen der verfallenen Hütte heult, das Stroh, die Schindeln vom Dache reißt, wobei an Ausbesserung, an Ersatz nicht zu denken ist. Der Weber beißt die Zähne zusammen, der Webstuhl pocht, der Weber arbeitet, und zwar vom Morgen bis in die Nacht und oftmals auch von da bis zum Morgen. Er ist verträglich, er liebt Weib und Kind, er ist Sektierer, vielleicht Adventist, wenn nicht Bethlehemist, Fromme, die, weil der Heiland im Stall geboren, Gottesdienste in Ställen abhalten. Er bleibt also hungernd, rakkernd, um des elenden Pfennigs willen sich den Bast von den Händen schindend, Idealist. Vielleicht ist er ein Denker, ein Philosoph, und begrüßt seine Arbeitsmarter, begrüßt sein Leiden, lebt in ihm heimlich verzückt wie in einem immerwährenden Zustand der Läuterung. Er schreit nicht, er spricht nur wenig und leise. Seinem besinnlichen Wesen ist die Roheit mancher anderen Gewerbe unbekannt. So, scheint es, bietet er sich und den Seinen, um den Mittelpunkt seiner Arbeit geschart, den Wechselfällen des Schicksals dar, die eine mehr oder weniger langsame Zerstörung bedeuten, der gegenüber er sozusagen aufrecht standhält, bis alles im Tode erstarrt und nur noch Ruine ist. Ich sah ein Häuschen, darin ein älteres Ehepaar im Verhältnis zu anderen beinahe wohlhabend lebte. Es war freilich eine Wohlhabenheit, die mir den Dorfkretscham zu Reichenbach, in dem Mary und ich ein Zimmer genommen hatten, als ein wahres Luxushotel erscheinen ließ. Ich war dann in einem anderen Hause, wo allerdings der Jammer menschlicher Kreatur zum Himmel schrie. Im Stroh auf der Erde lag, den ganzen Körper mit Schorf bedeckt, ein junges Weib, das vor kurzem geboren hatte. Sie wies auf den Säugling mit einem Blick, der nicht zu vergessen ist. Auch dieser, der Säugling, war über und über mit Schorf bedeckt. Um sich zu wärmen, waren nicht einmal Lumpen vorhanden. Ernst und einarmig saß am Webstuhl webend der Mann. Er war nicht mehr jung. Er zuckte die Achseln. Ich habe in meinem Drama ›Die Weber‹ in der letzten Tiefe, die es in dieser Hütte erreichte, nichts enthüllt. Ich kann heut nicht begreifen, wieso es in einer Menschengemeinschaft von durchgängig höherer Lebenshaltung unbehindert so grausam wüten durfte.«

CA 11, 526–529.

IV. Der Prozeß um die *Weber*

Die Ende 1891 in seinem neuen Domizil Schreiberhau beendete Dialektfassung *De Waber* hat Hauptmann wenig später einem kleinen Freundeskreis, darunter auch Otto Brahm und dem Leiter des Deutschen Theaters, Adolphe L'Arronge (1838–1908), vorgetragen. Überzeugt von der Bühnenwirksamkeit des Stückes, reichte L'Arronge am 20. Februar 1892 beim Berliner Polizeipräsidenten als der zuständigen Zensurbehörde das Manuskript mit dem Ersuchen ein, es für sein Haus zur Aufführung freizugeben. Doch mit Verfügung vom 3. März untersagte dieser eine Aufführung des Stückes. Seine Rechtsgrundlage bezog das Verbot aus der »Verordnung des Königlichen Polizei-Präsidii zu Berlin über öffentliche Theater und ähnliche Vorstellungen« vom 10. Juli 1851, nach der sämtliche öffentliche Theatervorstellungen im Bezirk Berlin der ausdrücklichen Genehmigung durch den Polizeipräsidenten bedurften. In § 7 dieser Verordnung sind jene ordnungspolizeilichen Bedenken benannt, die auch gegen *De Waber* angeführt werden sollen. So heißt es in dem Verfügungsbescheid:

»1. [. . .] Das Gerhart Hauptmannsche Schauspiel *De Waber* (Die Weber) behandelt den Aufstand der Handweber im Eulengebirge während der vierziger Jahre. In lebensvollen Bildern, ohne die Handlung an einzelne Personen zu knüpfen, wird das Elend der Handweber der Gewinnsucht der Fabrikanten, die in freventlichem Aussaugesystem die ehrliche Arbeit der ersteren sich nutzbar machen, gegenübergestellt und die aus diesem unnatürlichen Verhältniß entstehende gewaltsame Auflehnung der Unterdrückten als eine gerechtfertigte, durch das im letzten Akt geschilderte militärische Einschreiten nicht zu bannende hingestellt. –
[. . .]

In ordnungspolizeilicher Richtung geben zu den erheblichsten Bedenken Anlaß:
a) die geradezu zum Klassenhaß aufreizende Schilderung der Charaktere des Fabrikanten im Gegensatz zu denjenigen der Handweber im 1. und 4. Akt;
b) die Deklamation des Weberliedes im 2. Akt (S. 40–42) und am Ende des 3. Aktes (S. 66)
c) die Plünderung bei Dreißiger im 4. Akt und
d) die Schilderung des Aufstandes im 4. und 5. Akt.
Es steht zu befürchten, daß die kraftvollen Schilderungen des Dramas, die zweifellos durch die schauspielerische Darstellung erheblich an Leben und Eindruck gewinnen würden, in der Tagespresse mit Enthusiasmus besprochen, einen Anziehungspunkt für den zu Demonstrationen geneigten sozialdemokratischen Theil der Bevölkerung Berlins bieten würden, für deren Lehren und Klagen über die Unterdrückung und Ausbeutung des Arbeiters durch den Fabrikanten das Stück durch seine einseitige tendenziöse Charakterisirung hervorragende Propaganda macht.«

Zit. in: Gerhart Hauptmanns *Weber*. Dokumentation. Hrsg. von Helmut Praschek. Berlin: Akademie-Verlag, 1981. S. 254 f.

Am 22. Dezember 1892 legte die Theaterdirektion des Deutschen Theaters dann die dem Hochdeutschen angenäherte Fassung *Die Weber* zur Zensur vor. Hauptmann hatte die Neubearbeitung bereits am 2. März fertiggestellt und anschließend mit einigen Änderungen und Strichen versehen. Doch auch ihr erteilte die Zensurbehörde mit Verfügung vom 4. Januar 1893 das Aufführungsverbot, da nach Meinung des Polizeipräsidenten von Richthofen die ordnungspolizeilichen Bedenken keineswegs ausgeräumt werden konnten. Seien doch von den erfolgten Streichungen »nur einige brutale, bzw. unanständige Worte und ein Vers des Weberliedes« betroffen (zit. nach: Houben, Bd. 1, S. 338).

Da L'Arronge von einer Beschwerde gegen die Polizeiverfügung absah, legte Hauptmann selbst, vertreten durch Rechtsanwalt Richard Grelling, am 14. Januar 1893 Klage beim Berliner Bezirksausschuß, dem Verwaltungsgericht, ein. In seiner Begründung verwies der Dichter auf den historischen Charakter des Dramas, das – Goethes *Götz von Berlichingen* und Schillers *Wallenstein* vergleichbar – vergangene Ereignisse thematisiere und ausschließlich die Auswirkungen des schwierigen Übergangs von der Handweberei zur Maschinenweberei schildern wolle. Dieser Argumentationsweise trat der Beklagte, Berlins Polizeipräsident K. C. Ernst von Richthofen, entschieden entgegen. In seiner Erwiderung, deren Wortlaut – für damalige Zeit durchaus unüblich – der *Berliner Börsencourier* vom 8. März 1893 abdruckte, heißt es dazu:

»In grellen Zügen wird geschildert, wie die armselige Weberbevölkerung trotz angestrengtester und gesundheitszerstörender Arbeit den kärglichsten Lebensunterhalt nicht mehr erwerben kann. Nicht sowohl der – nur nebensächlich behandelte – Umstand, daß in einigen Fabriken mechanische Webstühle eingeführt worden, sondern die gewissenlose Habsucht der reichen Arbeitgeber ist als die Ursache des bis zur Unerträglichkeit gesteigerten Elendes der Arbeiterschaft hingestellt. Männer und Weiber dulden stumpf, daß die Fabrikangestellten aufs roheste ihrer Not spotten und ihnen bei der Abnahme der Arbeit den Bettellohn noch durch schmutzige Geschäftskniffe schmälern. Ungehört sind die Klagen verhallt, welche die Weberschaft in ihrer höchsten Bedrängnis an die Regierung gerichtet hat; von den niederen Beamten, dem Förster, dem Gendarmen, dem Polizeiverwalter wird den Unterdrückten mit Hohn und Härte begegnet, auch der Ortsgeistliche ist für ihre Klagen taub. Nicht *ein* mitleidiges Herz schlägt in den Kreisen der Besitzenden; der einzige, der eine bescheidene Fürsprache für die Notleidenden wagt, der arme Kandidat im Hause des reichen Fabrikanten, wird von diesem alsbald aus seiner Stelle entlassen. Diese Züge zeigen klar, daß das Drama nicht etwa nur die Hartherzigkeit einzelner Besitzender und ihrer Werkzeuge schildert, vielmehr sind alle im Rahmen des Stücks auftretenden Besitzenden als die brutalen Ausbeuter der Arbeiterschaft hingestellt, und es ist, da doch nach der Darstellung des Stücks die Organe von Staat und Kirche die vollberechtigten Klagen der Ausgebeuteten abgewiesen haben, die ganze Staats- und Gesellschaftsordnung der Zeit, in welcher sich die Handlung abspielt, als des Bestehens unwert geschildert. Darum erscheint die bewaffnete Erhebung der unterdrückten Arbeiterschaft hier als die unabweisbare Folge der sozialen Mißstände, die Beteiligung am Aufstande ist als die Pflicht des tüchtigen Mannes hingestellt. Bezeichnend ist es für diese Auffassung des Autors, daß er den einzigen Arbeiter, der, sich des besseren Lebens im Jenseits getröstend, von Gewalttätigkeiten abrät und bei der Arbeit bleibt, von der Kugel der Soldaten fallen läßt, welche dann vor den siegreichen Aufständischen die Flucht ergreifen müssen.«

Zit. nach: Franz Mehring: Aufsätze zur deutschen Literatur von Hebbel bis Schweichel. In: F. M: Gesammelte Schriften. Bd. 11. Berlin: Dietz, 1961. S. 288 f.

Unter dem Datum des 7. März 1893 wies der Bezirksausschuß, der eine Verlesung des Dramentextes während der mündlichen Verhandlung abgelehnt hatte, in einem insgesamt 97 Folioseiten starken Schriftsatz Hauptmanns Klage ab. Unterstrichen wurden seitens des Gerichts nochmals die aufreizenden Tendenzen des Stückes wie auch seine gefährliche Aktualität. So wird in der Urteilsbegründung festgestellt:

»Das ganze Schauspiel charakterisiert sich als ein solches, welchem es an jedem versöhnenden Momente fehlt; der

Verfasser, indem er ein überaus dunkles Blatt der Geschichte aufschlägt, trägt in dasselbe die Repräsentanten der besitzenden Klassen schwarz auf schwarz ein, während die Armen und Unterdrückten in heller bzw. blutiger Farbe verzeichnet werden. Not und Mut auf der einen Seite, Hartherzigkeit und Schwäche auf der anderen, sie müssen zum blutigen Zusammenstoß führen, der nicht nur in Langenbielau für die Besitzlosen siegreich endet, sondern auch einen Ausblick auf eine bis Breslau anwachsende Revolution eröffnet, mit der Hoffnung auf immer mehr Zulauf. Da hier in Berlin mit jedem Jahr die Zahl der Arbeitslosen zunimmt und da außerdem hier notorisch zahlreiche Sozialdemokraten und mit ihrem Schicksal zerfallene Menschenleben, welche ihr Elend auf die Reichen und die Besitzenden allein schieben, so liegt die Besorgnis nahe, daß, falls die ‚Weber' in einem öffentlichen Theater hier selbst zur Aufführung gelangen sollten, die Empfindungen der etwa unter den Zuschauern befindlichen und unzufriedenen Elemente in einer die öffentliche Ordnung gefährdenden Weise aufgeregt werden können.«

Zit. nach: Heinrich Hubert Houben: Verbotene Literatur von der Klassischen Zeit bis Gegenwart. Berlin 1925. S. 343.

Gegen das Urteil des Bezirksausschusses meldete Hauptmanns Prozeßbevollmächtigter, Rechtsanwalt Richard Grelling (1853–?), am 5. April 1893 Berufung beim Königlichen Oberverwaltungsgericht an. In seiner Rechtfertigungsschrift, die Grelling selbst ein Jahr später veröffentlichte, erklärt der Anwalt:

»Der Autor stellt in genauer Anlehnung an historische Vorgänge die Folgen der Bedrückung der *damaligen* Handweber im Eulengebirge dar. Die Umstände der Handlung tragen deutlich einen ganz individuellen Lokal- und Zeitcharakter. Die Darstellung im Costüme der vierziger Jahre bringt dies sogar äußerlich, also auch für den ungebildeten Zuschauer erkennbar zum Ausdruck. Der Beklagte hatte in erster Instanz wenigstens noch versucht, eine Beziehung zu heutigen Zuständen dadurch zu construiren, daß er behauptete, dieselbe Staats- und Gesellschaftsordnung bestehe auch heute noch fort; wer die damalige angreife, werde auch der heutigen gefährlich. Dieser Punkt ist, wie ich glaube, in der Replik in erster Instanz zur Genüge widerlegt worden. Die Weber sind ein Drama des Elends und des Hungers, aber nicht eine Verherrlichung socialdemokratischer Weltordnung. Eine geringe Erhöhung ihres Lohnes, ein ehrliches, nicht schikanöses Verfahren bei Abnahme ihrer Gewebe würde sie wieder zu ebenso guten, geduldigen, frommen und ordnungsliebenden Staatsbürgern machen, wie sie es bis zum Auftauchen jenes zündenden Weberliedes Menschenalter hindurch gewesen waren. ›Mir wollen leben und weiter nischt‹, heißt es auf Seite 110. ›Der Mensch muß doch a eenziges Mal an Augenblick Luft kriegen‹, Seite 114.

Eine Socialdemokratie existierte damals in Deutschland noch nicht, und der Dichter würde sich schwer ästhetisch versündigt haben, wenn er heute socialistische Anschauungen seinen Webern in den Mund gelegt hätte. Davon ist aber auch keine Spur in dem Stücke zu finden.

Sieht man also von jener Behauptung, daß unsere Staats- und Gesellschaftsordnung seit fünfzig Jahren keiner Veränderung unterworfen worden sei, ab, so bleibt nur die eine Möglichkeit übrig, eine Analogie zwischen damals und heute zu finden, indem man nämlich sagt: die schlesischen Weber von 1844 haben gehungert, auch in Berlin im Jahre 1892 giebt es viele Hungrige; das Elend jener könnte diese aufregen und zu Revolten veranlassen. Dies ist die Beweisführung des ersten Richters. Dieselbe ist aber nicht weniger hinfällig, als die des Polizei-Präsidenten. Der tägliche Verdienst eines heutigen hauptstädtischen Arbeiters, auch des schlechtestbezahlten, beträgt immer noch mehr als der wöchentliche Verdienst eines damaligen schlesischen Webers (siehe Replik ad I).

Die Arbeitslosen haben gewiß keine Veranlassung, sich mit jenen Webern zu vergleichen, die nur zuviel zu arbeiten hatten, aber einen jämmerlichen Lohn dafür erhielten. Das ganze Lebens- und Bildungsniveau des hauptstädtischen Arbeiters von heute steht so unendlich hoch über dem der Hauptmann'schen Weber, daß jene nicht daran denken werden, Vergleiche zwischen sich und diesen zu ziehen. *Die heutige Socialdemokratie hat vollständig entgegengesetzte Ziele wie die Weberbewegung von 1844.* Die Weber standen im Prinzip durchaus auf dem Boden der bestehenden Wirthschaftsordnung und verlangten nur einen größeren Antheil am Ertrage ihrer Arbeit, die Socialdemokratie erstrebt den Umsturz der bestehenden Wirthschaftsordnung und den gleichen Arbeitsertrag für alle. Der einzige Vergleichspunkt ist, daß damals und heute Unzufriedenheit besteht; aber sowohl die Gründe dafür wie die erstrebten Heilmittel dagegen sind durchaus verschieden.

Der Umstand, daß dieser oder jener thörichte Zuschauer etwas in das Stück hineinlegen könnte, was nicht darin steht, kann doch dem Autor nicht zur Last gelegt werden. Die Gefahr einer mißverständlichen Auffassung der Absichten eines Bühnenwerkes, die Besorgniß der Verallgemeinerung von Anschauungen und Vorgängen, welche nur der Ausfluß individueller Verhältnisse sind, liegt schließlich bei jedem Werke der Litteratur vor. Wollte man daraufhin Aufführungen verbieten, so müßten gerade die bedeutendsten Dichtungen, müßten ein Julius Cäsar, ein Coriolan, ein Wilhelm Tell, ein Faust u.s.w., u.s.w. von der Bühne verbannt werden. Alle hervorragenden Heldengestalten, welche die Phantasie unserer größten Dichter geschaffen hat, weichen in Wort und That mehr oder weniger von der geebneten Straße ab, auf welcher die Masse einherzieht, und welche man wohl als Staats- und Gesellschaftsordnung bezeichnet. Der Kampf eigenartiger Charaktere gegen die bestehende

Ordnung ist das Hauptmotiv aller tragischen Konflikte. Weßhalb sollte es also den Hauptmann'schen Webern – die in ihrer Gesammtheit die Helden des Stückes bilden – verwehrt sein, das Gehege der Staatsordnung gewaltthätig zu durchbrechen, zumal doch ihre Handlungsweise durch die Unerträglichkeit ihres Zustandes genugsam entschuldigt wird?
Die Träger der öffentlichen Gewalt werden keineswegs als verächtlich oder lächerlich gekennzeichnet. Der Landrath erscheint überhaupt nicht auf der Bühne. Der Polizeiverwalter benimmt sich sogar sehr schneidig, indem er sich, bloß von dem Gendarmen unterstützt, der aufrührerischen Menge entgegenstellt. Der Gendarm retiriert zwar vor der Uebermacht im Wirthshause; aber vermuthlich würde der wirkliche Gendarm von 1844 in gleicher Lage ebenso gehandelt haben – und weßhalb soll das der Dichter nicht darstellen dürfen? Das Militär geht hinter den Coulissen mit aller Entschiedenheit vor und bei aufmerksamer Lektüre des fünften Aktes wird man deutlich genug den Hinweis finden, daß die Ordnung schließlich siegt, und die Aufrührer ihre Thaten demnächst schwer büßen müssen.«

Richard Grelling: Glossen zum Weberprozeß. Mit einem Anhang: Censur-Prozeß betreffend *Die Weber* von Gerhart Hauptmann. – Zit. nach: Manfred Brauneck: Literatur und Öffentlichkeit im ausgehenden 19. Jahrhundert. Studien zur Rezeption des naturalistischen Theaters in Deutschland. Stuttgart: Metzler, 1974. S. 498–500.

In dem erneuten Schriftwechsel fanden dann bereits die ersten Pressestimmen zu den *Webern* Eingang. So stützte sich der Berliner Polizeipräsident in seiner Replik vom 10. Mai 1893 insbesondere auf Kritiken sozialdemokratischer Organe.

»Daß nun unter den gegenwärtigen Zeitverhältnissen die Befürchtung allerdings begründet ist, daß durch die öffentliche Aufführung der ›Weber‹ entweder unmittelbare Störungen der öffentlichen Ordnung hervorgerufen, oder doch die Neigung eines Theiles der Bevölkerung zu Auflehnungen wider die öffentliche Ordnung gestärkt werden werde, ist in der Klagebeantwortung, auf deren Ausführungen hier Bezug genommen wird, ausführlich dargethan. Eben dieselbe Gesellschaftsordnung, welcher nach der Schilderung des Stückes die Duldung der Mißstände zur Last fällt, welche die Weberaufstände hervorgerufen haben, besteht noch heute, und diese Gesellschaftsordnung ist es, welche nach den Lehren der Socialdemokratie die arbeitenden Klassen nothwendig und dauernd der Ausbeutung durch die Besitzenden unterwirft. Wohl ist dem Berufungskläger darin beizupflichten, daß ›das ganze Lebens- und Bildungsniveau des hauptstädtischen Arbeiters von heute unendlich hoch über dem der Hauptmann'schen Weber steht‹, allein darum ist die Annahme keineswegs zutreffend, daß ›jene nicht daran denken werden, Vergleiche zwischen sich und diesen zu ziehen‹.

Es liegt auf der Hand, daß für die Beurtheilung der Wirkung, welche die Aufführung des Stückes auf die Angehörigen der niederen Bevölkerungsschichten äußern würde, die demselben von der socialdemokratischen Presse gewidmeten Besprechungen von besonderer Bedeutung sind. Diese zeigen nun klar, daß man sich socialdemokratischerseits von dem Stücke eine gewaltige Förderung der Parteileidenschaft verspricht. So hat das Organ der radicalen Socialdemokratie, der hier erscheinende ›*Socialist*‹, welcher sonst noch niemals einem Werke der Kunst ein Wort gewidmet hat, in drei Nummern den Inhalt der ›Weber‹ auf das Ausführlichste wiedergegeben. Hier findet sich auch die Bemerkung eingeflochten: ›Ist doch das heutige Elend nach fünfzig Jahren des Ruhms und der Kultur nicht gar so sehr von dem damaligen verschieden.‹ Weiter heißt es in der aus der Feder des socialdemokratischen Redakteurs der Zeitschrift ›*Freie Bühne*‹ hervorgegangenen Rezension des Dramas, daß man zum Genusse desselben eine ›Feierstimmung‹ mitbringen müsse, welche den Zuschauer ›das historische Motiv jenes alten Weberaufstandes geistig verknüpfen lasse mit gewaltigen, *ringenden Problemen* der Menschheit‹. ›Das ganze Stück ist eine gewaltige Konzession an jene Gesammtstimmung‹, es ist ›ein Stück aus der leidenden Menschheit, *so jung*, wie jedes Armenkind, das der *heutige* Tag in die Wiege legt‹. Noch schärfer findet sich die Ueberzeugung, daß die in dem Drama enthaltene Glorifikation der bewaffneten Erhebung der Massen gegen ihre Ausbeuter auf die socialen Verhältnisse der Gegenwart bezogen werden solle und müsse und daß die Wirkung auf das proletarische Publikum eine gewaltige sein werde, in einem Aufsatz dargelegt, welchen der auf socialdemokratischem Standpunkte stehende bekannte Schriftsteller *Fr. Mehring in der ›Neuen Zeit‹*, einer anerkannt socialdemokratischen Zeitschrift ›den Webern‹ gewidmet hat.«

Zit. in: Ebd. S. 502 f.

Der Erwiderung Richard Grellings vom 31. Mai 1893 ist hier nur eine kleine Passage entnommen. Sie allerdings sollte für die Rezeptionsgeschichte der *Weber* bedeutsam werden. Im Namen seines Mandanten bekundet Grelling:

»Der Dichter hat den unterzeichneten Anwalt ausdrücklich zu der Erklärung ermächtigt, daß es ihm vollständig fern gelegen habe, mit den ‚Webern' eine sozialdemokratische Parteischrift zu verfassen, in einer derartigen Absicht würde er eine Herabwürdigung der Kunst sehen; nur die christliche und allgemein menschliche Empfindung, die man Mitleiden nennt, habe ihm sein Drama schaffen helfen.«

Richard Grelling: Streifzüge. Zit. nach: Ebd. S. 505.

In der mündlichen Verhandlung vor dem Oberverwaltungsgericht, die für den 2. Oktober 1893 anberaumt war, wurden von Hauptmann und seinem Rechtsanwalt keine wesentlich neuen Gesichtspunkte eingeführt. Dagegen verwies die Seite des Beklagten auf das Urteil des Landgerichts Schweidnitz, das 1891 den Abdruck des Weberliedes im sozialdemokratischen Blatt *Der Proletarier aus dem Eulengebirge* an den Redakteur Franz Hoffmann mit einer mehrmonatigen Gefängnisstrafe geahndet hatte. – Nach knapp einer Stunde Beratungszeit erging in der ›Verwaltungsstreitsache Gerhart Hauptmann wider den Königlichen Polizei-Präsidenten zu Berlin‹ das Urteil. Die Entscheidung des Bezirksausschusses wurde abgeändert und die Verbotsverfügung vom 4. Januar 1893 aufgehoben. Die Kosten beider Instanzen (1000 Mark) gingen zu Lasten des Polizeipräsidenten. In der Urteilsbegründung führte das Gericht u. a. aus:

»Die nachgesuchte Erlaubniß zur Aufführung des vom Kläger verfaßten Stückes ist nicht wegen Gefährdung der Sittlichkeit, sondern wegen Gefährdung der öffentlichen Ordnung versagt worden. Das Stück bietet auch keinen Anhalt für die Annahme, daß durch seine Aufführung die Sittlichkeit gefährdet werden könnte. Es ist daher lediglich zu untersuchen, ob die Aufführung geeignet ist, die öffentliche Ordnung zu gefährden. Hierbei ist der künstlerische Werth des Stückes, den der Prozeßbevollmächtigte des Klägers besonders betont hat, ganz außer Betracht zu lassen. Ebensowenig kommt es auf die Zwecke der dramatischen Kunst oder der Schaubühne an; zu deren Erreichung mitzuwirken, ist der Verwaltungsrichter nicht berufen. Es ist ferner unerheblich, ob der Kläger mit seinem Stücke sich lediglich an das allgemein menschliche Gefühl des Mitleids hat wenden wollen und ihm bei dessen Abfassung der Gedanke, ein den Zwecken der Socialdemokratie dienliches oder sonst die öffentliche Ordnung zu gefährden geeignetes Werk herzustellen, gänzlich fern gelegen hat, sowie, ob das Stück durchweg nur historische Wahrheit enthält. Die Frage nach der Gefährlichkeit der Aufführung eines Stückes ist darnach zu beurtheilen, welches die *Wirkung* der Aufführung ist, und diese Wirkung kann eine die öffentliche Ordnung gefährdende sein, gleichviel, ob das Stück eine bestimmte Tendenz und welche verfolgt, und wie es bei Behandlung historischer Vorgänge sich den wirklichen Begebenheiten gegenüber verhält. Es ist nicht richtig, daß die Vorführung wahrer Ereignisse auf der Bühne stets oder wenigstens sobald dabei nur rein künstlerische Zwecke verfolgt werden, gestattet sein müsse, wie Seitens des Klägers aufgestellt worden ist.

Dagegen ist dafür, ob die Voraussetzung der angefochtenen Verfügung eine Gefahr für die öffentliche Ordnung durch die Aufführung, zu welcher die Erlaubniß nachgesucht war, vorhanden ist, Zweierlei von wesentlicher Bedeutung, was der Vorderrichter nicht ausreichend gewürdigt hat.

Zunächst ist zu beachten, daß nicht schon eine entfernte Möglichkeit es könne die Aufführung des Stückes zu einer Störung der öffentlichen Ordnung führen, die Versagung der Erlaubniß zur Aufführung zu rechtfertigen vermag; hierzu ist vielmehr eine wirklich drohende, nahe Gefahr erforderlich. [...]

Sodann ist zu berücksichtigen, daß es sich gegenwärtig allein um eine Aufführung im ›Deutschen Theater‹ zu Berlin handelt, also dessen besondere Verhältnisse maßgebend sind, und nur für dieses eine Theater die Berechtigung der Versagung der Erlaubniß zu prüfen ist. [...]

Die Annahme des Beklagten, daß, falls das Stück für das ›Deutsche Theater‹ freigegeben würde, es auch auf jedem anderen Berliner Theater zur Aufführung gelangen könnte, ist irrig. Eine Aufhebung der lediglich das ›Deutsche Theater‹ betreffenden Verfügung des Beklagten entbindet diesen weder von der Pflicht, die Zulässigkeit der Aufführung auf einem sonstigen Berliner Theater selbstständig für das letztere zu prüfen, noch nimmt sie ihm das Recht zu solcher

Prüfung, und noch weniger ist sie den Polizeibehörden anderer Orte präjudizirlich.
Von den vorstehenden beiden Gesichtspunkten aus erscheint nach dem Inhalte des Stückes im Einzelnen sowohl wie in seiner Gesammtheit die Aufführung desselben nicht gefährlich, und zwar auch dann nicht, wenn die nachträglich vorgenommenen, der Zahl und der Sache nach übrigens sehr unerheblichen Streichungen außer Betracht bleiben. Mag, worüber die Parteien streiten, der letzte Platz im ›Deutschen Theater‹ 1,50 Mk. oder 1 Mk. kosten, jedenfalls sind, wie bekannt, die Plätze im Allgemeinen so theuer und ist die Zahl der weniger theueren Plätze verhältnißmäßig so gering, daß dieses Theater vorwiegend nur von Mitgliedern derjenigen Gesellschaftskreise besucht wird, die nicht zu Gewaltthätigkeiten oder anderweitiger Störung der öffentlichen Ordnung geneigt sind. Die Annahme des Beklagten, es werde dem ›Deutschen Theater‹ die Arbeiterschaft der Hauptstadt in Massen zugeführt werden, entbehrt der Unterlage und ist, weil eine solche Zuführung höchstens sich als eine entfernte Möglichkeit darstellt, zur Begründung einer Gefahr nicht geeignet. Es darf vielmehr nur mit der Thatsache gerechnet werden, daß blos ein verschwindend kleiner Theil der Besucher des ›Deutschen Theaters‹ nicht unbedingt jeder Auflehnung gegen die öffentliche Ordnung widerstrebt, und es kann auch für diesen Theil nicht angenommen werden, daß seine Neigung zur Verletzung der öffentlichen Ordnung durch das Ansehen und Anhören des Stückes in wesentlicher, unmittelbar zu einer Störung der öffentlichen Ordnung führender Weise werde befördert oder gestärkt werden. Bei den übrigen Zuschauern aber ist ganz ausgeschlossen, daß sie durch die Aufführung zu einer Störung der öffentlichen Ordnung veranlaßt werden könnten.«

Zit. nach: Ebd. S. 507 f.

V. Die *Weber* im Urteil der Öffentlichkeit

1. Zur Erstausgabe

Als 1892 zunächst die Dialektausgabe *De Waber* und wenig später die dem Hochdeutschen angenäherte Fassung *Die Weber* im Buchhandel erschien, errang das Schauspiel allen öffentlichen Aufführungsverboten zum Trotz auf diesem Wege eine – wenn auch beschränkte – Publizität.
Zu den ersten Rezensenten der Buchausgabe zählte WILHELM BÖLSCHE (1861–1939), Mitbegründer der sogenannten »Dichterkolonie« im Berliner Vorort Friedrichshagen. Bölsches Sicht auf »Gerhart Hauptmanns Webertragödie«, so der Titel seines Beitrags, ist getragen vom Impetus eines ethischen Sozialismus, wie er sich in eben jenem Friedrichshagener Kreis herausgebildet hatte. Nicht als soziales Drama im gängigen Sinne erscheinen ihm daher *De Waber*, sondern als ein von allen groben Tendenzen und Parteiungen befreites wahres »Menschheitsstück«.

»Der Dichter hat sein Werk in Buchform erscheinen lassen, ehe noch sicheres über die Aufführung feststand; inzwischen scheint es, als sollten die gewaltigen szenischen Schwierigkeiten doch überwindbar sein und für Berlin zu einer öffentlichen Vorführung wenigstens nicht der gute Wille fehlen. Aber ein Interregnum läuft so wenigstens vorher und durch einen Zufall äußerlichster Art ist Hauptmann denen einmal wieder gewonnen, die dem modernen Theater nicht schlechtweg verdammend, aber doch mit einer inneren Unlust gegenüber stehen, die sich nicht mit wohlfeilem Optimismus wegdisputieren läßt [. . .].
Die ›Waber‹ sind kein soziales Drama in dem groben Sinne, den neuerdings Streberei und Stümperei sich so gern als aktuellsten Deckmantel umhängen. Sie sind ein Menschheitsstück, – ein Stück aus der leidenden Menschheit allerdings.

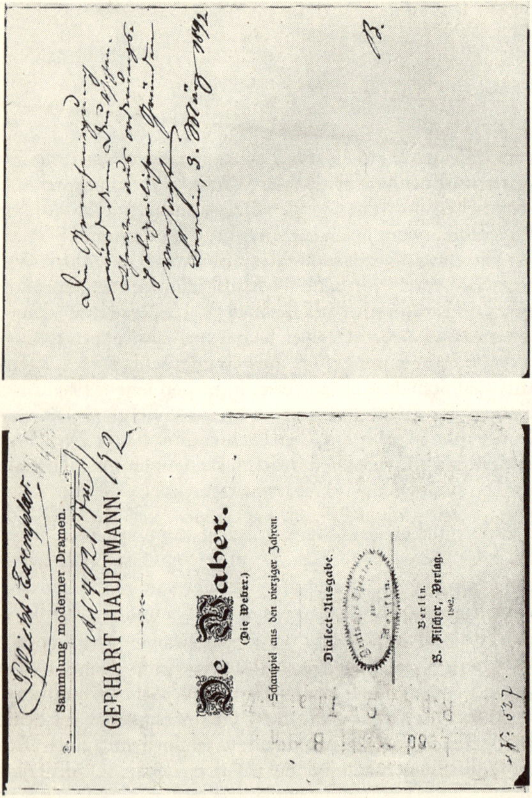

Polizei-Exemplar.

Sammlung moderner Dramen.

GERHART HAUPTMANN.

De Waber.

(Die Weber.)

Schauspiel aus den vierziger Jahren.

Dialect-Ausgabe.

Berlin.

S. Fischer, Verlag.

1892.

Titelblatt der Erstausgabe (Dialektausgabe), Berlin 1892, mit dem amtlichen Versagungsvermerk: »Die Genehmigung wird dem Deutschen Theater aus ordnungspolizeilichen Gründen versagt. Berlin, 3. März 1892«

Die aber ist so alt wie Prometheus und so jung, wie jedes Armenkind, das der heutige Tag in die Wiege legt. Grade das grobe Tendenzstreben wird den fünften Akt dieses Stückes am wenigsten überwinden können. Denn er giebt keine Lösung. Es ist kein Umschlag vom Leiden zum Glück, wenn eine verzweifelte und doch, wie wir aus der Geschichte wissen und vom Dichter in einer Unzahl kleiner, feiner Züge uns im Werke selbst dargethan ist, im Innersten eben durch den langen Druck entkräftete und degenerierte Menge die Soldaten zum Teufel jagt, wie es hier geschieht. Und das erlösende Glück ist ebenso wenig bei dem alten Manne, der vor dem Webstuhl bleibt und mit Luther denkt: ›Hier stehe ich, ich kann nicht anders!‹ der seinem Gott vertraut und die letzte Kugel des Straßenkampfs vor den Kopf bekommt. Ich nenne Tendenz, wenn in einem Kunstwerk ein bestimmter Weg klipp und klar als der allein seligmachende gepredigt wird, und diese Tendenz halte ich für ein Armutszeugnis des Dichters, das den Wert des Kunstwerks notwendig herabdrückt. Es gehört eben nach meiner Auffassung zur notwendigen Voraussetzung des ganz echten, großen Poeten, daß er der Welt nicht doktrinär, sondern beobachtend gegenübersteht. Der Beobachter muß einigermaßen immer über alle Parteien erhaben sein. [...]

Die ›Waber‹ sind ihrer Technik nach eins der merkwürdigsten Stücke, die überhaupt jemals geschrieben worden sind. Ein Drama ohne einen durch alle Akte durchgehenden Helden, ja nahezu ohne durchgehende Personen überhaupt. [...] Ein Drama ohne erotischen Konflikt, – es sei denn, daß man den kurzen Vorgang zwischen dem zaudernden Weber Gottlieb und seiner dem Aufstand zujubelnden Frau dahin rechnen wollte; die Szene, wie in dieser Frau der Jammer über ihre im Elend verkommenen Kinder zum flammenden Empörerzorn wird, ist meiner Empfindung nach die großartigste der ganzen Tragödie, allein schon geeignet, das Werk als Blüte heiligsten künstlerischen Ringens er-

scheinen zu lassen und unerreicht in unserer ganzen zeitgenössischen Dramatik ... aber diese Szene steht im fünften Akt und ihr Held wie ihre Heldin sind vorher überhaupt nicht aufgetreten. Und von einer über Akte sich dehnenden ›Entwickelung‹ innerhalb eines Einzelcharakters ist im Gefolge dieser Umstände völlig abgesehen. [...]
Wäre das Drama ein ›Programm-Drama‹, das typische Erzeugnis einer ›Schule‹, – man müßte in ihm ein ausgesprochenes Todesurteil für das, was man bisher als dramatischen Nerv bezeichnet hat, erblicken. Ich glaube aber, daß Hauptmann nicht das Haupt und der Mann irgend einer klar formulierten Schule ist. Er hat, überwältigt von der Anziehungskraft des Stoffes, eine Form gewählt, die dem Einzelfall gerecht wurde, – besser gesagt: er hat nicht zwischen vorhandenen Formen ›gewählt‹, sondern er hat eine Form sich geschaffen. Von blindem Nachahmer auf einen anderen Stoff übertragen, würde diese Form ein Unding werden, und mit keinen Mitteln der Spekulation, scheint mir, könnte ein wirkliches Verdammungsurteil über die gangbare Form dramatischer Führung aus diesem genialen Spezialfall gefolgert werden, – so wenig wie etwa aus dem zweiten Teil des ›Faust‹ für die fünfaktige Tragödie oder aus Heines ›Atta Troll‹ für das Epos.
Jeder Akt des Hauptmannschen Dramas liefert ein in sich geschlossenes Bild. [...]
Mein erster und mein letzter Eindruck der Konzentrierung des symbolischen Schlußmotivs grade auf diese Gestalt aber ist gewesen: das Gefährliche, das Schwerzufassende, das Unklare, um den schärfsten Ausdruck nicht zu scheuen, entspringt daraus, daß Hauptmann in ihr jetzt erst, im letzten Akt, ein absolut neues Motiv jenes inneren Fatums, jenes immanenten tragischen Moments aller vorausgehenden Siegeshandlung anschlägt: das religiöse. In der Person des alten Hilse scheitert ja thatsächlich der Weberaufstand nicht an der innerlichen Degeneration infolge des Hungers und der Armut, an der Sklavennatur, die die Kette bricht,

aber Sklavennatur bleibt, – hier scheitert er am Kampfe zweier Weltanschauungen, zwischen denen seit Jahrtausenden der Kampf tobt: irdisches Begehren nach Glück, – und christliches Entsagen auf Erden zu gunsten eines idealen Jenseits. Ich bin mir wohl bewußt, daß man mit Nietzsche allerdings grade sagen könnte: nun, diese Weltanschauung des alten Hilse ist eben wirklich nur die schließliche, starre Bewußtseinsform eben jenes innersten Sklaventums, es ist die Sklavenmoral, die sich hier in höchster Potenz verewigt: nämlich zum Bewußtseinsfaktor gemacht hat, die ihren Trotz darin sucht zu bekennen: wir wollen verhungern auf Erden, – – und von der aus denn allerdings auch die letzte Möglichkeit eines sieghaften Aufstandes zu gunsten der Hungernden innerlich negiert ist, sobald sie einer Generation einmal in Fleisch und Blut übergegangen ist. Wenn das richtig ist, so erklärt es aber nur, was ich als solches auch gar nicht bezweifle: daß die Gesinnung des alten Hilse auch ein Motiv aus jenem inneren Verhängnis dieser armen Weber ist. Was ich aber zum bedingten Vorwurf mache, ist, daß dieses Motiv nicht in den früheren Akten schon stärker anklingt. Durch die Stellung im Zentrum des letzten Akts grade meint man fast, der Dichter habe es selbst für das wichtigste gehalten. Dann mußte es doch aber erst recht schon vorher durch das ganze Gewebe schimmern.
›Es mußte‹, sagte ich. Ich will bei diesem Wörtchen mir selbst Halt zurufen in diesen aphoristischen Notizen. Nicht was sein müßte hat ja der Kritiker dem Dichter zu konstruieren. Meine Aufgabe ist damit erfüllt, daß ich ein Bedenken, das mir gekommen, ein Gefühl der Unsicherheit, das ich an einer Stelle in einem sonst höchst kunstvollen Drama empfunden, notdürftig angedeutet habe. Meine hohe Bewunderung vor dem Ganzen brauche ich nicht zu wiederholen. Hauptmann bedarf keiner Lärmtrommeln mehr.«

Wilhelm Bölsche: Gerhart Hauptmanns Webertragödie. In: Freie Bühne für den Entwicklungskampf der Zeit. (Berlin) 3(1892) Bd. 1. S. 180–186.

Zwar bekräftigt auch GUSTAV LANDAUER (1870–1919) den nachhaltigen Lektüreeindruck, doch merkt er zugleich kritisch den in seinen Augen kaum zwingend motivierten Ausbruch der Weberrevolte an.

»In den ›Webern‹ [. . .] ist der leidende Held das durch grenzenlose Armuth und Ausbeutung [. . .] halb verthierte Webervolk des Eulengebirgs, das entsetzlichste Noth zu einem Aufstand treibt, wo Fabriken und Fabrikantenvillen demolirt werden.
Der erste Akt spielt in der Fabrik des Barchentfabrikanten Dreißiger, in dem Raum, wo die fertigen Gewebe abzuliefern sind. Die Weber drängen herzu, einer nach dem anderen giebt seine Waare ab und empfängt seinen Hungerlohn. Das ganze herzzerreißende Elend ist hier in vorzüglicher Weise dicht zusammengedrängt und wirkt in peinigender Weise auf den Leser. [. . .]
Das ist in aller Kürze eine sozialpsychologische Studie ersten Ranges, und ich spreche hier den Wunsch nach einer größeren deskriptiven Arbeit Hauptmann's aus, die ruhig Romanform haben dürfte. Aus dem Rahmen des Theaterstücks fallen diese Mittheilungen übrigens vollständig heraus, das sind unmöglich Vorschriften für den Schauspieler, ein neuer Beweis, wenn es dessen bedürfte, daß das Theater nicht in der Lage ist, eine Stätte der höchsten und feinsten modernen Kunst zu sein.
In dem ersten Akt zeigt sich wie gesagt die ganze Noth und Ausbeutung, der die Weber verfallen sind. Sie werden in jeder Weise chikanirt, Lohnabzüge erfolgen ohne trifftigen Grund, ihr flehentliches Betteln um Vorschuß findet kein Gehör. Und doch brauchten sie es so nothwendig: man hört es aus ihren geflüsterten Gesprächen; der Eine hat ein Hündlein schlachten lassen, das ihm vor ein paar Wochen zugelaufen, er will nach Jahren wieder einmal Fleisch essen, der Andere hat Perlgraupen vom Wege aufgelesen, die aus dem aufgeschlitzten Sack herausfielen, als der Wagen des

Müllers an ihm vorüberfuhr, [...]. Das Alles ist technisch vorzüglich für die Handlung verwerthet. Wir sehen auch schon, wenn es einen Aufstand giebt, kann wohl das Hetzen einiger junger, noch kräftiger Burschen den Ausschlag geben, aber es ist keine vorbedachte, mit Vernunft unternommene Empörung, sondern eine bloße Reaktion gegen den fürchterlichen Druck, der nicht mehr zu ertragen.
Der zweite Akt fährt fort in dieser breiten Schilderung, indem er uns in die Hütte eines Webers führt, desselben, der das Hündchen hat schlachten lassen. [...]
Der dritte und vierte Akt sind zwar theatralisch wahrscheinlich wirksamer, haben auch (natürlich) feine Einzelheiten, aber in seinem Bestreben, das Leben getreulich nachzuahmen, läßt Hauptmann sich verführen, kleine Episoden einzuflechten, die von keinem Bezug zur Sache sind und das Interesse zersplittern. Es ist ja sehr geschickt, daß der dritte Akt im Wirthshaus spielt, wo Hauptmann alles vereinen kann, was er braucht, aber er bringt auch viele überflüssige Einzelheiten im Dialog, vor Allem durch die Figuren des Reisenden, der Wirthstochter, des Tischlers und des Lumpensammlers. [...]
Am Schlusse des Aktes flüchten Dreißiger und die Seinen gerade noch zur rechten Zeit, bevor die wilden, alles zerstörenden Weberschaaren eindringen. Wir lassen uns diesen Ausbruch des Aufstandes gefallen; zwingend motivirt ist er nicht. Doch hat das Drama das Recht, in solchen Dingen allewege Nachsicht zu verlangen; es kann eben eine solche Aufgabe überhaupt nur unvollkommen lösen. Auch sind wir vollständig zufriedengestellt, wenn wir von der Leidenschaftlichkeit und Wucht des Dramas hingerissen und der nüchternen Besinnung beraubt werden. Das ist nun hier aber nicht der Fall. Die breite Schilderung und Charakterisirung der Webersleute hat uns tief ergriffen und festgehalten; der Aufstand erscheint uns wie etwas Zufälliges und Nebensächliches.
Dafür entschädigt uns der wunderschöne fünfte Akt, der

die tragische Idylle aufs Stimmungsvollste beschließt. Der Aufruhr tönt uns von ferne herein und spiegelt sich wieder in zwei trefflich geschauten Gestalten, im alten Hilse und in seiner jungen Schwiegertochter Louise. Aus diesem Weib tönt zum ersten Mal im Stück wahre tiefgründige Leidenschaft, während der alte Mann mit den wunden Weberaugen uns ein charakteristisches Stück des Webervolkes, das nicht vergessen werden durfte (übrigens auch schon im dritten Akte gestreift wurde) repräsentirt: eine tiefmystische Religiosität, die hart an der Grenze des religiösen Wahnsinns steht, aber verbunden ist mit inniger Heiterkeit und unausrottbarer Geduld.
[...]
Dies sind ›Die Weber‹. Es ist wohl kein Zweifel, das die Berliner ›Freie Volksbühne‹ das Drama bald aufführen wird. Es wird sich dann wohl zeigen, daß noch keines der bisher aufgeführten Stücke so tief und nachhaltig gewirkt hat.«

In: Die Neue Zeit. Revue des geistigen und öffentlichen Lebens (Stuttgart) 10 (1891/92) Nr. 20. S. 617–620.

Otto Brahm (1856–1912), zu jener Zeit noch Leiter des 1889 von ihm mitbegründeten Theatervereins »Freie Bühne«, wendet sich in seiner Besprechung der Erstausgabe nachdrücklich gegen jedwede Auffassung der *Weber* als ein von politischen Tendenzen getragenes Werk. In seinem unmittelbar nach dem ersten ordnungspolizeilichen Aufführungsverbot des Stückes veröffentlichten Artikel unterstreicht er dessen insgesamt »künstlerische Objektivität« und erhebt es in den Rang einer wahrhaft naturalistischen Dichtung.

»Als neulich Gerhart Hauptmann einem vertrauten Kreise sein Schauspiel ›Die Weber‹ vorgelesen hatte und die Frage nach der Bühnenfähigkeit des personenreichen, eigengearteten Werkes eifrig erörtert ward, rief einer der Anwesenden mit der Bestimmtheit des Theaterleiters aus: ›Das Stück schreit nach der Bühne!‹ Es war Direktor Adolph *L'Arronge*, der sich sofort bereit erklärte, diese Meinung in die Praxis überzuführen, und der die Zustimmung des Dichters für eine Aufführung auf dem Deutschen Theater erwarb. Aber er hatte die Rechnung ohne die Polizei gemacht: so löblicher Absicht schob sie den Riegel vor, und fügte auch dieses Werk der langen Liste verbotener Dichtungen ein, die gegenwärtig am Alexanderplatz angefertigt wird. ›Aus ordnungspolitischen Gründen‹ ist die öffentliche Aufführung der ›Weber‹ in Berlin bis auf weiteres untersagt; und nur aus der Lektüre ist die Kenntniß eines Schauspiels zu gewinnen, das in jeder Scene nach der Bühne in Wahrheit ›schreit‹. In zwei Fassungen hat der Dichter es dem Publikum vorgelegt; der Dialektausgabe, welche er vor einigen Wochen erscheinen ließ, ist soeben eine neue Form gefolgt, welche die schlesische Mundart der ersten nur noch in andeutender Weise wiedergibt und dem Verständniß keinerlei Schwierigkeiten bietet: zwischen ›De Waber‹ und ›Die Weber‹ können die Leser wählen.

Die Censur, wenn ich recht berichtet bin, ist zu ihrem Verbot durch die Ansicht geführt worden, daß hier das Werk einer bestimmten Tendenz vorliege, und daß dieser Tendenz das Wort auf der Bühne nicht gestattet werden dürfe – ›aus ordnungspolizeilichen Gründen‹. Ich halte die Ansicht für grundfalsch und glaube vielmehr: daß die ›Weber‹ eine Dichtung von künstlerischer Objektivität sind, deren Wirkungen gerade in der sachlich-schlichten Wahrheit ihrer Schilderung gründen, in der von jeder Tendenzmacherei entfernten, ruhigen Gerechtigkeit der Darstellung. Ein historischer Vorgang ist aufgefaßt, frei von parteimäßiger Voreingenommenheit; und wer die ›Weber‹ als ein starkes Tendenzstück verbietet, der mag nur gleich den ›Tell‹ und jede andere poetische Schilderung von Revolution und Befreiungsdrang mit untersagen. Daß das Stück ein tiefes Mitleid

mit seinen Helden wecken kann, daß es zu heißer Erregung, zu erschütterter Teilnahme fortreißen kann, das ändert an diesem Grundzuge künstlerischer Sachlichkeit nichts; denn dies ist die schöne Folge seiner ehrlichen Kraft und Wahrheit, nicht das Resultat unpoetischer Politisiererei. [...]
Nicht die Stimmung des Einzelnen ist es, welche der Dichter also sicher auffaßt – er gibt Psychologie der Massen; eine ganze Volksschicht schildert er, in der der Mensch sich vom Menschen noch wenig differenziert hat und jeder mit jedem empfindet. Sein Held heißt ›Die Weber‹; und wenn etwa Schiller im ›Tell‹ die Erhebung eines ganzen Volkes noch zusammengefaßt hat in dem Bilde überragender Führer, so hat Hauptmann in voller Kunstabsicht die Sprecher seiner ›Weber‹ frei durcheinanderwogen lassen, und jeder der großen fünf Akte bringt neue Gestalten auf die Bühne und schiebt die alten zurück oder zur Seite. So völlig das abweicht von der üblichen dramatischen Komposition, so ganz scheint es den besonderen poetischen Bedingungen des Stoffes zu entsprechen, und ich glaube, daß es auch auf der Bühne sich bewähren wird – wenn wir nämlich das Massendrama auf den Brettern erst sehen dürfen.
Nun ist es aber merkwürdig zu beobachten, wie der Dichter, bei aller durchlaufenden Charaktereinheit des mächtigen Chores ›Die Weber‹, dennoch gewußt hat, mit jenem scharfen, gestaltenden Sinn, der sein Eigenthum, aus der Masse die Individuen auszulösen: und gerade dieses zugleich Typische und zugleich Persönliche der Gestalten gibt ihnen, für mein Empfinden, den eigenthümlichsten Reiz. Mit ein paar Strichen, in einer einzigen, festgegriffenen Situation weiß Hauptmann Menschen vor uns hinzustellen: [...] – überall und überall stehen Menschen vor uns von innerster Wahrheit und Lebendigkeit, individuell bis in die zufällige Geberde hinein, vom erdfrischen Hauch der Wirklichkeit umweht; und erst, wenn man neben diese Gestalten die blutleeren Schemen der historischen Epigonendramen in Gedanken stellt, ermißt man ganz die poetische Bedeu-

tung der ›Weber‹ für unsere deutsche Bühne: jede ästhetische Polizei muß ihre Aufführung ebenso lebhaft wünschen, als die ›ordnungspolizeilichen‹ Gründe sie untersagen.
Aus der Fülle der Gestalten, die der Dichter gefunden und geschaut, tritt im letzten Akt Vater Hilse gewaltig hervor; und wie die Figur, die den Aufzug beherrscht, so ist auch dieser ganze Schlußakt der Betrachtung und Bewunderung, unter so viel Packendem, vor allem werth. Wer viel Trauerspiele sieht und liest, wird leicht inne, wie die schwerste Probe für den Dramatiker am Ende seines Werkes liegt, in der Katastrophe: eine tüchtige Exposition, diese und jene spannende Szene und einen kräftigen ›Aktschluß‹ vermag mancher zu bauen, aber der Prüfstein in aller Kunst bleibt doch der Ausgang: Ende gut, alles gut. Das Innerste der Dichtung, Herz und Eingeweide, legen sich hier bloß, und der erst ist der Meister, bei dem der Schluß das Werk krönt. Bei Gerhart Hauptmann nun, wenn man seine Dramen der Reihe nach verfolgt, tritt das unmittelbar Ergreifende der Katastrophen stark hervor. [...] Und nichts Wichtigeres hat der Dichter geschaffen, als nun das Ende der ›Weber‹, das mit seiner herben Zufallstragik aller Regel der Ästhetik zu spotten scheint und das doch, ich bin dessen gewiß, in der Darstellung die tiefsten Wirkungen heraufbringen muß.
[...] Es verherrlicht nicht, es schildert, einfach und groß: und darum werden, früher oder später, die ›ordnungspolizeilichen Gründe‹ fallen müssen, und die ›Weber‹ werden als dasjenige vor allen Augen dastehen, was sie sind: ein echtes Kunstwerk.«

Otto Brahm: Hauptmann's *Weber*. In: Die Nation. Wochenschrift für Politik, Volkswirthschaft und Litteratur (Berlin) 9(1892/93) Nr. 29 (16. April 1892). S. 446–447.

Hauptmann, so der in Friedrichshagen ansässige schwedische Literat Ola Hanssen (1860–1925), habe mit seinen *Webern* endlich als Dichter zu sich selbst gefunden und erstmals seinen »eigenen Naturalismus« geschaffen.

»Ich betrachte Hauptmann als einen Mann in seinen Anfängen, von dem man noch gar nicht wissen kann, was er bringen wird, wenn er einmal ganz er selbst ist. Was Hauptmann bis jetzt geschrieben hat, ist wertvoll, aber es fehlt ihm jenes Gepräge der expansiv werdenden, freiathmenden Persönlichkeit, die durch ein Dach nach dem andern hindurchgewachsen ist und sich's erzwungen hat, sich unter offenem Himmel zu entfalten. Ich glaube, daß schon seine Freiluftdisposition, sein Städtehaß und Landlebenbedürfnis Hauptmann aus der Enge des kleinen Naturalismus hinaustreiben wird, unter weite Horizonte. Zwischen seinen ›Webern‹ und seiner früheren Produktion läuft ein sichtbarer Strich. In seinen früheren Stücken war Vieles abgeschriebene Detailbeobachtung, ein ängstliches Kleben an Kleinigkeiten, Stubenatmosphäre und Stubenhorizont, das ganz Durchschnittliche durchschnittlich, d. h. ohne Tiefe aufgefaßt (die Tiefe stahl sich gewissermaßen nur mit bösem Gewissen herein und blieb als Bettlerin an der Thür stehen). ›Die Weber‹ sind ein Zeitbild mit großen Linien und größerer Perspektive. Die Weber sind nichts als trivialste Wirklichkeit, ›häßliche Wirklichkeit‹, und sie sind zugleich ein großes Ideendrama, sie sind nichts als mit genauer Objektivität geschilderte Realität und es zittert zugleich ein Ton in ihnen, vibrierend wie verhaltene Thränen und dumpf wie ein fernes Gewittergrollen. Die Weber schildern Jämmerlinge in jämmerlichen Verhältnissen, aber sie brechen zugleich dem ganzen bestehenden ökonomischen System das Genick. Sie sind ein geller, langer Klageschrei in einer tiefen, tauben Stille, und während er klingt, wird die Stille immer tauber und tiefer, und er selbst schwillt und schwillt immer stärker und wilder, bis er wie ein gelber

Blitz am Horizont der Zukunft züngelt. In all seinen anderen Stücken hat man Hauptmanns Späheraugen nach außen und nach innen gewendet suchen gesehen, in den Webern hat man sein Herz schlagen gehört und seine körperliche Wärme gefühlt, – das Herz und den Körper des Urenkels eines schlesischen Webers.
Es ist ein langer schwerer Weg für Jeden, der ein Ich hat, bis er sein Ich entdeckt und ein gutes Vertrauen zu sich selber gefaßt hat. Für die gegenwärtige Generation von dreißig Jahren scheint das eine ganz besondere Schwierigkeit zu haben. Hauptmann ist unter den jungen zeitgenössischen deutschen Dichtern offenbar derjenige, der am meisten Ich hat und sein Ich am mutigsten ausgräbt. Er scheint auch derjenige zu sein, in dem die anfängliche trockene Genauigkeit allmählich beginnt, in warmen Pulsschlägen zu klopfen und sich mit individueller Phantasie zu durchdringen. [...]
Nun sind ›Die Weber‹ erschienen, – ein soziales Drama in großem Stil, ich möchte sagen: das soziale Zeitdrama, wie ›Germinal‹ der soziale Zeitroman ist. Der Vorgang ist in den Weberaufstand der vierziger Jahre verlegt; aber Niemand wird sich beim Lesen darüber täuschen, daß uns ein Symbol en miniature des ganz anders furchtbaren Aufstands gegeben ist, der einmal ausbrechen wird, wenn der große soziale Klassenkampf beginnt. Die fünf Akte stehen ziemlich unabhängig neben einander, jeder einzelne ist ein Stück für sich und das Ganze steht eigentlich mehr durch den äußeren Gang der Ereignisse, als durch eine innere Entwickelung im Zusammenhang. [...]
Der Schluß gehört zu dem großartigsten, was moderne Poesie überhaupt hervorgebracht hat. Die Szene zeigt die Stube des alten Webers Hilse. [...]
Welche Perspektive liegt nicht in dieser Schlußscene! eine Perspektive des Lebens von Generationen im Vergangenen und Kommenden. Ich kenne in der modernen Litteratur nur eine einzige Scene von so grandioser Zukunftssymbolik, nämlich die Scene in ›Germinal‹, wo die Familie des Gruben-

disponenten sich in einer Scheune verbirgt, während die Arbeitermassen vorbeiziehen, Männer, Weiber und Kinder, ausgehungert und abgerissen, rasend wie wilde Tiere, und ihr Zug zeichnet sich wie die Silhouette eines riesenhaften schwarzen Ungeheuers am blutroten Sonnenuntergangshimmel ab.
In den ›Webern‹ ist Hauptmann zum ersten Mal er selbst, das heißt: er geht auf Menschen, Meinungen und Zustände direct und unmittelbar zu, er wählt sie nicht aus, und sieht sie nicht unter dem einen oder andern schulmäßig begrenzten Gesichtswinkel, sondern er läßt sich zu ihnen ziehen durch die affektiven Schwingungen in seinem eignen unbewußten Innenleben. In seinen früheren Stücken war viel scenischer und sprachlicher Kleinkram – in den Webern ist alles Detail gezeichnet durch die einfache Echtheit des Dialekts; in den andern Stücken war etwas von einer nüchternen, trockenen Hitze – in diesem Stück bricht zum ersten Mal eine weiche innere Wärme hervor. In den anderen Stücken wurde aus lauter doktrinärer Ernsthaftigkeit mehr als einmal das Triviale pathetisch genommen und das Flache für tief ausgegeben, in diesem tiefen Stück, wo Gericht über ein ganzes Zeitalter gehalten wird, ist nicht eine Andeutung von Pathos, im Gegenteil, das Tragische und das Komische liegen in einemfort dicht beieinander und gehen in einander über. Diese Menschen nehmen sich selbst humoristisch und der Autor nimmt sie humoristisch, und Weinen und Lachen werden eins. Ja, der komische Zug drückt sehr häufig das Tragische aus. Der tragische Humor ist eine tiefliegende Eigenheit der germanischen Rasse; das tragische Pathos ist ursprünglich gallisch. In Hauptmanns früheren Stücken war die Charakteristik der wenigen Menschen oft gequält, – hier ist eine ungeheure Mannigfaltigkeit typischer Gestalten, von denen jede ihre lebendige, perspektivisch sich vertiefende Individualität hat. Hier ist überhaupt Perspektive nach allen Seiten, eine tiefe, kaum halb ausgemünzte Intuition, etwas Freies, Leichtes, Unbekümmertes in der Handhabung der Technik – und eine neue, eigene, aus dem Stoff

hervorgewachsene Technik. Die Weber sind das erste Stück, in dem Hauptmann sich souverän, sich ganz frei, ganz unabhängig, ganz aus sich selber schöpfend und schaffend gefühlt haben muß. Alle die Eindrücke von außen, Eindrücke von Autoritäten und Theorien, sind abgeschüttelt und heruntergeschrieben, seine Ohren haben Ruhe und dürfen in sich hineinhorchen; er schafft sich jetzt seinen eigenen Naturalismus; er wärmt sich an seinem eigenen Herd.«

Ola Hanssen: Gerhart Hauptmann. In: Allgemeine Theater-Revue für Bühne und Welt. Illustrierte Monatsschrift für dramatische Kunst und Litteratur (Berlin) 1/1 (1. April 1892) S. 4–8 (hier: S. 6 f.). 1/2 (24. April 1892) S. 11–15 (hier: S. 13 ff.).

2. Die *Weber* auf der Bühne

Zur Premiere in der »Freien Bühne«, Berlin

Da das Aufführungsverbot der *Weber* ausschließlich öffentliche Veranstaltungen betraf, war die »Freie Bühne« als eine im juristischen Sinne private Vereinigung von der Zensurmaßnahme ausgenommen. So konnte der Theaterverein am 26. Februar 1892 die erste Aufführung des Schauspiels in einer geschlossenen Sonntagmittagsvorstellung über die Bretter des »Neuen Theaters« gehen lassen, nicht ohne von polizeilicher Seite sogleich verdächtigt zu werden, daß die Vereinsveranstaltung nur als Deckmantel einer öffentlichen Aufführung diene und damit eine Umgehung der Verbotsverfügung darstelle. Durch die beifällige Aufnahme des Stücks bei Publikum und Kritik, sah die Behörde einmal mehr ihren Verdacht einer Gefährdung der öffentlichen Ordnung bestätigt. Die entsprechenden Argumente gaben ihr nicht zuletzt jene begeisterten Stimmen an die Hand, die das Schauspiel für die sozialdemokratische Arbeiterbewegung reklamierten. Solchen ideologischen Vereinnahmungen widersetzt sich nachdrücklich der Rezensent des *Kleinen Journals*:

»›Im düstern Auge keine Thräne, sie sitzen am Webstuhl und fletschen die Zähne, Altdeutschland, wir weben Dein Leichentuch, wir weben hinein den dreifachen Fluch, wir weben, wir weben.‹ – So beginnt Heinrich Heines bekanntes Weberlied, und wenn Hauptmanns Schauspiel ›Die Weber‹ in der Tendenz mit diesem Liede auch nur eine entfernte Ähnlichkeit hätte, dann würde das Verbot der Aufführung dieses Schauspiels auf der Bühne des Deutschen Theaters nicht die allgemeine Verwunderung hervorgerufen haben, die es bei allen Lesern der Buchausgabe thatsächlich erregt hat. Dem Weberliede Heines liegt ebenso wie dem Hauptmann'schen Schauspiel ein bestimmter thatsächlicher Vorgang zu Grunde, der Aufstand der Peterswaldauer und Langenbielauer Weber im Jahre 1844. Aber Heine kannte die schlesischen Weber nicht, und Hauptmann kennt sie: er kennt sie nicht nur, weil er geborener Schlesier ist, sondern weil noch sein Großvater am Webstuhl saß und Hunger und Noth mit seinen Leidensgenossen redlich getheilt hat. Er kennt das Elend und die Noth der schlesischen Weber, aber er weiß auch, daß es bei aller Noth und bei allem Elend keinen bescheidenern und genügsamern Menschenschlag giebt, keinen, der mit solcher Zähigkeit an seiner Heimath, an seinen Gewohnheiten und an – seinem Glauben hängt. Länger als zweihundert Jahre währt die Leidensgeschichte der schlesischen Weber, ein Geschlecht nach dem andern sinkt ins Grab und sieht das nachfolgende in demselben hoffnungslosen Elend dahinsiechen, an dem das voraufgegangene zu Grunde gegangen ist und nur ein einziges Mal in dieser zweihundertjährigen Leidensperiode wich die sprichwörtlich gewordene Ergebenheit der schlesischen Weber in ihr Schicksal einem wilden Taumel der Verzweiflung. Nur zwei Tage hielt der Rausch an; durch einige Flintenschüsse und die Verhaftung von 80 Rädelsführern wurde die Kirchhofsruhe in Peterswaldau und Langenbielau wieder hergestellt; aber von dem Aufschrei der Verzweiflung der schlesischen Weber hallte damals ganz Deutschland wieder und bis in die höchsten Kreise hinauf regte sich die Sympathie für die Weber, so daß drei Jahre später, als in der Herrenkurie des Vereinigten Landtags der schlesische Weberaufstand zur Sprache kam, für die Resolution zu Gunsten der Weber der Prinz von Preußen, der spätere Deutsche Kaiser Wilhelm I. stimmte. Den Dramatiker, von dem Handlung verlangt wird, mußte der einzige Augenblick, in dem ein zum Leiden verurtheilter Menschenschlag sich zur That aufraffte, mächtig reizen, und darum hat Hauptmann, als er die Tragödie des Weberlandes schrieb, diesen Augenblick erfaßt. Wenn das Verdienst des Dichters dadurch geschmälert erscheint, daß wir die historische Unterlage seines Dramas betonen, so ist das immer noch besser, als wenn ihm von übereifrigen Freunden ein Verdienst zugeschrieben wird, das ihm nicht zukommt, nämlich das Verdienst, das sozialistisch-revolutionäre Drama der Gegenwart geschrieben zu haben. Das sind die ›Weber‹ nicht, und den übereifrigen Freunden, die nach erstem ungenügendem Eindruck die Kunde von der revolutionären That Hauptmanns in die Welt hinaustrompetet haben, ist ein nicht geringer Theil der Schuld an dem komischen Mißverständnis der Censur beizumessen, die in einem historischen Drama eine Gefährdung der öffentlichen Ordnung erblickt. Aufreizend könnte dieses Schauspiel höchstens auf schlesische Weber wirken, und die kommen selten ins Theater. In der gestrigen Aufführung im Verein ›Freie Bühne‹, der in Aktion treten mußte, da die Censur dem Stücke die ständigen Bühnen verschlossen hat, war kein einziger schlesischer Weber anwesend. Das Publikum war auch in seiner Mehrheit durchaus nicht sozial-revolutionär veranlagt; es ist daher nicht besonders wunderbar, wenn wir berichten können, daß die öffentliche Ordnung nicht einen Augenblick in Gefahr war. Wohl aber können wir von einem Erfolge berichten, so einmüthig, wie ihn die ›Freie Bühne‹ noch nie erlebt hat, von einer beispiellosen Ergriffenheit der hartgesottensten Matineebesucher. Gerhart Hauptmann hat gestern den größten und schönsten Erfolg seines Lebens vor einem Publikum davongetragen, das, wenn auch nur aus Mitgliedern der ›Freien Bühne‹ bestehend, doch keineswegs nur aus Anhängern einer bestimmten Richtung bestand. Über den Streit zwischen den Anhängern alter und neuer Kunst ist die gewaltige Persönlichkeit Hauptmanns emporgewachsen; es braucht Niemand mehr ein ›Schillerhasser‹ zu sein, um einen Hauptmann zu verehren. Die einst gehöhnt, gezischt und gepfiffen hatten, die bei der Aufführung seines Erstlingswerkes ›Vor Sonnenaufgang‹ ihre Freude an dem Schwingen unnennbarer Instrumente laut bekundeten, waren gestern, nachdem der Vorhang zum letzten Male unter tosendem Beifall gefallen, zu der Anerkennung bereit, daß der erkorene Dichter der ›Freien Bühne‹ sich mit seinem Werke einen dauernden Platz in der Literaturgeschichte errungen habe, und nur vereinzelt hörte man noch die Bemerkung: ›Aber ein richtiges Drama ist es trotz alledem nicht; es fehlt doch noch an Handlung‹. Über die Berechtigung dieses Einwandes zu streiten, erscheint uns zwecklos; wo wir wirkliches Leben sehen, wo sich das Schicksal nicht nur einzelner Menschen, sondern einer ganzen Volksklasse mit ergreifender Gewalt vor unseren Augen entrollt und vollzieht, fehlt uns die Zeit und die Neigung, darüber nachzudenken, ob auch alle Gesetze des Dramas vom Dichter streng befolgt sind. Wenn das Interesse der Hörer nicht einen Augenblick stockt, dann ist es müßig, darüber zu streiten, ob die Handlung auf der Bühne stockt. Das Interesse der Zuschauer aber blieb gestern während fünf langer Akte in fieberhaft wachsender Spannung den Vorgängen auf der Bühne zugewandt, und man rief nach jedem Akte den Dichter sowie die Darsteller stürmisch hervor.

[Anonym:] Gerhart Hauptmanns *Weber* auf der *Freien Bühne*. In: Das Kleine Journal. Zeitung für alle Gesellschaftsklassen. Nr. 58. 27. Februar 1893. S. 3.

Auch Isidor Landau (1850–1944), dem Hauptmanns *Weber* eher ein »Zustandsgemälde« denn ein nach dramaturgischen Gesetzen streng durchkomponiertes Schauspiel sind, sieht in dem Werk allein allgemeine Menschheitsfragen thematisiert.

»Das ›Neue Theater‹ am Schiffbauerdamm empfing am Sonntag Mittag seine eigentliche Weihe. Zum ersten Male erblickte auf seiner Bühne eine eigenartige, neue Bühnendichtung großen Stils das Licht der Rampen und zum ersten Male sah man im Parket und Logen die große literarische Gemeinde Berlins vollzählig, spannungsvoll der Ereignisse harrend.
Ein Ereigniß war die vorgestrige erste Aufführung der ›Weber‹ von Gerhart Hauptmann aus mehr als einem Grunde. ›Die Weber?‹ Im Grunde sind ›De Waber‹, wie Gerhart Hauptmann sein Stück in der Dialectausgabe nennt, aufgeführt worden. Ganz und gar in dem Dialect, ohne den es ein Stück seiner Wahrheit verliert, ohne den es eigentlich gar nicht zu denken ist, erschien das Werk auf der Bühne. Das Werk sagen wir – das Wort ›Schauspiel‹ will nicht recht aus der Feder gleiten. Es erweckt auch falsche Vorstellungen. Ein ›Stück‹ im landläufigen Sinne, ein ›Schauspiel‹ nach den alten Geboten des Dramas ist es keineswegs, was uns Hauptmann hier bietet. Er hatte früher die fast wie Manie wirkende Vorliebe, die altgewohnten Dinge überflüssigster Weise mit neuen Namen zu bezeichnen, jetzt bezeichnet er ein völlig neuartiges Ding mit einem alten, die Sache keineswegs charakterisirenden Namen. Er sprach früher von einem Stück in so und so viel ›Handlungen‹, wo die übliche Bezeichnung ›Acte‹ auch die zutreffende gewesen wäre und nannte seine ›Personen‹ unmotiviert genug ›handelnde Menschen‹. Daß sich Hauptmann von diesen äußerlichen Absonderlichkeiten abwandte, ist nur sehr zu billigen, aber er hätte *diesmal* ganz wohl für die völlig eigenartige Dichtung auch einen eigenartigen Namen suchen dürfen. [. . .]

›Die Weber‹ oder richtiger ›De Waber‹ bringen zum ersten Male ein breitangelegtes großes Zustandsgemälde auf die Bühne. Die Malerei ist ihrem Wesen und Charakter nach die dem Schauspiel völlig entgegengesetzte Kunstform, sie hält einen einzelnen Augenblick fest, während das Schauspiel und eine ganze Entwickelung von den Anfängen bis zum Ausgang in allen Stadien vorführt. Hauptmann's jüngstes oder richtiger jüngst aufgeführtes Werk steht dem Wesen der Malerei näher als dem ihr entgegengesetzten des Dramas, wie denn überhaupt Hauptmann mehr ein Epiker ist, der sich der Ausdrucksmittel des Bühnendichters mit großem Geschick bedient. Er ist sicherlich ein Meister der dramatischen Form, während es noch zweifelhaft sein mag, ob er ein Dramatiker ist.

Sein ›Schauspiel aus den vierziger Jahren in fünf Aufzügen‹ schildert den schlesischen Weberaufstand, über dessen Vorgeschichte und äußeren Verlauf wir unsere Leser schon vor längerer Zeit unterrichtet haben. Es schildert ihn mit der Treue des Historikers, aber wie gesagt, im Wesentlichen auch mit dem Pinsel des Malers den ein einziger gewaltiger Moment fesselt. In einem Cyclus von fünf lebenerfüllten Bildern wird uns diese Revolte vorgeführt, die so gar nichts von einer ›Revolution‹ hat. Die ersten zeigen uns Zustand und Stimmung unmittelbar vor dem Ausbruch des Aufstandes, das dritte und vierte zeigt uns Ausbruch und Verlauf. Statt irgend eines Abschlusses zeigt uns das letzte Bild eine rührende Episode dieses Aufstandes, ein Idyll mit bitterpessimistischem Schluß. Der schwärmerisch-fromme arme Weber Hilse, der von dem gottlosen Aufstand nichts wissen will, wird hingestreckt von einer zum Fenster hereinfliegenden Kugel, just da er sich, in vollster innerer Auflehnung gegen die Auflehnung da draußen wieder zur Arbeit an den Webstuhl setzt.

Dem ›Schauspiel‹ irgend einen Abschluß zu geben, hat Hauptmann nicht versucht. Er macht keinerlei noch so äußerliche Concessionen an das Herkömmliche und versucht es nicht, seinem Werke den Charakter der Zustandschilderung großen Stils, des breitangelegten Gemäldes zu rauben. So wenig wie eine zusammenhängende, fortschreitende und abschließende Handlung, so wenig hat das aus fünf selbständigen Abtheilungen bestehende Stück einen Helden. Wenigstens einen Helden im gewohnten Sinne besitzt es nicht. Die handelnden Personen – mit wenigen Ausnahmen – zusammengenommen, machen den Helden des Stückes. *Das* nothleidende Webervolk ist dieser Held, jede der handelnden Personen ist nur ein Charakterzug dieses Helden, eine Linie zu seinem Porträt. Der Theaterzettel, an sich ein interessantes Document in der Theatergeschichte, zählt fünfzig handelnde Personen auf, mehr als irgend ein Drama in der Bühnenliteratur, aber die Aufführung wäre eine mißlungene, wenn man viel Anlaß hätte, auf die einzelnen Darsteller einzugehen. Die Einheitlichkeit muß sich vervollkommnen bis zu dem Grade, daß man von allen zusammen nichts anderes zu sagen hätte, als daß sie das *Volk* wahr und echt darstellten. Individuell dürfen eher die zum Webervolke nicht gehörenden Typen hervortreten: Fabrikanten, Inspectoren, Reisender, Schmidt, Pastor, Candidat.«

I[sidor] L[andau]: Vor den Coulissen. In: Berliner Börsen-Courier. Nr. 99. 28. Februar 1893. Beil. 1. S. 1.

Nachgerade beispielhaft, so Julius Hart (1859–1930), verwirkliche das Schauspiel den ästhetischen Naturalismus. Sei es doch von einem »revolutionärem Geist« durchdrungen, der sich – allen kleinlichen parteipolitischen Interessen enthoben – zum wahrhaft künstlerischen Ausdruck und zu reiner Menschlichkeit kläre.

»Die Weisheit unserer Theaterzensoren hat für den beschränkten Künstler- und Schriftstellerverstand zumeist etwas Unfaßbares an sich: wie der große Ajax der Telamonier pflegen sie mit besonderer Vorliebe unter den frommsten

Schafen und dummsten Lämmlein der Literatur einherzuwüthen, und Kritikus steht nebenbei mit untergeschlagenen Armen und mit sardonischem Lächeln, wie Odysseus, des Laertes Sohn, und fragt: Wann wird der tölpelhafte Schlingel zu Tode gelacht sein? Aber einen lichten Augenblick hat doch auch der irre Ajax in den letzten Jahren gehabt: damals als Gerhart Hauptmanns ›Weber‹ mit Acht und Bann belegte. Das ist so ein Verbot, das sich vom Standpunkt des ›Macht ist Recht‹ ebenso billigen, wie mit der Vernunft begreifen läßt: das ist doch auch ein Verbot, welches der Kunst und dem Theater einmal einen wirklich ernsten Schaden zufügt. Hier athmet ein revolutionärer Geist, so ernst und entschieden, wie in den ›Räubern‹ und in der ›Kabale und Liebe‹, hier fließt der sozialdemokratische Ingrimm unserer Zeit, der auch in unserer jüngeren Literatur nur zu oft als Esel in der Löwenhaut umhergeht, in purpurrothen Blutwellen dahin, hier steckt jene Echtheit und Entschiedenheit der Gesinnung, welche auch den politischen Gegner mitzureißen vermag. Man erzählt, daß 1830 die Brüsseler ihre Barrikaden aufbauten, als sie entflammt von den Weisen der ›Stummen von Portici‹ aus dem Theater hinausströmten: auch eine Aufführung der ›Weber‹ in einer Versammlung von Arbeitslosen, vor dem ›Lumpenproletariat‹ und den ›Ballonmützen‹ würde aufreizender wirken, als die wildeste Anarchistenrede. Aber dabei steckt in der Dichtung nicht eine Spur von eigentlicher Tendenzpoesie; jedem Reden ging der Dichter aus dem Wege, und Alles ist echt und wahrhaft künstlerisch gestaltet und gebildet worden. Gerhart Hauptmann gehört zu den ganz Wenigen in unserer Zeit, welche an ihren Schultern die echten Dichterflügel tragen und auf ihnen über den Dampf und Dunst alles Parteipolitischen sich hoch erheben und in jenen reineren Höhen wohnen, die sich nur dem Dichter, dem Philosophen und den wahrhaft religiösen Naturen erschließen. Was am Sonntag die Besucher der ›Freien Bühne‹ zu so stürmischem Beifall hinriß, das war sicher nicht die revolutionäre Rede eines

Parteipolitikers, sondern nur die allgemeine, große Menschlichkeit, die sich stark in Liebe, Mitleid und Haß äußerte; alles Politische und Sozialistische hat sich hier abgeklärt zu reinster künstlerischer Bildung und über dem nackten Interesse schwebender Menschlichkeit. Der ästhetische Naturalismus offenbart in den ›Webern‹ seine schärfste und reinste Ausbildung; alle Forderungen der offiziellen Dramaturgie, all die schönen Schulsysteme und Freytags brave ›Technik des Dramas‹ purzeln vor diesem Werk rettungslos in sich zusammen. Aber wir wollen nun nicht das Drama nach den Regeln der Ästhetik, sondern die Regeln der Ästhetik nach der Dichtung verbessern. Es ist leicht, nach jenen das Werk als Drama zu ›vernichten‹ und seine Einheit anzutasten; die Ideengänge, welche den fünften Akt mit den vier früheren verbinden, rufen eine Menge von Fragen wach. Ich weiß die Bedeutung der Komposition für das Kunstwerk sehr zu schätzen, aber bin doch sehr erfreut zu sehen, daß auch eine Dichtung ohne alle Komposition, welche nach alter Lehre die Bühne unter dem Schritt der Wirklichkeit erdonnern läßt, durch eine rein elementare poetische Kraft, eine Kunst ohne Kunst, so mächtig hinzureißen und das Interesse wach zu halten vermag. In sich ist das Hauptmannsche Werk ein durchaus vollendetes, so vollendet, wie eben ein Kunstwerk zu sein vermag; Inhalt und Form haben sich aufs Innigste durchdrungen und decken sich nach allen Seiten hin. Nur der fünfte Akt, der am Sonntag mit am stärksten wirkte, läßt auch die Grenzen und Beschränktheit des Naturalismus merken; hier tastet der Dichter nach etwas ganz Anderem hin, und er tastet in einen Nebel hinein, in einem Nebel umher, hinter dem das Land einer anderen Kunst liegt, das des idealistischen Kunststiles, so schön, nicht weniger, doch auch nicht mehr schön, als das der naturalistischen Kunst, aber von manchen andern Gesetzen beherrscht; ein anderer Inhalt bedarf hier anderer Formen. In der theilweise mißlungenen schauspielerischen Darstellung der ›Freien Bühne‹ nahm sich das Werk etwas anders aus, als beim Lesen; fast möchte ich sagen, daß die äußeren starken Wirkungen ein wenig auf Rechnung der Fehler der Aufführung kamen. Die außerordentlich feine und intime Kunst des Dichters mußte manchmal hinter eine grobere lungenkräftige Theatralik zurücktreten, die das Publikum hinreißt, aber die stilleren, edleren und seelischeren Stimmungen des Werkes aufhob. Ich möchte das Paradox aufstellen, daß Hauptmanns Dramen fast immer theatralischer wirken, als sie sind, weil sie gewöhnlich mittelmäßig dargestellt werden, weil die Schauspielkunst hier nicht an die Poesie heranreicht.«

In: Tägliche Rundschau. Unparteiische Zeitung für nationale Politik. Nr. 50. 28. Februar 1893. S. 200.

Mit dem liberalen Romanautor Friedrich Spielhagen (1829–1911) meldete sich einer der erfolgreichsten Schriftsteller zu Wort. Doch wie schon 1881 anläßlich von Ibsens *Nora oder Ein Puppenheim* spricht er auch den *Webern* den Rang eines dauerhaften echten Kunstwerks ab. Noch ganz unter dem Eindruck der Aufführung resümiert er:

»Als ich ›Die Weber‹ las, vermißte ich peinlich einen Helden; als ich das Stück aufführen sah, entdeckte ich zu meiner freudigen Ueberraschung etwas, das ich gern als Aequivalent des vermißten Helden gelten ließ: ich entdeckte eine Heldin.
Diese Heldin ist die Not.
Genauer gesprochen: die Not der schlesischen Weber; um des lieben Friedens willen noch genauer zu sprechen: die Not der schlesischen Weber in den vierziger Jahren.
Respekt vor dieser Heldin! Sie nimmt es mit den Athleten der Heldensippe, mit einem Lear, Macbeth, Othello auf. Sie kommt nicht von der Bühne, auch im Salon des Fabrikanten nicht. Auch da steckt sie, ehe sie in voller Person erscheint, ihr bleiches Gesicht in die Reden der Herrschaften hinein. Und wie sie wächst und wächst! Wie das blutlose Geschöpf

sich im ersten Akt vor den Augen des harten Herrn und vor sich selbst noch verstecken möchte! Wie es im zweiten ohne Scheu ihr Elend vor dir ausbreitet und die paar verhüllenden Lumpen von sich streift, daß der Jammer in seiner gräßlichen Nacktheit vor dir steht! Und immer wächst und wächst und die Knochenfinger um deinen Hals klammert und als fürchterlicher Alp auf deine Brust drückt, daß du nicht mehr atmen kannst und ersticken müßtest, wenn du dich nicht zu einem wilden Schrei aufrafftest, der zusammengellt mit dem Wutschrei der Heldin, die sich nun zu ihrer vollen Höhe und zu der Tat aufgerafft hat, auf die alles und jedes in dieser ihrer seltsamen Tragödie mit unwiderstehlicher Kraft treibt und drängt: zur offenen Empörung gegen ihre Peiniger.

Von diesem Standpunkt gesehen – und, wie gesagt, ich habe ihn mir nicht gesucht, die Aufführung hat ihn mir gebieterisch angewiesen – ist das Stück von einer Einheitlichkeit und kraftvollen Konzentration, die nichts zu wünschen lassen, wenigstens nicht, so lange man im vollen Banne des momentanen Eindrucks steht.

Dennoch, wie Großes auch Hauptmann hier geleistet hat, das Höchste ist es nicht, nicht im allgemein ästhetischen Sinn und nicht in der speziellen Beziehung auf ihn, der sicher noch Größeres zu leisten berufen und auserwählt ist. Und sehr würde ich beklagen, was nun leider unausbleiblich scheint: daß sein Vorgehen Nachfolger fände und ›die Weber‹ Schule machten. Die Nachfolger möchten Nachtreter werden und die Schüler eine Rotte, über die der Magister, auf dessen Worte sie schwört, zuerst die Zuchtrute schwingen müßte. Quod licet Iovi – aber wehe, wenn sie losgelassen, frei ohne seine machtvolle Gestaltungskraft, ohne seine eminente Gabe zu charakterisiren und zu individualisiren, sich auf verwante Stoffe stürzen und uns die Not der Bergleute, der Nägelschmiede, die Zigarrendreher, der Leimsieder – was weiß ich – ad aures et oculos zu demonstriren unternehmen! Es wäre damit, wie mit der schrecklichen Saat der blechernen Ritterstücke, die nach Goethes Götz von Berlichingen überall aus dem deutschen Boden wuchs [...].«

Friedrich Spielhagen: Gerhart Hauptmanns *Weber*. In: Das Magazin für Litteratur 62 (4. März 1893) H. 9. S. 144.

In welch aufgeregter Stimmung Stück und Aufführung in der Öffentlichkeit diskutiert wurden, dafür mag nicht zuletzt der ungezeichnete Beitrag in der *Gegenwart* stehen:

»Erschüttert gingen sie alle fort, durchgerüttelt und gleichzeitig voller Mitleid für die ›beste und sympathischste‹ Gestalt des Stückes, den frommgläubigen und lammsgeduldigen Webermeister Hilse, den ›Gebetbichl-Hengst‹, der die erschreckliche Hungerrevolte nicht mitmacht, sondern am Fenster am Webstuhl bleibt, wo ihn sein himmlischer Vater hingesetzt hat, und sich erschießen läßt. Unter den klugen Zuschauern war keiner, der hierin nicht eine Art unrealistischen Symbolismus' erblickt hätte, eine dramatische Bestätigung des Satzes, daß Revolutionen immer gerade die Besten tödten und deshalb au fonds verwerflich sind, ganz und gar verwerflich. – Nächstdem erkannte männiglich die wundersame Gestaltungskraft des Dichters an, der jeder seiner zahlreichen Personen ein individuelles, verblüffend kräftiges Leben verliehen hat, jede ihre eigene, charakteristische Sprache sprechen läßt. Und männiglich bejammerte, daß dem Stücke der eigentliche Held fehlte und so ganz und gar jede versöhnliche, romantische, humoristische Stimmung, und männiglich erwartete von seinem Kritiker, daß er alles dies am Montag-Morgen Herrn Hauptmann mit freundlichem Ernst vorhalten und gleichzeitig den Dichter beklagen würde, der noch immer keinem Bezirksverein beigetreten ist, sondern verbissen am Sozialismus festhält. Und dann grüßte man sich höflich zum Abschied und pilgerte zu Fuß nach Hause, denn es war ein überaus herrlicher Febru-

armittag, und die angenehme Luft lockte zu einem appetitförderlichen Spaziergang. Gesegnete Mahlzeit! [...]
Der Dichter behauptet zwar, sein Drama spiele in den vierziger Jahren, in den Ortschaften des Eulengebirges. Er irrt sich. Es spielt, übersieht man nebensächliche Einzelheiten, im Jahre 1890. Und wer, das Weberelend zu schauen, nicht bis nach Langenbielau wallfahrten will, der fahre mit dem Berliner Vorortzug um ein Geringes nach Neuendorf-Nowawes bei Potsdam. Da sieht er alles vereinigt, was er braucht, und kann Herrn Hauptmann's weißglühende Anklagen auf ihre Berechtigung prüfen, besser als die Sozialistentöter, besser als die Herren Eugen Richter und Julius Wolff, die sich gegenseitig zur Rettung der modernen Gesellschaft beglückwünscht haben. Die Weber sind das gefährlichste und aufreizendste Schauspiel, das je in deutscher Sprache gedichtet worden ist. Hinter sieben Thüren und sieben Schlössern müßte es eine besonnene und staatskluge Censur verwahren. Ein Mann hat dies Stück ersonnen, dessen Herz, ihm selbst vielleicht unbewußt, heißer für die Armen der Niederung, die Bedrängten und Schwachen schlägt, als die respectiven Herzen der ehrsüchtigen Poseure Lasalle, Singer und Stadthagen zusammengenommen. Thurmhoch überragt dieser Mann die armseligen Schreiber, denen die gespenstische soziale Frage gerade gut genug dünkt, ihre Benedixiaden und Birchpfeifereien zeitgemäß damit aufzuputzen und interessant zu machen. Diesem Manne drückte nicht Ruhmsucht und Geldgier die Feder in die Hand, er schreibt aus dem grenzenlosen Mitleid und der flammenden Wuth heraus, schreibt, weil der Geist ihn zwingt, weil er der einzige zukunftkündende Poet unseres Landes ist. Mit Donnerstimme will dieser Mann die Gewissen aus langem Schlafe wecken. Das ist sein einziger Zweck, nichts anderes will er. Ein wahrhaftiger Dichter, sprengt er alle Schranken, kümmert sich um keine Regel; seine einzige Sorge ist, den passendsten Ausdruck zu finden für das, was er so gern in alle Welt hinaus schreien, schreien, schreien möchte, und

wenn er die beste Form gefunden zu haben meint, gilt es ihm gleich, ob sie gegen alle Technik des Dramas verstößt. Was er mit dem Herzen ersonnen und geschrieben, das wird Tausende entflammen, wird flackernde Begeisterung in tausend andere Herzen gießen. Und keines wird erschreckt zurückfahren, weil der Poet sich um die aristotelischen Einheiten wenig kümmerte und wenig um die Bühnenwirksamkeit, die Aufführbarkeit seiner Schöpfung. Und Keinem wird das Geschwätz derer auch nur ein höhnisches Gelächter entlocken, die dem Gerhart Hauptmann rathen, sich doch um Gottes Willen auf die tendenzlose Dichtung zu beschränken, die reine und ewig unfruchtbare, und sich mit der gräßlichen Sphinx des Jahrhunderts nicht gar zu tief einzulassen.

Ein haß- und zornerfüllter Fehdebrief, gegen dessen Feuerworte Karl Marx' fürchterliche Anschuldigungen fast idyllisch anmuthen, das sollen uns Hauptmann's Weber sein. Rein zufällig, vielleicht nur, weil die Knappheit des Ausdrucks ihre unheimliche Wucht verstärkt, hat der Poet für seine Anklageschrift die dramatische Form gewählt. Man weiß, daß er diese Form trotz seines offenbar epischen Talentes meisterhaft beherrscht, hierin Herrn Sudermann auffallend ähnelnd, und er hat deshalb recht daran gethan, sie bei seinen großen Aktionen anzuwenden. Er erhöht ihren Eindruck dadurch und ihre Gewalt. Und gleichzeitig täuscht er dadurch leichter diejenigen, welche Angriffe auf die Wirthschaftsordnung von heute prinzipiell nicht lesen, und erzwingt sich Gehör. [. . .]

Wir erkennen, Buchstaben von Feuer will der Dichter mit Riesenhand auf die Wolken schreiben; ein Menetekel upharsin schreit er der Gesellschaft zu. Und darum – eine Verbeugung vor dem Censor, dem einsichtsvollen Schutzmanne. Auf die Klugheit und die scharfsinnige Wachsamkeit unserer Polizei verlassen wir und stützen wir uns.

Als staats- und gesellschaftsgefährlich, als geeignet, die öffentliche Ordnung zu stören und Klassen der Bevölkerung wider einander aufzureizen (§ 193 des Strafgesetzbuches) sind die Weber aus dem Bereiche des Lampenlichtes verbannt. Und das gereicht mir zur besonderen Freude. Gerhart Hauptmann's bestes Werk ist zugleich sein schlechtestes Drama. Es besteht aus lauter Episoden und Kleinmalereien; dem Poeten liegt gar nicht daran, die Handlung weiter zu schieben, nur Stimmungen will er geben, nur die Herzen rühren und schrecken. Als Dichtwerk an sich betrachtet, darf kein Wort der köstlichen Schöpfung fehlen; wollte man das *Drama* kritisiren, man könnte einen ganzen Akt als überflüssig, ganze Scenen als im höchsten Grade undramatisch, prächtige Details als nebensächlich und störend hinstellen. Gerhart Hauptmann's Weber sind für den *Leser* geschrieben. Sie sind zu gut, viel zu gut dafür, müde Protzen und ihre Damen über die Langeweile eines Theater-Abends hinweg zu täuschen, ihnen als Nervenkitzel zu dienen. Sie sollen da wirken und ernste Arbeit thun, wo sie es mit Aussicht auf Erfolg vermögen: in stillen Weihestunden bei großen, jungen Seelen.«

In: Die Gegenwart. Wochenschrift für Literatur, Kunst und öffentliches Leben 43 (11. März 1893) H. 10. S. 157–159.

Zu den Premieren in den »Freien Volksbühnen«

Noch ehe in Berlin andere geschlossene Vereine, so die »Neue Freie Volksbühne« von Bruno Wille (1860–1928) und die »Freie Volksbühne« von Franz Mehring (1846–1919), das Drama in Szene setzen konnten, waren am 29. Mai 1893 in Paris *Die Weber/Les Tisserands* über die Bretter von André Antoines (1858–1943) »Théâtre libre« gegangen. Antoine, der sein 1887 gegründetes Theater ebenfalls als Privatbühnenverein führte, hatte das französische Publikum mit der naturalistischen Moderne, mit Ibsen, Strindberg und Tolstoi bekannt gemacht. Hauptmanns

Schauspiel jedoch war seit 1871 das erste auf eine französische Bühne gebrachte deutsche Werk, und seine Aufführung – so resümiert der Korrespondent des *Magazins für Litteratur* – galt dem Publikum als das aufsehenerregendste Ereignis der Pariser Theatersaison. Die Erlaubnis für eine öffentliche Aufführung der *Weber* verweigerten die französischen Behörden aber auch hier.

»Hauptmanns ›Weber‹ – ›Les Tisserands‹ erscheinen soeben in Jean Thorels Uebersetzung bei dem Zolaverleger Charpentier, und die Aufnahme der ›Tisserands‹ im Théâtre Libre am denkwürdigen 29. Mai sowol seitens des Publikums als auch seitens der gesamten hiesigen Presse war eine so aufrichtig warme, wolwollende, bei einzelnen Kritikern, wie Jean Jullien im ›Paris‹, geradezu begeisterte, daß diese Aufführung hier allerorts als das sensationellste Ereignis der Saison, die uns eben schon den Rücken zu kehren in Begriff war, nicht nur empfunden, sondern auch offen eingestanden wurde: – man sehe nur außer der Kritik im ›Paris‹ die im ›Courrier du Soir‹, wo es heißt, daß kein kühneres Stück je in Frankreich gespielt worden, und daß es das beste aller naturalistischen Stücke überhaupt sei. – Ferner – in Ihrer vorigen Nummer erwähnten Sies schon –: Das ›Journal des Débats‹, in dem sich Jules Lemaître eben erst mit bedächtigem Wolwollen über Hauptmanns Stück ausgelassen, bringt einen fulminanten vielspaltigen Artikel über Sudermann, dessen Stücke – es ist von der ›Ehre‹ und der ›Heimat‹ die Rede, merkwürdigerweise nicht von ›Sodoms Ende‹ – in kommender Saison in Paris zu Gehör gebracht werden sollen und müssen. Und schließlich: – Unmittelbar vor dieser Anerkennung der deutschen modernen Dramatik der beispiellose Jubel über Richard Wagners ›Walkyrie‹, vor deren ›Hoiotoho, heiaha, heiaha!‹ man sich einige Wochen lang schier nicht mehr retten konnte, seit jener Première in der großen Oper am 12. Mai, die diesem Hause die größte in Paris je dagewesene Einnahme brachte ... Und

nun sollen Sie in Deutschland noch sagen, daß wir Pariser Chauvinisten seien! ›C'est d'Berlin, aujourd'hui, que nous vient la lumière‹, schrieb der bekannte ›Monsieur en habit noir‹ im ›Journal‹ als Motto seiner ›Soirée parisienne‹ nach der Weberaufführung, etwas höhnisch zwar, aber er begann seinen Artikel mit den Worten: ›Heute nimmt Paris seine Mode aus Berlin; es hat damit nicht Unrecht, wenn es sich um Wagner handelt.‹
Das helle Vergnügen, das die Pariser über diese Walküren-Aufführung zu empfinden vorgaben, war wie der naive Eifer eines Kindes, dem ein Erfahrener im Vorbeigehen ein neues unterhaltendes Spiel gezeigt und das nun dieses Spiel seinen Kameraden vorzuführen unternimmt, – es stellt sich dabei heraus, daß es die Erklärung, die es verstanden zu haben meinte, doch nicht begriffen und nun den andern Kindern in anerkennenswerter Unverfrorenheit irgend einen beliebigen schnell erfundenen Unsinn vormacht. [. . .]
An den ›Webern‹ war etwas weniger gesündigt worden, aber immerhin noch genug. Die Aufführung war sehr mangelhaft, schlechter als man es von den Darbietungen Antoines gewohnt ist. Jean Jullien, der sich nicht genug für den feinen psychologischen Zug begeistern kann, daß Hauptmann die rebellischen Weber im 4. Akt mit ängstlicher Scheu und einer Art von neugieriger Ehrfurcht in das gestürmte Herrenhaus eintreten, sie nichts darin zerstören läßt, tadelt mit Recht, daß in der französischen Bearbeitung diese Szene gestrichen worden ist ›die den Seelenzustand der armen Leute zeige und zur Vorbereitung auf den fünften Akt notwendig sei‹. ›Vielleicht, hätte man diese Szene aufrecht erhalten können, so wären die Protestrufe eines gewissen Teils des Publikums vermieden worden.‹ Den schlimmsten Streich aber haben die Uebersetzer dem Stücke dadurch gespielt, daß sie statt des historischen ›Weberliedes‹ glaubten das von Heine nehmen zu müssen: ›Altdeutschland, wir weben dein Leichentuch‹ – und noch dazu in der einzigen und einzig miserabeln Uebersetzung Vaucaires:

›Nous tisserons sur nos métiers
Ton linceul, ô vieille Allemagne!‹

Daß Antoine diese Geschmacklosigkeit durchließ, ist sehr bedauerlich. Hatte er schon zur Jubiläumsvorstellung seiner freien Bühne – der hundertsten Vorstellung des Théâtre Libre! – dieses deutsche Stück gewählt, so hätte er auch wenigstens für eine vollendete Wiedergabe sorgen sollen. Er selbst z B. verkörperte den alten Vater Hilse, in Ton und Geberde sehr gut, mit der ganzen großen und ergreifenden Schlichtheit des Märtyrers einer untergehenden Zeit, aber – die Worte hatte er leider sehr schlecht memorirt!

Die Wirkung des Hauptmannschen Stückes auf unser französisches Publikum erhält eine grelle Beleuchtung durch das Vorgehen der Zensur, die das Vorhaben des sozialistischen ›Intransigeant‹, den Arbeitern von Paris eine Festvorstellung der ›Weber‹ in einem großen stehenden Theater zu geben, im Interesse der öffentlichen Sicherheit vereitelte: ›Die Schlüsse, die aus dem Drama gezogen werden könnten, und die Herr Hauptmann selbst ja nicht einmal auf die Bühne zu bringen wagte, könnten bei dem packenden Charakter seiner Szenen und den durch sie aufgewühlten Leidenschaften sich schon im Theater von der obersten Galerie herab in einer Weise äußern, der man besser vorbeugt.‹ So begründeten die Zensoren ihr Verbot, und der Grund ist jedenfalls stichhaltiger, als der andere, daß nämlich sich bei dem Erscheinen einer preußischen Soldatenuniform auf der öffentlichen Bühne vielleicht der französische Chauvinismus unangenehm regen würde. Nein, sie sollen wirklich nicht mehr sagen nach alle dem, daß wir Pariser so gar arge Chauvinisten seien! –«

[C. d. M.:] Die pariser Theatersaison. Paris, den 18. Juni 1893. In: Das Magazin für Litteratur 62 (24. Juni 1893) H. 25. S. 404–406 (hier: S. 404 f.).

Am 15. Oktober 1893 brachte dann die ein Jahr zuvor von Bruno Wille gegründete »Neue Freie Volksbühne« für ihre Mitglieder die *Weber* zur Aufführung. Unter der Regie von Emil Lessing, der auch die Rolle des Fabrikanten Dreißiger übernommen hatte, wurde im »Viktoria Theater« das umstrittene Schauspiel erstmals jenem Publikum vorgestellt, dem es durch die ordnungspolizeiliche Maßnahme entzogen werden sollte. Als Programm verteilte man Heft 11 der Vereinszeitschrift *Die Kunst dem Volke*, dem ein Abdruck des Weberliedes beigelegt war. In seinem Beitrag für das Blatt schreibt dessen Herausgeber BRUNO WILLE (1860–1928):

»Keine Theatervorstellung der Volksbühnenbewegung ist mit solcher Spannung erwartet, mit solcher Hingabe vorbereitet worden, als die der ›Weber‹ von Gerhart Hauptmann. Wie kommt das? Macht es der künstlerische Gehalt des Dramas? Macht es das Interesse, das man einer jungen Berühmtheit widmet? Macht es der sensationelle Rechtsstreit, der sich zwischen dem Dichter und dem Polizeipräsidenten abspielte? – Zweifellos kommen diese Momente hier in Betracht, und die künstlerischen Eigenschaften des Werkes sind es in erster Linie, was den Ausschuß der Neuen Freien Volksbühne so begeistert für ›Die Weber‹ eintreten ließ. Indessen der Volksmasse ist ja das Werk noch gar nicht vorgeführt worden, weder durch die Bühne, noch als Buch; ihr Interesse muß also eine andere Herkunft haben. Nun, was anderes kann es sein, als das Vorgefühl, daß in den ›Webern‹ gerade das zur Gestaltung gelangt, was unser Zeitalter, unser Volk am gewaltigsten bewegt? Hier ist eine Geschichte aus den vierziger Jahren, der verzweiflungsvolle Aufstand schlesischer Weber, dargestellt worden aus derjenigen Stimmungs- und Gedankenwelt heraus, welche die moderne Sphinx hervorruft; Ich meine natürlich die soziale Frage. Das ist es, was dieser Vorstellung den eigenthümlichen Reiz, was unser Publikum in eine Feiertagsstimmung versetzt und gewissermaßen eine Offenbarung von der Bühne erwarten läßt. Das ist es, was diese Vorstellung zu einer Bedeutung erhebt, wie sie etwa die Première von Schillers ›Räubern‹ erlangt hat, die eben gleichfalls brennende Interessen des Volkes berührten, die damalige soziale Frage, wie sie das aufstrebende Bürgerthum empfand.

Ein Mißverständniß indessen, wenn man Gerhart Hauptmann für einen Tendenz-Dichter im unkünstlerischen Sinne hält, wenn man von ihm eine bestimmte Parteinahme, etwa eine sozialdemokratische oder anarchistische, erwartet, wenn man glaubt, er werde, wie der Agitator, einseitig Licht und Schatten vertheilen und im deklamatorischen Tone die Schlagworte des politischen Kampfes vorbringen. Nur Mangel an künstlerischem Urtheil, gereiztes Mißtrauen, Voreingenommenheit, botsmäßiges Aufpassen auf die Tendenz, wie das alles in dem ›Weber‹-Prozesse sattsam zutage getreten ist, vermag die rein künstlerische Absicht des Dichters in eine politische zu verkehren. Hauptmann wollte einfach gestalten, was sein Inneres bewegte, wollte mit den Mitteln der Dichtung, der Bühnenkunst den Zuschauer oder Leser dazu bringen, mit seinem Auge, seinem Herzschlag den Weberaufstand zu empfinden. Freilich die Art, wie er innerlich schaute und fühlte, ist beeinflußt worden, von den sozialen, politischen, theoretischen und praktischen Tendenzen unserer Zeit. Der Dichter ist eben ein Kind seiner Zeit.

Eben weil ›Die Weber‹ kein Tendenzwerk sind, darum bleibt die Gefährdung der bürgerlichen Ruhe und ›Ordnung‹, welche die Berliner Polizei und auch die Obrigkeit des ›Freistaates‹ Frankreich der öffentlichen Aufführung zuschreiben, ein Spuk polizeilicher Phantasie. Mag unsere gesellschaftliche ›Ordnung‹ so kippelig und gebrechlich sein, daß eine Theatervorstellung sie gefährdet – in dieser Frage ist die Polizei vielleicht sachverständig –, jedenfalls wird das Publikum der Neuen Freien Volksbühne ebenso wenig wie das des Deutschen Theaters nach der Vorstellung das Pflaster aufreißen und Barrikaden bauen. Dafür hat es zuviel Verständniß sowohl für die Kunst als auch für die soziale Frage; es faßt die Kunst zu innerlich und die soziale Frage zu ernst auf. Die ›Weber‹ sind ein Kunstwerk, wahrheitsgetreu in jedem Zuge, wahrhaftig in der Darstellung menschlichen Seelenlebens, wie es unter den obwaltenden Umständen, unter Knechtschaft und Mangel sich entwikkelt, wahrhaftig auch in der Wiedergabe der historischen Verhältnisse. Und in dieser Wahrhaftigkeit, die wir herausfühlen, liegt etwas ungemein Erhebendes, Erbauliches, Befreiendes, liegt die Hoheit einer Poesie, welche die Dinge nicht schöner färben will, als sie sind, sondern, durchdrungen von dem Bewußtsein, daß die Wahrheit frei macht, ungeschminkt, natürlich und schlicht darstellt, welche es verschmäht zu idealisiren und gerade dadurch im idealen Sinne wirkt. [. . .]

Der Schluß des Weberdramas ist höchst eigenartig komponirt. Ein anderer Dichter hätte wohl den Ausgang des Aufstandes in schärfster Deutlichkeit gezeichnet. Anders Hauptmann. Er läßt die Handlung in einer gewissen Unentschiedenheit ausgehen, er verwendet seine Kunst wesentlich darauf, eine abschließende *Stimmung* hervorzurufen. Zunächst führt er uns den Höhepunkt des Aufstandes vor. Dieser liegt nicht so sehr in der Thatsache, daß Blut fließt, als in dem Umstande, daß selbst die Familie Hilse, wo das strengste Urchristenthum mit seiner absoluten Friedfertigkeit und Duldung waltet, in den Aufruhr verwickelt wird. Nur der alte Hilse und die halb erloschene Großmutter halten sich davon fern. Dennoch treibt es den Greis schließlich zur Betheiligung. Es ist, seinem christlichen Charakter entsprechend, eine passive Beteiligung. Kämpfen will er nicht, aber mit den kämpfenden Brüdern leiden, alle Konsequenzen des Aufstandes über sich ergehen lassen. Er setzt sich an das von den Flintenkugeln gefährdete Fenster und webt, bis ihn das tödtliche Blei niederstreckt. Es ist der Moment, wo die Weber die Soldaten zurückgeschlagen haben. Auch wenn wir die Geschichte nicht kennen würden, wüßten wir, was nun folgt, daß nämlich die Aufrührer gar bald unterliegen. Der Dichter deutet diesen Ausgang nur leise an. So erreicht er, daß in unsere Betrübniß über das klägliche Ende sich doch eine Befriedigung mischt. Der Freiheitsdrang erliegt, jedoch als ein *Held*, dessen *Jubelruf* über einen momentanen Sieg wenigstens an unser Ohr dringen darf. [. . .]

In diese Stimmung mischt sich ein weiteres tröstliches Moment: Das schwankende Empor zwischen Sieg und Niederlage, bei dem der Dichter uns stehen läßt, erinnert uns daran, daß der vorgeführte Kampf *fortdauert*, daß wir es hier eigentlich nur mit einem *Gefechte* zu thun haben, dem kleinen Theile eines langen Krieges, des *großen Freiheitskampfes* der unterdrückten *Menschheit*. [. . .]

Endlich fällt an den ›Webern‹ das Fehlen eines sogenannten ›Helden‹ auf, einer Person, die mit hervorragendem Handeln und Erleben im Mittelpunkte des Interesses steht. Man hat sich verwundert über diese Heldenlosigkeit der ›Weber‹. Sie ist jedoch für einen Kenner dessen, was Hauptmann und seine Kunstrichtung will, durchaus nicht verwunderlich, sondern ganz erklärlich. Als echter Wahrheitsdichter ließ Hauptmann sich nicht von der herkömmlichen Schablone, sondern von seinem Gegenstande leiten. Nicht eine einzelne Figur aus dem Weberaufstande wollte er darstellen, sondern *die* Weber. Und so gestaltet sich ihm die *Masse* der Weber zum Hauptgegenstande des Interesses, zum Helden wenn man so will. Er hatte übrigens für geschichtliche Ereignisse, die von einer Masse getragen werden, zuviel Verständniß, um nicht zu wissen, daß der Antheil einzelner Persönlichkeiten an dem Zustandekommen solcher Ereignisse bei weitem nicht so groß ist, wie die Dichter des alten historischen ›Helden‹-Dramas ihr Publikum glauben machen wollen.«

Bruno Wille: Die Weber. In: Die Kunst dem Volke 11 (Oktober 1893) S. 1–7.

Einen Eindruck von der Aufnahme des Stückes durch das eher als gemäßigt bekannte Publikum der »Neuen Freien Volksbühne« vermittelt der unbekannte Theaterkritiker des *Kleinen Journals*:

»Das von der Polizei verboten gewesene Schauspiel Gerhart Hauptmanns gelangte gestern Nachmittag im Verein der ›Neuen freien Volksbühne‹ zur Aufführung. Es soll gleich vorausgeschickt werden, daß sich die Befürchtungen der Polizei, Hauptmanns Drama werde die Massen aufreizen, nicht erfüllt haben. Das ›Viktoria-Theater‹ hat trotz seines kriegerischen Namens keinen Schauplatz für ernste Kämpfe abgegeben, und die Dragoner-Kaserne, die dicht daneben liegt, blieb in ihrer sonntäglichen Ruhe, ihre Insassen wurden durch keinen Alarm zur Aufrechterhaltung der staatlichen Ordnung gegen das Theatervolk aufgeboten. Das fünfaktige Stück, dessen Handlung erst im dritten Akt beginnt und im vierten endigt, hat gleichwohl einen tiefen Eindruck auf die Zuschauer bewirkt, nur nicht nach der Richtung, wie es die Polizei annahm. Was Hauptmann bei der neulichen Gerichtsverhandlung erklären ließ, erwies sich hier vor einem den Webern näherstehenden Publikum noch deutlicher als im vorigen Jahre bei der Aufführung im ›Neuen Theater‹, daß nämlich mit diesem Werk keine politische Tendenz vertreten werden soll, sondern daß es einzig als Kunstprodukt genommen werden will, als ein Kunstprodukt, das Menschenschicksale, hier das Loos einer ganzen Bevölkerung, poetisch und ergreifend schildert. Poetisch? Nun, die Poesie Gerhart Hauptmanns ist eben eine andere, als die im landläufigen Sinne. Er will Wahrheit dichten. Es ist ein Widerspruch in sich, und der Erfolg seiner undramatischen Dramen beweist, wie wenig es ihm bisher gelungen ist, seine Ansicht zur Geltung zu bringen. Auch aus der gestrigen Aufführung wird Gerhart Hauptmann erfahren haben, daß er mit seinen reichen Gaben Unrecht thut, die Gesetze des Dramas außer Acht zu lassen. Der erste Akt der ›Weber‹ mit der sehr treffenden, aber ganz episodischen Charakterisirung der

Webernoth bei der Ablieferung der Arbeit erzielte nur schwachen Beifall. Der zweite Akt, der rührender, aber immer noch mit epischer Schilderungsbreite eine halb verhungerte Weberfamilie vorführt, wurde etwas lebhafter aufgenommen. Aber erst der dritte Akt, der in der Schenke spielt, und wo wir zum ersten Male eine Begebenheit vor Augen sehen: die Empörung des Volkes gegen die Polizei, dieser dritte Akt erregte die volle Theilnahme des Publikums und riß es zu lautem Beifall hin. Am interessantesten verlief der vierte Akt. Das protzige Benehmen der ungebildeten Fabrikantenfrau, die Entlassung des für das Volk eintretenden Hauslehrers, die Verhaftung eines Rädelsführers, des zur Reserve entlassenen Soldaten, das bürokratische Auftreten des Polizeiverwalters, den der Fabrikant zu Hülfe gerufen hatte, diese Momente hatten die Spannung der Zuschauer auf die Spitze getrieben, und es gährte im Publikum fast mehr, als auf der Bühne. Die Leute konnten ihren Unwillen, ihre durch den Dichter aufgewiegelte Theilnahme nicht mehr zurückdämmen. – Ein Sturm drohte loszubrechen, der nur mit Mühe niedergehalten wurde durch einen Theil besonders eifriger Theatergäste, die mit stockendem Athem die Entwicklung des Vorgangs verfolgten. Als nun hinter der Szene der Rädelsführer vom Volk befreit, die Polizei fortgejagt wurde und vor den Coulissen der Fabrikant und seine Familie in hilfloser Angst hin und herrannten, bis sie der Kutscher durch eine Hinterthür rettete, da gab es kein Halten mehr im Publikum – mitten in den Akt hinein erbrauste ein jubelnder Lärm, der das Spiel auf Minuten unterbrach und wie ein Schrei der Entrüstung über das menschliche Elend das Haus durchtoste. Am Ende des vierten Aktes wurde Hauptmann mehrmals gerufen. Der fünfte Akt, der keinen Fortschritt der Handlung, sondern nur eine Variante früherer Begebenheiten bringt, wurde zweifellos nur deshalb beifällig aufgenommen, weil eben die Gewalt des vierten Aktes noch nachwirkte.«

In: Das Kleine Journal. Zeitung für alle Gesellschaftsklassen. Nr. 311. Oktober 1893. Morgen-Ausgabe. S. 3.

Wenige Wochen später, am 3. Dezember 1893, veranstaltete die »Freie Volksbühne« unter der Leitung von Franz Mehring im »Nationaltheater« ihre Premiere der *Weber*, der sechs weitere Vorstellungen folgten. Zur Aufführung erschien im Dezemberheft der Vereinsmonatsschrift *Die Volksbühne* ein Beitrag Franz Mehrings (1846–1919), in dem er allerdings keine Analyse des Stückes, sondern vornehmlich eine Darstellung der ihm zugrundeliegenden Quellen gibt.

»›Die Weber‹ von Gerhart Hauptmann sind die einzige Bühnendichtung der Gegenwart, die auf der vollen Höhe des modernen Lebens steht und für das Ende des 19. Jahrhunderts eine ähnliche Bedeutung in der deutschen Literatur beanspruchen kann wie Schillers ›Räuber‹ für das Ende des 18. Jahrhunderts.
Die ›Weber‹ sind ein Massenschauspiel, das den Massen gehört und den Massen von selbst verständlich wird. Wir sehen deshalb von einer eingehenden, kritischen Zergliederung ab und bieten unseren Lesern stattdessen lieber das literarische Material über die thatsächlichen Zustände, auf denen sich Hauptmanns Drama aufbaut. Beide Urkunden, sowohl das Weberlied wie der Aufsatz von Wilhelm Wolff über den Weber-Aufruhr von 1844 sind ohnedem wichtige Beiträge zur Geschichte der deutschen Arbeiterklasse. [...]
Aber nicht nur um des Verfassers willen ist der Aufsatz Wolffs interessant. Er ist an und für sich ausgezeichnet durch das liebevolle Verständniß für das Denken und Handeln der arbeitenden Klassen, durch die ökonomischen Einsichten, die er verräth. Beides tritt um so schärfer hervor, wenn man erwägt, daß Wolff vor nunmehr bald fünfzig Jahren schrieb, als nur erst die edelsten Charaktere, die erleuchtetsten Geister etwas von einer besonderen Arbeiterfrage ahnten. Ferner aber ist die Schilderung Wolffs die Grundlage aller späteren Darstellungen des Weber-Auf-

ruhrs geworden. Ihr Vergleich mit Hauptmanns Schauspiel ergiebt, wie sich der Dichter zu der historischen Wirklichkeit gestellt hat. Wir wissen nicht, ob er Wolffs Aufsatz studirt hat, und es ist übrigens auch ganz gleichgültig, ob er ihn kennt. Da Wolffs Darstellung maßgebend geworden ist für die Geschichte des Weber-Aufruhrs, so ist sie, mittelbar oder unmittelbar, auch zum Knochenbau des Dramas geworden. In der That berühren sich beide in vielen und wichtigen Punkten.

Wir sagen das selbstverständlich nicht, um den Dichter zu tadeln. Im Gegentheil steigt sein Verdienst umso höher, je vollständiger er den spröden Stoff der rauhen Wirklichkeit dichterisch bewältigt hat. Gerade das Fernhalten aller bürgerlichen Romantik und das strenge Festhalten an dem historischen Verlaufe machte die Aufgabe des Dichters umso schwieriger und macht ihre gelungene Lösung umso erfreulicher. So wie Hauptmann den gegebenen Stoff nahm, mußte er die Massen selbst in Bewegung setzen und noch dazu in einer mit episodenhafter Breite sich fortschiebenden Handlung, ohne die auf- und absteigende Bewegung um einen beherrschenden Mittelpunkt. Es war bis zu einem gewissen Grade ein Bruch mit aller bisherigen Bühnentechnik den Hauptmann unternahm, und das kühne Unternehmen ist ihm in hohem Grade gelungen.

Keine dichterische Leistung des deutschen Naturalismus kann sich auch nur entfernt mit den Webern messen. Dagegen sind sie selbst gewissermaßen ein Prüfstein geworden, an dem sich erkennen läßt, was echt und was falsch ist am modernen Naturalismus. Die Weber stehen im schärfsten Gegensatze zu der ›genialen‹ Kleckserei, die irgendein beliebiges Stück banaler und brutaler Wirklichkeit mit photographischer Treue abkonterfeit und damit wunder was erreicht zu haben glaubt. Die Weber quellen über vom echtesten Leben, aber nur, weil sie mit dem angestrengten Bemühen eines feinen Kunstverstandes gearbeitet sind. Eine wie sorgfältige Abtönung und Abwicklung war nothwendig,

um einem bunten Mosaik genrehafter Szenen dramatische Spannung zu geben! Welch ernsthaftes Nachdenken gehörte dazu, jene Fülle lebendiger, meist trefflich und mitunter ganz meisterhaft gerathener Gestalten zu schaffen, aus denen die handelnden Massen bestehen mußten, wenn sie wirklich in dramatische Bewegung gesetzt werden sollten. Hauptmann hat in diesem Schauspiel den alten Satz erhärtet, der durch kein naturalistisches Renommiren umgestoßen werden kann: nicht nur das Talent, sondern auch der Fleiß macht den echten Künstler.
Doch damit sind wir schon in die kritische Zergliederung des Schauspiels gekommen, die wir eigentlich vermeiden wollten. Wir schließen mit dem Wunsche, daß unsere Mitglieder reichste Anregung aus dem ausgezeichneten Schauspiele schöpfen mögen.«

[Franz Mehring:] Hauptmanns Weber. In: Die Volksbühne 2 (Dezember 1893) H. 4. S. 3–6.

Welch unvergleichlich mitreißende Wirkung das Schauspiel auf diesen Teil des Volksbühnenpublikums hatte, bezeugt der Premierenbericht im *Kleinen Journal*:

»– Die Freie Volksbühne versetzte gestern Nachmittag ihre Mitglieder in eine gewaltige Aufregung. Sie brachte im National-Theater Hauptmanns ›Weber‹ zur Darstellung, die im März d. J. bereits von der ›Freien Bühne‹ vor den Radikalen des Berliner Premièren-Publikums und im verflossenen Oktober von der ›Neuen Freien Volksbühne‹ vor den gemäßigteren Elementen des Volksbühnen-Publikums mit großem Enthusiasmus aufgenommen worden sind. Gestern nun, wo die schärfsten Vertreter des vierten Standes den Zuschauerraum bis zum letzten Plätzchen unterm Dache füllten, übte die Tragödie des Hungers eine Wirkung aus, wie man sie ähnlich wohl in unseren deutschen Theatern noch nicht wahrgenommen hat. Schon die ersten Akte mit ihrer unbemerkbar sanft ansteigenden Handlung fesselten die Menge in ganz außergewöhnlicher Weise. Den episch-breiten Schilderungen des Hunger-Elends folgten die Leute mit einer Aufmerksamkeit, die deutlich genug bekundete, daß hier der künstlerische Genuß weit zurückgedrängt wurde von dem Interesse an dem historischen Ereigniß, das der Dichter in szenischen Bildern wiedergab. Höhnisches Lachen begleitete die naive Demuth der verhungerten Weber, sobald sie – in den ersten Akten – vor dem Arbeitgeber oder vor der Polizei zu Kreuze krochen. Bei den hochmüthigen Reden des Fabrikanten und des Gendarms lag eine Spannung auf den Gesichtern der Zuschauer, daß man jeden Augenblick einen Ausbruch der Wuth erwarten konnte. Zarter angelegte Gemüther ließen bei den traurigen Vorgängen des zweiten Aktes, der allen Jammer einer Weberfamilie vor Augen führt, ein theilnahmsvolles Schluchzen ertönen. Als nun aber der Vortrag des revolutionären Weberliedes die erste dramatische Bewegung brachte, da gab es kein Halten mehr in den Reihen der Volksbühnen-Mitglieder. Die Wuth der auf der Bühne zur Empörung schreitenden Weber fand ein vollklingendes Echo in dem Zorn der aufgestachelten Zuschauer. Das nervöse Zischen, das anfänglich jede Beifallsstörung zu unterdrücken suchte, nur damit kein Wort von dem Evangelium der auf der Bühne agirenden Kapitals-Stürmer verloren gehe, verlor sich bald unter dem tobenden Beifall, den der arbeiterfreundliche Ausgang des Aufruhrs – auf der Bühne fand.«

In: Das Kleine Journal. Zeitung für alle Gesellschaftsklassen. Nr. 400. 4. Dezember 1893. Morgen-Ausgabe. S. 3.

Hauptmanns Weber im »Deutschen Theater«, Berlin

Als endlich am 25. September 1894 im soeben von Otto Brahm übernommenen »Deutschen Theater« die erste öffentliche Aufführung der *Weber* stattfand, kam dies einer

Otto Brahm und Gerhart Hauptmann während eines
Spaziergangs auf dem Wiesenstein.
Photographie, 1906

Sensation gleich. Begleitet von demonstrativen Beifallsbekundungen und lautstarken Reaktionen des Premierenpublikums, darunter neben Repräsentanten des literarischen Lebens auch führende Vertreter der Sozialdemokratie, nahm der Abend sehr rasch Formen an, die über den bloßen Theateranlaß hinausgingen. So berichtet der Rezensent des *Berliner Tageblatts*:

»Vor einem bis unter den Deckenplafond gefüllten Hause, gefüllt mit einem Publikum, das allen Schichten der Bevölkerung angehörte, und in dem parlamentarische Notorietäten, die ebenso bemerkt wurden wie Berlins literarische Notorietäten, die beinahe vollzählig erschienen waren, gingen Gerhart Hauptmanns ›Weber‹ gestern abend im Deutschen Theater, zum ersten Mal auf einem regulären Theater, mit ungeheurem Erfolge in Szene. Das Beifallsgebrause begann in unerhörter Stärke schon nach dem ersten Akte, und nach jedem weiteren der fünf Akte wiederholte es sich, ohne sich steigern zu können, weil eine Steigerung das in einem Theaterraum Mögliche überschritten haben würde. Wer möchte die Elemente, aus denen sich dieser mehr als demonstrative, dieser offensive Beifall zusammensetzte, mit Bestimmtheit voneinander scheiden. In dem stürmisch bewegten Hause hätte man, selber erregt, schwerlich die numerische und akustische Stärke, mit der die einzelnen Beifallsmotive sich kundgaben, abschätzen mögen. Nur eines steht außer Frage: hätte die Dichtung nicht als solche mächtig gewirkt, es hätten Nebenmotive einen so ungewöhnlichen Sieg nicht erringen können. Nein, der größte Theil des Erfolges war ein literarischer, ein rein literarischer Erfolg; das gewaltige Drama der Noth griff den Zuhörern ins Herz; es bewegte sie, wie mir schien, noch mächtiger als bei jener ersten Aufführung durch die ›Freie Bühne‹, die die hinreißende Kraft des Dramas schon damals bewies. Ein weiterer, beträchtlicher Theil des Erfolges kommt auf Rechnung der Aufführung, die in einzelnen Theilen ganz unübertrefflich, im Ganzen die beste war, die das neue Deutsche Theater bisher vorgeführt hat. Sicherlich spielten auch andere Motive kräftig in das Resultat hinein. Es ist zweifellos, daß ein Theil der Zuschauer gegen das Polizeiverbot demonstriren wollte, das erst durch das Oberverwaltungsgericht beseitigt werden mußte. Es ist auch zweifellos, daß literarische und politische Parteibegeisterung mit im Spiele war. Und ebenso ist es sicher, daß die Première nicht diesen sensationellen Anstrich erhalten hätte, wären die ›Weber‹ glatt und nicht erst nach einem Polizeiverbot und einem merkwürdigen Gerichtsverfahren auf eine ständige Bühne gekommen. Die Einmischung der Polizei in Kunstangelegenheiten hat hier, wie bisher noch immer, den entgegengesetzten Erfolg von dem, der beabsichtigt war, gehabt: sie hat aus dem einfach gegebenen und einfach aufgenommenen Ausdruck einer Seelenstimmung und Geistesrichtung eine cause célèbre gemacht von ganz gemischtem Charakter – theils literarische Demonstration, theils politisch-soziale Demonstration, jedenfalls eine Demonstration, die den Vertheidigern des elementaren Rechtes auf freien Ausdruck der Gedanken und Stimmungen einen Triumph bereitet hat und seinen Gegnern, wenn sie zu belehren wären, die Überzeugung hätte beibringen müssen, daß ein Versuch zur Eindämmung jenes Rechtes ebenso albern wie unnütz ist.«

[O. N. H.:] In: Berliner Tageblatt. Nr. 489. 26. September 1894. Morgen-Ausgabe. S. 3.

Friedrich Dernburg (1833–1911) gar erinnert in seiner Premierenkritik an Beaumarchais' Lustspiel *Der tolle Tag oder Hochzeit des Figaro* (1778), das unter spanischem Deckmantel die angriffslustigsten vorrevolutionären Stimmungen in Frankreich auf die Bühne brachte und bei seiner Aufführung am Vorabend der Revolution als Signal einer neuen Epoche umjubelt wurde.

»An diesen Theaterabend im Hause der Schumannstraße wird man sich lang erinnern. Was einer von den Webern des Hauptmannschen Stückes ausspricht: ›es liegt etwas in der Luft‹, das galt so gut für das Publikum wie für die Helden der Bühne.

Auch kaltblütige Leute werden Mühe haben, auseinander zu wirren, was gestern Abend diese sensationelle Spannung über ein bereits bekanntes Schauspiel ausbreitete. Denn was hat nicht alles zusammengearbeitet: die genialen Blitze, mit denen der Dichter in die Tiefen gequälter, armseliger Existenzen hinableuchtet, eine Regie, die in den fortwährend wechselnden Bildern nichts dem Zufall überlassen hatte und mit raffinirter Berechnung den Effekten des Dichters den sensationellsten Rahmen gab; dann eine Schauspielerschaar, die, so verschieden sie an Talent und Bedeutung war, doch wie von einem gemeinsamen Geiste ergriffen und getragen wurde. Wie durch Suggestion muß es über sie gekommen sein, daß sich alle als Proletarier fühlten und gaben, auch solche Künstler, deren feinere Natur dergleichen Züge abzuweisen schien.

Und mit einem Schlage hatte sich jene innige Verbindung zwischen Publikum und Bühne hergestellt, die aus diesen beiden scharf getrennten Hälften des Hauses eine Einheit schuf, die Zuschauer in ihren Empfindungen fast zu Mithandelnden in dem wilden Drama vor ihnen machte.

Wie in einer stürmisch bewegten Volksversammlung ein Massengeist waltet, der auch ruhige Naturen ergreift, wie man bei Rebellen gesehen hat, daß bisher vollständig Unbetheiligte, Neutrale von einem Taumel erfaßt werden und wilden Thaten sich anschliessen, so sah man einen Theil wenigstens des Publikums den rasenden Zerstörungsthaten auf der Bühne zujubeln. Rufe aus den Höhen des Saales ermunterten die den Saal des Fabrikanten plündernden Haufen, noch kräftiger zuzulangen. Und als der Vorhang über der Szene fiel, ließ der frenetische Jubel, der sich austobte, es ungewiß, ob die dichterisch-szenische

Darstellung oder die That als solche so begeisternd gewirkt hatte. [...]
In Gehirn und Adern der schlesischen Weber ist sozialdemokratisches Blut von heute infiltrirt worden; es rollt und schäumt mit ganz anderer Macht, als die dürftige Ideenwelt der Opfer jener kläglichen Periode dies thun konnte. Schon das äußere Aufgebot von Lärmen, Schreien, Singen, das Glockenläuten, Trommeln und Schießen hat etwas die Nerven Erregendes, Sensationelles. Wer konnte sich dem entziehen? So wenig wie einem Wagnerischen Nervenbohrer. [...]
Solche Stücke werden *so* gegeben und *so* aufgenommen, ›wenn etwas in der Luft liegt‹. Man war gestern manchmal geneigt, an das gepuderte Publikum des ›Theatre français‹ zu denken, als es dem Stücke von Beaumarchais zujubelte. Aber *gemacht* hat die ›Hochzeit des Figaro‹ so wenig die französische Republik, wie die ›Weber‹ Hauptmanns die soziale Revolution hervorrufen werden. Der größte Fehler, der gemacht werden könnte, bleibt der, auf Symptome kuriren zu wollen.
Gab es keine Opposition? Jedenfalls zeigte sie sich nicht. Die Achtung vor der literarischen Leistung hielt manche Gegner zurück, und manche Fäuste wurden im Sack geballt – mehr oder minder kräftig. Das hat allerdings das Bild etwas verwischt.«

[Friedrich] D[ernburg]: Nach der Vorstellung der *Weber*. In: Berliner Tageblatt und Handelszeitung. 26. September 1894.

THEODOR FONTANE (1819–1898), der die Premiere im Deutschen Theater von seinem angestammten Platz im Parkett aus verfolgt hatte, ließ es sich nicht nehmen, dem neuen Leiter des Hauses an der Schumannstraße persönlich seine Anerkennung zu übermitteln. Unter dem Datum des 27. September 1894 schreibt der fast 75jährige an Otto Brahm:

»Teuerster Doktor und Direktor.
Allerherzlichste Glückwünsche zu dem großen Erfolg. Ich hätte Ihnen dies schon gestern ausgesprochen, doktorte aber an einem Artikelchen herum, zu dem mich meine Erregung und der Wunsch, doch auch noch mit dabei zu sein (›letztes Aufgebot‹), drängte. Das Stück ist vorzüglich, epochemachend. Ob jemand dran herumtadelt, meinetwegen selbst mit Recht, ist gleichgültig. An Bismarck wird auch herumgetadelt (ich mit), er bleibt aber Bismarck, und das ist gerade genug. Sprechen Sie dem liebenswürdigen Dichter, der mal wirklich einer ist und ein Mensch dazu, meinen herzlichsten Dank aus. Auch Freund Schlenther hat sich wieder glänzend bewährt. Der heutige kleine Essay scheint mir ein Nummer-eins-Stück.
Mit dem Wunsche, daß, wie die deutsche Literatur ein Prachtstück, so das Deutsche Theater ein Zug- und Kassenstück gewonnen haben möge, unter schönsten Grüßen von meiner Frau (die ganz baff war)

Ihr Th. Fontane«

Zit. nach: Gerhart Hauptmann. Leben und Werk. Katalog zur Gedächtnisausstellung des Deutschen Literaturarchivs zum 100. Geburtstag des Dichters im Schiller-Nationalmuseum Marbach a. N. Hrsg. von Bernhard Zeller. Stuttgart 1962. S. 83f.

Bei dem von Fontane angesprochenen «Artikelchen«, handelt es sich um einen für die *Vossische Zeitung* bestimmten Beitrag, der jedoch erst 1898 im *Literarischen Echo* veröffentlicht wurde. In ihm ergreift der »Veteran«, wie er sich selbst tituliert, zum letzten Mal als Kritiker der Berliner Theaterszene das Wort:

»Gestatten Sie, nachdem Ihr P[*aul*] S[*chlenther*], bereits gesprochen, auch noch einem Veteranen ein Wort über Gerh. Hauptmanns ›Weber‹.
Es ist ein Drama der Volksauflehnung, das sich dann wie-

der, in seinem Ausgange, gegen die Auflehnung auflehnt, etwa nach dem altberlinischen Satze: ›das kommt davon.‹
Was Gerh. Hauptmann für seinen Stoff begeisterte, das war zunächst wohl das Revolutionäre darin; aber nicht ein berechnender Politiker schrieb das Stück, sondern ein echter Dichter, den einzig das Elementare, das Bild von Druck und Gegendruck reizte.
Die ›Weber‹ wurden als Revolutionsdrama gefühlt, gedacht und es wäre schöner und wohl auch von unmittelbar noch mächtigerer Wirkung gewesen, wenn es sich ermöglicht hätte, das Stück in dieser seiner Einheitlichkeit durchzuführen. Es ermöglichte sich aber nicht und Gerh. Hauptmann sah sich, und zwar durch sich selbst, in die Nothwendigkeit versetzt, das, was ursprünglich ein Revolutionsstück sein sollte, schließlich als Anti-Revolutionsstück ausklingen zu lassen. Es ließ sich nicht anders thun, nicht blos von Staats- und Obrigkeits-, sondern, wie schon angedeutet, auch von Kunst wegen. Todessühne, Zugrundegehn eines Schuldigen, das ist ein Tragödienschluß, Radau und Spiegelzertrümmerung nicht. Das ist einerseits zu klein, andrerseits die reine Negation. Wir wollen das Unrecht unterliegen, aber zugleich auch das Recht (das kein absolutistisches zu sein braucht) triumphiren, sich als rocher de bronce stabiliren sehn. Was triumphirt, muß des Triumphes würdig sein. Hier aber, im Schluß des 4. Aktes, hätte der revolutionäre Sieg nichts bedeutet, als – was zu wenig ist – den Sieg der Rache. Das Einsehen davon schuf den 5. Akt. Auch in ihm, – wiewohl er nicht blos ein Verstandes- sondern sogar ein Widerspruchsprodukt ist – bewährt sich noch Gerh. Hauptmanns großes dichterisches Talent, aber doch mit der Einschränkung, die sich aus dem alten ›gebt ihr euch einmal für Poeten, so kommandirt die Poesie‹, von selbst ergiebt.
Der 5. Akt ist ein Nothbehelf, ein Zwang, aber, was uns trösten muß, ein Zwang, der nicht blos in Klugheitserwägungen oder wohl gar in von aussen kommenden Einflüssen,

sondern viel viel mehr in der eigenen Einsicht von der Unvermeidlichkeit einer solchen Zuthat wurzelt.
Daß dadurch etwas entstand, was revolutionär und antirevolutionär zugleich ist, müssen wir hinnehmen und trotz des Gefühls einer darin liegenden Abschwächung doch schließlich auch gutheißen. Es ist am besten so. Denn das Stück erfüllt durch dieses Doppelgesicht auch eine doppelte Mahnung, eine, die sich nach oben und eine andere, die sich nach unten wendet und beiden Parteien ins Gewissen spricht.
In einer gewissen Balancirkunst des 5. Aktes gegen die vier voraufgegangenen, erinnert das Stück an Schillers Tell.«

Zit. nach: Ebd. S. 82 f.

Mehr und mehr traten in den Aufführungsbesprechungen ästhetische Fragestellungen in den Hintergrund. Das Interesse galt nunmehr vorrangig den Publikumsreaktionen und damit verbunden dem weltanschaulichen Gehalt des Dramas. Darüber hinaus nahm die konservative Presse die Aufführung im »Deutschen Theater« zum Anlaß, nicht allein gegen das Stück und seinen Autor Position zu beziehen, sondern Otto Brahm heftig anzugreifen. So sieht Leo Leipziger (1861–1922) den Niedergang des »Deutschen Theaters«, der sich seit der Übernahme des Hauses durch Otto Brahm angekündigt habe, mit der Aufführung der *Weber* nunmehr endgültig besiegelt.

»*Im Foyer.* Mit Trampeln und Radau hat die Sozialdemokratie gestern Abend ihren Einzug in das Deutsche Theater gehalten und dank der geschickten Arrangements der im Parquet sitzenden Festordner Singer und Liebknecht mit ihrer rothen Fahne einen Sieg erfochten. Die Vertrauten der Partei, durch ihre Brasidasse wohlinstruirt und geschickt vertheilt, brüllten ihrem neuen Nationaldichter Hauptmann jubelnd zu, und das vornehme Haus in der Schumannstraße

erdröhnte zum ersten Male seit seinem Bestehen von dem Gepolter schmutziger Stiefel. Dies wäre an sich nicht wunderbar und der Erwähnung werth. Etwas weit Schlimmeres geschah. So mancher Bourgeois aus Berlin W., die Salon-Revolutionäre, die als Schwiegersöhne mehrfacher Millionäre sich alljährlich den Luxus eines Durchfalls bei einer freisinnigen Wahl leisten können, die Dichter, denen der wahrhaft vornehme Ton eines anständigen Vorderhauses zeitlebens ein unergründliches Geheimniß bleiben wird, die Damen mit den gefärbten Haaren und den Brillanten in den Ohren – sie Alle klatschten mit den Rothen Brüderschaft und erbrachten den unumstößlichen Beweis ihrer Feigheit, ihrer Unkenntniß und ihrer geistigen Inferiorität. Wir freuen uns, daß jenes an und für sich vollständig gerechtfertigte Verbot der Aufführung der ›Weber‹ aufgehoben worden ist. Denn wir haben hierdurch an einem eclatanten Falle konstatiren können, auf welch niedrigem geistigen Niveau ein Bruchtheil unseres sogenannten guten Premièren-Publikums steht. Es ist allerdings eine merkwürdige Erscheinung, daß dieselben Leute, welche soeben noch der Revolution gegen Besitz und Kapital zujubelten, nachher ruhigen Gemüths auf Gummirädern zu Uhl und Dressel fahren können, um dort, voll von der Größe und der dichterischen Leistung Gerhart Hauptmann's Austern und Hummern mit Wohlgefallen zu verzehren.
Sind denn diese Leute so naiv oder so beschränkt, um nicht vor den Beifallsstürmen zu erschrecken, welche bei den Stellen auf offener Szene das Haus durchtosten, in denen Aufruhr gegen unsere Gesellschaftsordnung und die Regierungsgewalt gepredigt wird? Sind sie so harmlos, um zu meinen, daß dereinst, wenn die soziale Frage, was Gott verhüten möge, zum blutigen Ernste wird, das Proletariervolk sie verschonen wird, weil sie gestern Abend im Deutschen Theater Beifall geklatscht haben?
Ist es nicht der reine Hohn, daß gerade jene Kreise Herrn

Brahm die Mittel dazu gegeben haben, um der Sozialdemokratie gestern Abend zu einem Triumphe zu verhelfen. Und doch müssen wir zu unserer Genugthuung konstatiren, daß *die große Mehrzahl* der Parquet- und Logenbesucher die Hände nicht rührte und ruhig, wenn auch verwundert, den vergeblichen Protest gegen die rohe Gewalt der Galerie aufgab.

Mit dem gestrigen Abende hat der neue Theaterleiter die Unterminirungsarbeit, welche er von Anfang an so geschickt begonnen, glänzend zu Ende geführt: *das Deutsche Theater ist nicht mehr*, und an dieser Thatsache wird der Umstand nichts ändern, daß die Bühne infolge der leider so reichlich zugemessenen Privatmittel noch eine Weile fortvegetiren wird. Mit Bedauern mag L'Arronge auf seinem Ruhesitze im Süden die Kunde von dem jähen Niedergange seines trefflichen Instituts vernehmen. Wir nehmen Abschied von dem entweihten Kunsttempel in der Schumannstraße und blicken hoffnungsfroh nach dem dem Apoll und den Musen geweihten königlichen Schauspielhause. Für dieses Institut ist jetzt der Moment gekommen, die ehemalige Hegemonie der deutschen Bühnen wieder zu übernehmen, und es war gut und bezeichnend, daß gerade am gestrigen Abend ›Das Leben ein Traum‹ mit der trefflichen Leistung Matkowsky's dort aufgeführt wurde. Möge dort die wahre Kunst läuternd und veredelnd auf die Theaterbesucher wirken und Herrn Brahm die Tragödie des Hungerns zur Tragödie der leeren Bänke werden.«

Dr. L. [d. i. Leo Leipziger]. In: Das Kleine Journal. Zeitung für alle Gesellschaftsklassen. Nr. 339. 26. September 1894. S. 4 f.

Erste Weber-Inszenierungen des 20. Jahrhunderts

Mochte die Freigabe des umstrittenen Dramas für das »Deutsche Theater« auch einem Fanal gleichkommen, an der Aktualität des *Weber*-Verbots änderte sie nichts. So wandten sich in der Folgezeit zahlreiche örtliche Verwaltungsbehörden, die von ihren Stadttheatern um eine Aufführungsgenehmigung ersucht worden waren, an das Berliner Polizeipräsidium und erbaten Auskünfte hinsichtlich der Möglichkeit und Handhabung einer juristisch fundierten Verbotsverfügung. Das besondere Augenmerk seitens der Obrigkeit, das den *Webern* von Anbeginn zugekommen war, blieb jedoch nicht auf Deutschland beschränkt. Erst 1904 wurde das Stück z. B. in Wien für das Theater freigegeben, und im zaristischen Rußland galten *Die Weber* als verbotene Literatur. Das gleiche Schicksal ereilte auch die von Ernesto Gagliardi erstellte italienische Übersetzung *I tessitori*. Verboten wurden die *Weber* in Prag, in ganz Ungarn und in einigen Städten der USA. Dort allerdings, wo es im Ausland zu Aufführungen kam, zeichneten sich die Veranstaltungen durch einen eindeutig politischen Charakter aus. So wird berichtet, daß die erste Aufführung in Breslau 1895 unter lebhafter Anteilnahme der massenhaft erschienenen Sozialisten verlief. Man habe rote Fahnen geschwungen und nach Schluß der Vorstellung die Marseillaise abgesungen. Ein Jahr zuvor war die erste amerikanische Aufführung unter der maßgeblichen Beteiligung des Anarchisten Johann Most in New York über die Bühne gegangen. Und für die erste Londoner Aufführung 1899 zeichneten Mitglieder der Kommunistischen Arbeiterunion verantwortlich.
Als Otto Brahm 1905 im Berliner Lessing-Theater eine Neuinszenierung der Weber in der Regie von Emil Lessing veranstaltete, wurde die Aufführung vor dem aktuellen Hintergrund der Bergarbeiterstreiks im Ruhrgebiet und der russischen Revolution gesehen. Brahm zögerte nicht, so Peter Sprengel, diesen »Bezug durch eine Benefizvorstellung

Emil Orlik: Die Weber. Plakat für die Aufführung der *Weber* im Großen Schauspielhaus Berlin, 1922
Lithographie nach einem Entwurf von 1897

zugunsten der Bergarbeiter werbewirksam zu unterstreichen« (Sprengel, 1984, S. 94).

Anlaß zur Aktualisierung tagespolitischer Fragen bot später insbesondere Karlheinz Martins Inszenierung der *Weber* im Großen Schauspielhaus Berlin, die am 20. Juni 1921 ihre Premiere feierte. Die Ausmaße des von Hans Poelzig entworfenen Großraumtheaters forderten nicht nur eine breit angelegte, flächige Darstellung und Bewegung, wie sie dann vor allen Dingen in den Massenszenen wirksam ausgespielt werden konnte, sondern erzwangen auch auf Kosten sprachlicher Nuancierung eine Überdeutlichkeit im Sprechen. So kritisiert ALFRED KERR (1867–1948):

»I.

„Dies wundervoll gebaute Werk. So reich wie knapp, wird noch in hundert Jahren der ›Wilhelm Tell‹ einer empordringenden Menschheitsgruppe sein.
Das Erinnerungsmal versprengter Schande. Das Gleichnis der Selbstbesinnung. Der Ruf zum Aufbruch.
Ein bonapartisches Wort bleibt heute zu wandeln ... etwa: ›Die Weber – c'est le 9 novembre déja en action‹. Der Marsch dieser Hungerleider, von Peterschwalde her, ist ein ziemlich langer Marsch. Er dauert noch. Nun sind sie in Moskau. Vielleicht brechen sie dort zusammen; werden auferstehn und weiter marschieren, marschieren, marschieren ... bis in die glückselige Stadt, wo Friede und Freude kein Ende mehr hat. [...]

II.

Wollte sagen: dies Werk ist ein Drama, worin mehr als in einem Drama ruht.
Eine Zusammenfassung; wo bloße Volkswirtschaft zur Menschlichkeit geworden ist – und Menschlichkeit zur Kunst. Ecco.
Drei Kerle stecken hier in einem. Ein Kerl, der weiß; ein Kerl, der fühlt; ein Kerl, der malt. Zugleich und nebeneinander. Suchen sollt ihr das. Zudem ein Heimatskünstler, der alle Reuters weit unter sich, in eines Senkbleis Tiefe, läßt. Hochzeit von Brust und Hirn. Von Gewissen und Formerlust. Von Tat und Gedanken. Kurz: von Ethos und Kunst.

III.

Der vielumfaselte ›Rhythmus‹ liegt hier im Werk. Nicht losgelöst. Nicht ›an sich‹. Nicht Rhythmus des Tapeziers. Ein inneres Muß, das Schauspiel im Zirkus zu geben, lag nicht vor. Es enthält sehr viele Menschen mit irgendeinem Sonderzug mitten im Gewühl. Bleiben sie nun im Raum verloren: so sind gestufte Züge (wem sagt man das?) minder unterscheidlich als im geschlossenen Theater. Das Räumliche zwingt hier zur Lautheit; zum Unterstreichen; zum Verdicken.

[...]

Vergröberungen sind hier notwendig. Stufungen fast ausgeschlossen. Herrliche Besonderheiten von Hauptmanns Sprache schwinden ungehört – ungewesen.

Zwang für die Schauspieler samt und sonders, überdeutlich zu sprechen. Der Dialekt weicht einer theatralischen Phantasiesprache. Boten der Unechtheit auf Schritt und Tritt. Dabei dennoch fortreißende Gesamtwirkungen. Sehr viel Getümmel. Ein starkes Trescendo – nicht im Aufbau des Ganzen, doch in manchem Abschnitt.

IV.

Soll ich ein Beispiel geben? Winke mit dem Zaunpfahl an Aktschlüssen ... anstelle der Schraffierung; der durchgegliederten Beseelung. Etwa folgendermaßen.

Daß der alte Ansorge bei den Plünderern halb ungläubig-staunend umherblickt – dafür ist kein Raum im Zirkus. Sein Eintritt wird gewissermaßen hörbar mit Glockenzeichen angedeutet; er muß nach vorn, Gruppenbildung, sichtbare Vorbereitung im Aufstellen, Finale ... und nun wird effektvoll der Schluß (für den Zirkus mehr nötig, als für das geschlossene Theater; im Buch nicht vorhanden) eingelegt oder wiederholt – nämlich ein Gesamtruf nochmals gegen den Fabrikherrn: ›Arm soll er werden!‹ mit dem nun zugedichteten Chorbeisatz: › ... wie wir‹. Bissel Schrei-Expressionismus.

Oder: das Kind, das Enkelkind des alten Hilse, soll ja vor dem toten Großvater nur erschrecken, den Finger in den Mund nehmen und ›vorsichtig herankommen‹, – im Zirkus muß das Kind jammern, weinerliche Heultöne mauzen: damit es der Inhaber des Platzes Nr. 3004 merkt. [...]

V.

Er [Martin] arbeitet im ganzen wacker mit einer Fülle gleichgültiger Schauspieler. Keine besonderen Namen? Schön. Aber auch keine besonderen Kräfte? ... Der Abstand gegen früher, wenn man die Wahrheit sagen soll, ist furchtbar.«

Alfred Kerr. In: Berliner Tageblatt. Nr. 287. 21. Juni 1921. Abendausgabe. –

Stellt Kerr in seinem Beitrag nur kurz einen kritisch pointierten Bezug zwischen den *Webern* und den revolutionären Ereignissen in Rußland her, so unterstreicht NOBERT FALK (1872–1932) die aktuelle politische Bedeutung der Inszenierung:

»Selten wohl, vielleicht niemals, hat eine Weber-Aufführung einen derart unmittelbaren Ausbruch restloser Hingegebenheit hervorgerufen. [...] Wie sehr auch das naturalistische Aufruhr-Stück von Hauptmann fern von jeder Tendenz, aus tief menschlichem Anteil am Leiden eines armen Volkes verhungernder Weber heraus gestaltet ist, unpolitisch, wie der Dichter selber ist, – diese Tragödie eines durch Hunger und Verzweiflung zu schlecht organisiertem Aufstand aufgepeitschten Volkes hat heute, in Zeitläufen sozialer Unruhe und Umbildung, denn doch ein anderes Gesicht als in den Tagen, da es auf den Plan trat, und Dinge, die einmal lediglich durch ihre dichterische Gewalt die Gemüter ergriffen, werden schon rein stofflich für eine große Schicht ›Tendenz‹ bekommen. Wenn heute der vom Militär heimgekommene Moritz Jäger die apathischen Weber zur Auflehnung anfeuert und die Wohnung des Fabrikbesitzers mit Hacke und Brecheisen zertrümmern läßt, so hat das eben aus sich heraus ›Tendenz‹. [...]
Das Weberstück steht heute, nach dem Erlebnis von Krieg

und Revolution, nach den Hungerjahren eines ganzen Volkes in anderer Beleuchtung da; das Licht von 1921 ist greller als das von 1892.«

In: Berliner Zeitung am Mittag. 21. Juni 1921.

Nicht eine »Revolutionsstimmung des Tages«, so Herbert Jhering (1888–1977), sondern die »ewige Revolution des Gefühls« bewirke Hauptmanns Drama.

»Vielleicht ist erst das die Bestätigung eines Kunstwerkes, daß es die Wirkung, die es ins Leben gestrahlt hat, aus dem Leben zurückerhält. Ich meine das nicht in dem banalen Sinne, daß eine Tendenz, die durch die Entwicklung der Zeit bekräftigt wurde, der Dichtung von außen neue Effekte zuträgt. Ich meine, daß ihr geheimster schöpferischer Wille: ihr Geist und ihr Menschenausdruck atmosphärisch die Zeit durchdringt und so sehr Bestandteil des allgemeinen Fühlens und Denkens wird, daß das Publikum ihn noch einmal schafft.

Um alle großen Dichtungen ist dieses Geheimnis der doppelten Produktivität. Wenn sie ihre Zeit gestaltet haben, werden sie selbst von späteren Zeiten gestaltet. Wenn sie die Vorstellung der Menschheit bereichert haben, werden sie selbst wieder von dieser Vorstellung bereichert. Sie wachsen. Sie werden Überlieferung. Sie werden Sage. Der Lichtkreis von Anonymität, den sie um sich tragen, schließt sie gegen den Wandel des Urteils und des Geschmacks ab.

Von den deutschen Dramen der letzten fünfzig Jahre haben zwei die Schöpferkraft dieser höheren Anonymität: Gerhart Hauptmanns ›Florian Geyer‹ und ›Weber‹. Gewiß war gerade gestern an manchem Einzelbeifall zu spüren, daß die gewaltige Wirkung der ›Weber‹-Vorstellung auch auf die Revolutionsstimmung des Tages zurückging, daß das Stück als Tendenzdichtung des Augenblicks empfunden wurde. Aber was in der Tiefe das in seiner politischen Gesinnung vielfältig gemischte Publikum zusammenschloß, war nicht die aktuelle Revolution eines Programmes, es war die ewige Revolution des Gefühls. Die Revolution als Aufruf, als Protest, als brennender Haß ist in dem fortreißenden Gedicht von Heine: ›Die schlesischen Weber‹. Die Revolution der Menschenliebe, die Empörung des Erbarmens ist in Hauptmanns Drama.

Daß die Aufführung mehr das Gedicht von Heine als das Drama von Hauptmann spielte, war durch das Große Schauspielhaus gegeben. Weil alle fünf Akte der ›Weber‹ in Zimmern vor sich gehen, also nur auf der geschlossenen Bühne zur Geltung kommen, mußte der Schauplatz ausschließlich auf die Hinterbühne verlegt werden (zu dem Arenaparkett des ›Sommernachtstraums‹ war noch ein Orchesterparkett gekommen). Weil aber auf der Hinterbühne wegen der großen Entfernung von den Rängen nicht wie sonst auf der Guckkastenbühne zu spielen war, mußte als Aufführungsstil der frontale Ausdruck der Arenadarstellung gesucht werden. So entstanden Widersprüche zwischen der inneren Stärke des dichterischen Wortes und der äußeren Kraft der Darsteller. Dialekt kann nur als Dialog zwischen Partnern oder als intime Anrede ans Publikum gesprochen werden. Nicht als ein Pathos, das aus sich selbst lebt. [. . .]

Der Erfolg des Abends war ungeheuer. Die elementare Innigkeit der Dichtung, ihre Menschenandacht, ihre revolutionäre Liebeskraft übertrug sich trotz dieser Darstellung, die gerade das Menschliche tilgte, um die Wirkungen auf sich zu stellen. Aber wird es heute auch in einem anderen Raum eine im wesentlichen Hauptmann nähere Darstellung überhaupt geben können? In einzelnen Leistungen, in der Dämpfung der Grundfarbe. Doch daß der Naturalismus heute noch fruchtbar für die Schauspielkunst wird, glaube ich nicht. Zur Zeit seiner Herrschaft bestätigten ihn die führenden Schauspieler. Heute widersprechen sie ihm. Und es kann keine bessere Antwort auf die Frage geben, als daß gerade die schwachen Schauspieler in dieser Vorstellung gefördert, die starken gehemmt wurden.

Früher war die Beurteilung des Schauspielers auf das Detail eingestellt. Wenn man sich dahin zurückfinden wollte, könnte man einige hysterische Schreie von Helene Burger, die Diskretion Paula Ebertys erwähnen, müßte man sich auf die Kritik von Masken und realistischer Sicherheit des Dialekts beschränken. Wenn man aber auf das Wesentliche ausgehen will, so gibt es nichts, was im Gedächtnis bleibt, außer dem Genie Gerhart Hauptmanns, das, obwohl es durch die Darstellung unerlöst blieb, durch seine Selbstherrlichkeit siegte.«

Herbert Jhering: Die Weber. Großes Schauspielhaus. In: H. J.: Von Reinhardt bis Brecht. Vier Jahrzehnte Theater und Film. Bd. 1: 1909–1923. Berlin/Weimar: Aufbau Verlag, 1958. S. 206–209 (hier: S. 206 f., S. 209). –

Die Berliner Aufführung im Staatlichen Schauspielhaus 1928 stand weitgehend im Zeichen der Kritik an Leopold Jessner, der als Intendant des Staatstheaters zu Beginn des Jahres von den verschiedensten Seiten, darunter auch sein Freund und Kollege Herbert Jhering, angegriffen worden war. Mit seiner *Weber*-Inszenierung, die am 4. Februar 1928 ihre Premiere hatte, gewann sich Jessner das Publikum zurück, auch wenn sein Stil der »neuen Sachlichkeit«, der durch die Bühnenbilder Robert Neppachs maßgeblich unterstützt wurde, sehr kontroverse Urteile fand. So ist bei Walter Steinthal zu lesen:

»Man verlangt, schon in der Pause, frenetisch das Haupt des Intendanten . . ., aber um es zu kränzen. Ein stürmischer Sieg der Anhänger Jeßners. Nach einem monatelangen Kampf, der in den Kanzleien, Ministerien, Redaktionen und hinter den Kulissen tobte. Jeßner, vielfach angefeindet, ist gerettet – hat durch die einfachste Geste des Arbeiters, die Arbeit, sein Existenzrecht noch einmal bewiesen. Der sehr gewaltige Beifall war ein bißchen Demonstration, und sogar ein bißchen zu deutlich, und es roch, mit dem Par-

Szenenphoto aus der Erstaufführung der *Weber*
im Staatlichen Schauspielhaus, Berlin, 1928
(Regie: Leopold Jessner; Bühnenbild: Robert Neppach;
Darsteller: Carl Goetz, Veit Harlan, Maria Koppenhöfer,
Lothar Müthel, Alexandra Schmitt u. a.)

kettaufgebot von Verständigungsministern und demokratischer Zeitungschefs, die das Klatschen ermunterten und streng beaufsichtigten, ein bißchen ominös nach Politik . . ., aber sei's darum! Der Übereifer gilt einer Sache, die mindestens Eifer verdient.

Von dieser ›Weber‹-Aufführung haftet am stärksten:

Die stumme, verhaltene, verdrückte Demolierungs-Szene. Zusammengepreßte Dramenkraft darin, ein unheimlich vorwärtsdrängendes Schweigen, eine beklemmende, schleichende Geräuschlosigkeit – ein Sieg ohne Hoffnung, schon Vorwegnahme des Zusammenbruchs. Auf die Spitze getrieben, vielleicht ein bißchen ›originell‹, Karl-Heinz Martin

einmal und dann der ›Weber‹-Film – dieser natürlich auf Umwegen – hatten es krachen lassen, das war nicht mehr zu überbieten, ein neuer Grundton dieser Zentralszene mußte gefunden werden, so wurde der Grundton der Tonlosigkeit dafür erfunden. Es wirkt sehr stark.
Ein letzter Akt besten schauspielerischen Aufmarsches. Wundervolles Ineinandergreifen, und keine Stars diesmal. [...]
Die Abstufungen weniger innerhalb der Einzelleistungen als im Gegeneinanderspiel der Typen; diese selbst aber primitiver, einheitlicher, psychologischer. Das ist die Nachkriegsklarheit, der Wille zum Hellen, zum Konstruktiven. Kein Maler, sondern ein Architekt, Robert Neppach, liefert das Bühnenbild, meist hohe, in die Winkel durchleuchtete Räume, nichts Schummriges, nichts Muffiges ... keine Liebe für Übergänge.
Aus dem gleichen Prinzip auch die Schwächen der Aufführung. Hauptmanns Dramatik braucht Übergänge. Der Weberaufmarsch ist, statt zu kommen, immer gleich da, die Rebellion, statt anzuschwellen, erscheint und explodiert. Das ist sehr jeßnerisch, aber dem Aufbau dieses Dramas etwas ungemäß. Im Film, besonders in der Musik Schmidt-Guenthers dazu, sah man den Weberaufstand wachsen und zerfallen, hier erlebt man nur seine Gegenwart. Diese freilich um so greifbarer: mit Heinrich Witte, rothaarig lodernd, Veit Harlan, schlau, voll eines gutgewachsenen ironischen Trotzes, Walter Werner, Margarethe Schön, Mathilde Sussin, Steffa Bernhard – und dem herrlich hartschädligen Fritz Valk.
Am mattesten das kapitalistische Gegenspiel im roten Plüsch, um Hans Leibelts ganz formatlosen, konventionellen Fabrikanten herum. Elsa Wagner, eine Fliegende-Blätter-Karikatur.
Alles in allem: ein sehr starker Abend.«

In: 12-Uhr-Blatt. (Berlin). 6. Februar 1928. Zit. nach: Theater für die Republik im Spiegel der Kritik. Hrsg. von Günther Rühle. Bd. 2: 1926–1933. Frankfurt a. M.: S. Fischer, 1988. S. 850 f. –

Und Alfred Kerr (1867–1948), dessen Humor Gerhart Hauptmann einmal ebenso bezwingend wie gefährlich nannte, schreibt im *Berliner Tageblatt*:

»I

Warum ist Hauptmanns Drama noch fortreißend – obschon es recht vergangene Zustände schildert?
Darum: weil es nicht nur ein ›Zeitstück‹ ist, sondern ein ... Kunstwerk. Darum: weil es nicht nur vorübergehend-soziale Tatsachen birgt, sondern Menschen. (Von zeitloser Gültigkeit.)

II

Mir ist, wie bei Piscator, ein Propagandawerk ohne Kunst schlimmstenfalls recht – weil Propaganda heute wichtiger ist als Kunst.
Aber ein Propagandawerk mit, mit, mit Kunst bleibt letztes Ziel.

III

Wo sind Zeitstücke, die man vor acht Jahren, vor fünf Jahren gesehen hat? weg!
Dies aber sah man vor vierzig Jahren – und es lebt: weil es ein Kunstwerk ist.

IV

Ja, die ›Weber‹ sind heute kein überholtes Zeitstück: indem sie schon damals nicht ein Zeitstück waren.
Es ließe sich auch so ausdrücken: sie sind noch modern, weil sie schon damals nicht modern gewesen sind.

V

Heute wird mit viel gefährlicheren Mitteln Revolution gemacht als mit armen schlesischen Äxten und Stangen: mit dem Tarif.

Trotzdem bleiben die ›Weber‹ gewissermaßen der ›Wilhelm Tell‹ einer empordringenden Menschheitsgruppe. Der Ruf zum Aufbruch.
Ein Gleichnis – trotz winzigen Verhältnissen, die es malt.
Was aber jetzo mangelt, ist: ein heut geschriebenes Zeitstück, das ein Kunstwerk wäre. So liegt der Fall.

VI

Jeßner, gehetzt und bedroht (nicht nur vom Haß der andren politischen Welt – sondern von Leberwürsten im eignen Lager), hat bei triefend feindlichem Regen immerhin drei Akte dieses Werks gebändigt ... und zwei vertan. [...]

X

Gegenüber stehen drei Aufzüge voll starker Kraft. Der Beginn. Eine Reihe von Kurzdramen. Die wartenden Weber, geduldig aufgereiht hinter Fensterscheiben, wartend, gebeugt, etwas verschwimmend – wie ein Symbol.
Der Fabrikant Leibelt mehr behäbig-fest als hart. Ganz echt sein Expedient Pfeifer: Ludwig Stössel. (Der kann auch schlesisch.) Ja, Durchbrechen der Mundart kann Durchbrechen der Täuschung sein.
In jedem Fall ist im ersten Akt, ob die Armen auf einer Jeßnerschen Flurtreppe dem Dreißiger nachklimmen oder nicht, ein Stachel; man wird mitgezerrt. Eine Reihe von Kurzdramen.

XI

Naheliegend bleibt es, im vierten Akt, bei der Plünderung, den Lärm und Sturm zu vermissen. Etwas naheliegend bleibt auch, das Gegenteil von Lärm und Sturm zu inszenieren.
Doch verteidigen läßt sich's: daß die Webersleute, nach eingeschlagenem Tor, hier fast stumm alles herunterholen; fast lautlos alles vernichten.

Der künstlerische Zweck ist: den ganzen Hergang nur als Auftakt zu nehmen für den letzten überraschenden Brüllruf des ruhigen Ansorge – wenn er mit einem ethischen Donnerwort den Spiegel zertöpfert.
Die Wirkung ist gewaltig ... (Es geht auch so.)

XII

Wunderbar für mein Gefühl der Schlußakt. Eine Hilfe wie Carl Götz, klein, gütevoll, redlich (und schlesisch sprechen kann er auch) – wie der ihn leiblebendig schafft, das war in Jahrzehnten für dieses Werk nicht da. (Werner Krauß gab große Zeichenkraft ... ohne doch ans Herz zu packen.)
Daneben Alexandra Schmitt, wiederum herrlich als abgestorbenes Altweiblein. Müthel, der Sohn, dem seine Weichheit hier zustatten kommt; jetzo nicht gymnasial. Und die Koppenhöfer – ein Wucht, ein Schrei. (Nicht eine Artikulation ... die hier leichter zu missen bleibt.)

XIII

Das Ganze ... Nicht unter den Darstellungen der ›Weber‹, noch unter den Leistungen Jeßners die stärkste ... (Morgen ist auch noch ein Tag.)
Kein Anlaß für Stürzer, ans Werk zu gehen. Nach parlamentarischer Abstimmung, wenn sie für die Kunst gelten soll, darf Leopold noch bleiben.
Kinder, Kinder!«

Alfred Kerr: [Die Weber]. In: Berliner Tageblatt. 6. Februar 1928. Zit. nach: Ebd. S. 852–854. –

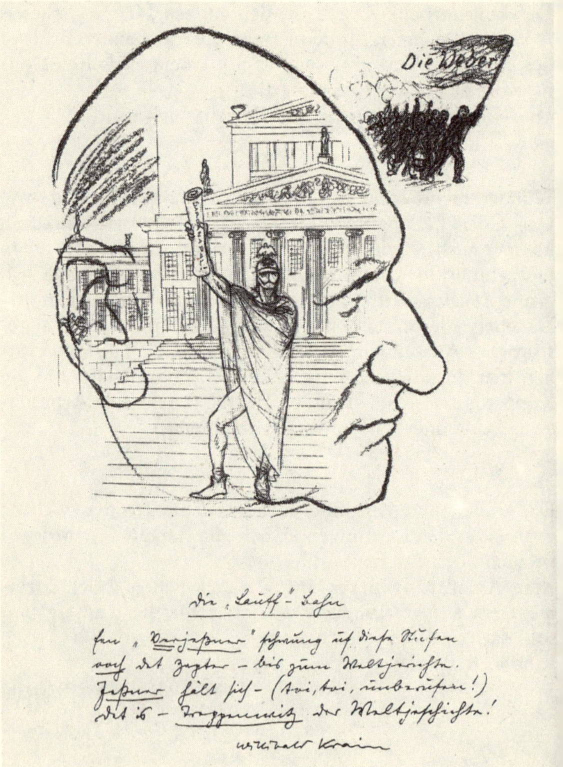

Willibald Krain
Zeichnung für Leopold Jessner, um 1928

VI. Gerhart Hauptmann über die *Weber*

Kurz nach seiner Ankunft in Amerika, wohin er seiner Familie von Paris aus gefolgt war, hat Hauptmann unmittelbar nacheinander zwei Interviews gegeben, die beide am 18. Februar 1894 in New York erschienen. Zwar muß einschränkend gesagt werden, daß der Wortlaut nicht von Hauptmann selbst stammt, doch ist ihr Inhalt – wie Martin Machatzke betont – als authentisch anzusehen.
Julius Grunzig (1855–1901), der das erste Gespräch führte, war 1883 nach Amerika emigriert und dort in die Redaktion der deutschsprachigen New Yorker Volkszeitung, einem sozialistisch orientierten Blatt, eingetreten.

»Hier zunächst die Auskunft auf eine Frage, welche uns vorzugsweise interessiert: Ist Gerhart Hauptmann Sozialist? – Mehrere seiner dramatischen Werke haben Freund und Feind veranlaßt, es zu glauben, weil man annahm, daß nur ein Sozialist das erbarmungswürdige Dasein des Proletariers ausmalen konnte wie er, in so ergreifenden Farben, sagen die einen, in so grellen Tönen die anderen.
Der junge Dichter selbst verneint die Frage. Aber er rechtfertigt diese Verneinung nicht mit der banalen Phrase, daß der Dichter über den »Zinnen der Partei« stehen, daß er sich »außerhalb« der »Parteien Haß und Gunst« bewegen müsse, d. h. er stellt sich nicht nur abseits jeder aktiven politischen Bewegung, sondern er ist überhaupt bemüht, seinen Geist freizuhalten von jedweden vorgefaßten, beengenden, schablonisierenden theoretischen Überzeugungen. Er hält das Gegenteil für unvereinbar mit dem Wirken und Schaffen eines Dichters, wie *er* es sein möchte. Er meint, der Dichter müsse den Theoretiker in sozialen Dingen völlig abstreifen, müsse als Mensch ohne vorgefaßte Ansichten irgendwelcher Art ins Leben schauen und das Gesehene dichterisch so wiedergeben, wie es sich seinem theoretisch gänz-

lich vorurteilsfreien persönlichen geistigen Auge geboten habe. So habe er es als Dichter bisher gehalten, und er werde davon auch künftig nicht abgehen. Und wie er seine Werke vorurteilsfrei glaube geschaffen zu haben, sei es auch selbstverständlich, daß er mit ihnen eine bestimmte Tendenzwirkung nicht beabsichtigte. Sein einziges Bestreben sei, *künstlerisch* zu wirken, d. h. durch lebensvolle Wahrheitsdichtung in künstlerischer Form das Gemüt zu bewegen und den Geist anzuregen. – Wohl aber pflichtet Gerhart Hauptmann denjenigen sozialistisch gesinnten Kritikern bei, welche meinen, jede wirklich objektive Wahrheitsdichtung werde ungewollt im Sinne der rechten Tendenz wirken.

Und so erklärt sich denn wohl auch, daß ›Vor Sonnenaufgang‹, ›Die Weber‹ und zum Teil auch ›Hannele‹ auf Freund und Feind mehr oder minder ›sozialistisch‹ gewirkt haben. [...]

Die Gegner der Dichtungen Hauptmanns und auch ein Teil seiner Freunde machen ihm den Vorwurf, daß es seinen Dramen, wie z. B. den ›Webern‹, an einem Helden oder, wie z. B. dem ›Biberpelz‹, an einer dramatischen ›Handlung‹ fehle. Gerhart Hauptmann beruft sich demgegenüber darauf, daß schon Goethe die heute wieder von einer starrsinnigen Konvention reklamierte Einseitigkeit abgetan habe, als sei unter dramatischer Handlung durchaus zu verstehen, es müsse auf der Bühne im handgreiflichen, banalen Sinne ›etwas geschehen‹, etwas ›vor sich gehen‹. – ›Seelische Vorgänge, psychologische Wandlungen, charakteristische Stimmungsverschiebungen, das in den Begriff der ‚dramatischen Handlung‘ hineinzuziehen, halte ich in der Tat für eine der wesentlichsten und gewinnreichsten Aufgaben der künftigen dramatischen Dichtung. In der Vervielfältigung der charakteristischen psychologischen Nuancen sehe ich ein fruchtbringendes Feld für den dramatischen Dichter. Ob die seelischen Vorgänge gleichzeitig getragen werden von Handlungen im groben konventionellen Sinne, ob sie solche Handlungen im Gefolge haben, ob sie an einem ‚Helden' oder an mehreren Figuren im Rahmen eines Dramas in gleicher Bedeutsamkeit vorgeführt werden, das alles hängt ganz ab von der Wahl des Stoffes! [. . .].‹«

Julius Grunzig: Bei Gerhart Hauptmann. [Interview, erschienen in der *New Yorker Volkszeitung*, 18. Februar 1894, Sonntagsblatt.] – Zit. nach: Gerhart Hauptmann: Tagebuch 1892–1894. Hrsg. von Martin Machatzke. Frankfurt a. M./Berlin: Propyläen Verlag, 1985. S. 115–122 (hier: S. 117–120).

Charles Henry Meltzer (1853–1936), Hauptmanns zweiter Gesprächspartner, der seit 1890 als Musik- und Theaterkritiker in Amerika arbeitete, hat sich vor allem als Übersetzer, darunter auch zwei Werke von Hauptmann, einen Namen gemacht. Sein Interview mit dem deutschen Dichter erschien in der New York World.

»Teaching may be indirect and vague, and yet be real. But preaching is direct and therefore damnable.
Gerhart Hauptmann does not set up as a preacher. But when I pressed the point, he owned that he might once have had a hope of making men a little better, a little kinder, a little more merciful to other men, by his plays.
›In youth we have illusions‹, said he. ›In my earlier works I may have had a touch of the reformer's zeal. It looks, I must admit, as though something of the sort guided me in writing ‚Vor Sonnenaufgang' (a study of inherited alcoholism and suicide). Nor will I deny that I have hoped that the well-to-do folk who see my 'Weavers' may be moved by the appalling misery which is reflected in that work – a misery with which I have been brought in contact and which has moved me strangely.
But, I repeat, only the most careful and painstaking analysis can explain the complex motives which dictate an artist's work. Deeply as I was stirred by the woes of my weavers, for instance, when I conceived my play, once I had set to

work I saw nothing but the marvelous material they gave me for creating a great, moving, human drama. In the delight of building up my scenes, for the time being, I forgot all else. Yet, indirectly, ‚The Weavers' will teach something, I dare say. To a dramatist, however, it is of smaller importance what he teaches.‹

He wrote ›The Weavers‹, he assured me, and he wrote ›Hannele‹ for the stage – not for the closet. Every scene, every detail of his dialogue, was contrived with a distinct view to dramatic effect.

›I knew exactly what effects should and could be obtained. I suppose this was why I was not wholly pleased by the performance of ‚The Weavers' at the Berlin Freie Bühne. But the public seemed quite satisfied. It is not a difficult work to produce, although it calls for a large force of supers. Both at the Freie Bühne and at the two popular Volksbühne in Berlin ‚The Weavers' has been performed successfully.‹«

Charles Henry Meltzer: Hauptmann, Naturalist. The German Author, Poet and Playwright Talks of his Ideals and his Realizations. [Interview, erschienen in der *New York World*, 18. Februar 1894.] Zit. nach: Ebd. S. 123–133 (hier: S. 127 f.).

Als im Dezember 1894, gut zwei Monate nach der spektakulären *Weber*-Premiere im Deutschen Theater, im Reichstag die sog. »Umsturzvorlage« eingebracht wurde, die nicht zuletzt ein verschärftes Vorgehen gegen oppositionelle Künstler bezweckte, mußte Hauptmann erneut um sein umstrittenes Stück fürchten. Zutiefst beunruhigt schrieb er seiner Frau Marie nach Dresden:

»Ich habe gearbeitet, Brahm besucht und – die Zeitung [sic] haben mich sehr beschäftigt. Es wird wirklich schlimm und der gute Offermann – grüss ihn herzlich – hat nicht zu schwarz gesehen: geht das Umsturzgesetz durch, dann sind die Weber verboten, womöglich auch das Buch. – Soweit sind wir also. Grauenhaftes, himmelschreiendes Elend darf der Christ, der sich das Gleichniss vom barmherzigen Samariter in der Kirche vorhalten lässt, bei jeder Gelegenheit – nicht einmal sehen. Oder wenigstens darf er nicht merken lassen, dass er es sieht. Er muss den Kranken, Elenden, Beraubten kalten Blutes am Wege verschmachten lassen. So will es – die Obrigkeit. Unsinn! Wahnsinn! Widersinn, entsetzlichste Mittelalterei! Gott helfe uns vor dieser Bahn der Dummheit und Roheit. Hat doch ein conservativer Herr, Burska oder wie der Dunkelmann sonst heisst, gesagt, man werde Stücke wie die Weber allerdings verbieten und ihre Verfasser hinter Schloss und Riegel setzen. Basta [...].«

Zit. in: Gerhart Hauptmann. Leben und Werk. Gedächtnisausstellung des Deutschen Literaturarchivs zum 100. Geburtstag des Dichters im Schiller-Nationalmuseum Marbach. Stuttgart 1962. S. 79. –

1897 trat Hauptmann gemeinsam mit Margarete Marschalk, seiner späteren zweiten Ehefrau, eine viermonatige Italienreise an. In seinen Tagebuchaufzeichnungen aus diesem Jahr findet sich unter dem Datum des 16. März der Eintrag:

»Nationales Drama. Als man die ›Weber‹ in Paris zu spielen unternahm, war ich in einem freudigen Rausch, denn meine Zuversicht konnte groß sein. Dieses allgemein menschliche, realistische Stück, darin tiefster, materieller Druck Duldung zur Auflehnung zwingt, ist für jedermann, für jedes Volk begreiflich, und seine Wirkungen treten sofort ins Blut. [...]
Ich habe in meinen Dramen nie an ein internationales Publikum gedacht: nicht vor den ›Webern‹, nicht nach den ›Webern‹. Ein Dramatiker, der das täte, könnte Feinstes

und Letztes nicht sagen, er müßte ja die subjektive Besonderheit ängstlich meiden und auf alles Durchschnittliche zusegeln.«

Gerhart Hauptmann: Italienische Reise 1897. Tagebuchaufzeichnungen. Hrsg. von Martin Machatzke. Frankfurt a. M. / Berlin: Propyläen Verlag, 1976. S. 100 f. –

Und in den Tagebuchaufzeichnungen für 1899 heißt es unter dem 6. Juli:

»Ich war nie formlos, auch in den Webern nicht. Und es ist die gemeinste Unterschlagung, wenn man mir dieses Eigentum ableugnet, oder es zeugt von einem vollkommenen Mangel an jeder einschlägigen Kenntnis.«

Gerhart Hauptmann: Tagebücher 1897–1905. Hrsg. von Martin Machatzke. Frankfurt a. M. / Berlin: Propyläen Verlag, 1987. S. 282. –

Zwischen 1907 und 1914 bemerkt Hauptmann:

»Ein Beurteiler nennt ›Die Weber‹ ein kinematographisches Drama: nun, das ist es nicht! – Der Komplex von Personen und Ereignissen erstreckt sich dem Flächenraum nach über Quadratmeilen, der Zeit nach über Wochen, und will man die mittelbar zugehörigen Schicksale und Vorfälle einbeziehen, über viele Jahre. Die Bühne hat einen kleinen Flächenraum, und das Drama wird gespielt in zweieinhalb Stunden.«

Zit. nach: Hauptmanns *Weber.* Eine Dokumentation. Hrsg. von Helmut Praschek. Berlin: Akademie-Verlag, 1981. S. 330 f. –

Am 13. September 1930 schreibt Hauptmann einem unbekannten Adressaten:

»Echte Dramen sind immer: Gegenwart. Gegenwart ist ihr Wesen. Und je vollkommener sie dies Wesen verwirklichen, um so vollkommener sind sie überhaupt. Fassen wir Vergangenheit, Gegenwart und Zukunft unter dem Symbol eines Stromes, so begehen wir einen Fehler, wenn wir die Gegenwart nicht ausnehmen. Sie bedient sich des Stromes, bedient sich der Zukunft, bedient sich der Vergangenheit, ist aber von allen wesensverschieden. Sie schwimmt wie ein Schiff mit dem Strom oder schwimmt gegen den Strom, aber sie widersteht der Zukunft, widersteht der Vergangenheit, widersteht der Zeit.
Wenn die Volksbühne heute eines meiner Werke, ›Die Weber‹, spielt, so macht sie damit auch ihr innerstes Wesen zur Gegenwart. Einer solchen Pflicht immer wieder zu genügen, entbanden sie vierzig Jahre des Bestehens nicht und vermöchten sie hundert Jahre nicht zu entbinden. In dem Drama, das vor achtunddreißig Jahren geschrieben ist, vereinigt mit der Volksbühne, die vor vierzig Jahren gegründet wurde, manifestiert sich also nicht beider Vergangenheit und Zukunft, sondern beider Gegenwart, was so viel als starkes, unmittelbares Leben bedeutet: ein gemeinsames, langes Dasein rechtfertigt und bestätigt sich.«

Zit. nach: Ebd. S. 331 f. –

Rechtfertigung wie zugleich Anklage bestimmen den Tenor in dem Fragment einer Rede aus dem Jahr 1922.

»Ich bin keine sogenannte Kampfnatur. Ich habe mehr als fünfzig Jahre unter dem alten preußischen Königtum und davon mehr als vierzig im kaiserlichen Deutschland gelebt. Ich habe an diesem Deutschland nicht immer eine reine Freude gehabt, aber man möge mir zeigen, wann und wo ich mich gegen seine Autorität erhoben hätte. Ich habe das nie und nirgend getan. Was ich getan habe ist einfach, meines Weges zu gehen und mein Menschenrecht auf geistige Selbständigkeit auszuüben. Ich habe die ›Weber‹ geschrieben und habe damit nicht mehr getan als einer christlichen Nation das Christusgebot ›Liebe deinen Nächsten als dich selbst‹ wieder einmal zu Gemüte geführt. Ich wurde daraufhin von dem summus episcopus der protestantischen Kirche in den Bann getan und von unserm christlichen Kaiser geächtet, soweit eine Acht eben noch auszuüben war. Ich hatte mir diese gewaltige Gegnerschaft, wie gesagt, nicht durch Kampf, sondern durch ein schlichtes Bekenntnis zugezogen, das durchaus im Sinne eines christlichen Staates war. Ja, meine Weber sind Monarchisten. Sie sind es in einer rührenden Treuherzigkeit, die einen Monarchen erschüttern müßte. Einer von diesen armen Webern sagt: ›Es seld amol enner hiigihn nach Berlin und sulds'm Kenige firstelln, wie's uns aso geht‹. Das tiefste Vertrauen, ja beinahe ein kindliches Gottvertrauen zum preußischen König ist hier ausgedrückt.«

Gerhart Hauptmann: Die Weber. Aus dem Fragment einer Rede. In: G. H.: Die Kunst des Dramas. Über Schauspiel und Theater. Zusammengestellt von Martin Machatzke. Berlin / Frankfurt a. M.: Propyläen Verlag, 1963. S. 102 f. – © 1963 Verlag Ullstein GmbH, Frankfurt am Main und Berlin.

Am 15. November 1930 veröffentlichte der *Proletarier aus dem Eulengebirge* einen Artikel Gerhart Hauptmanns, in dem der Dichter nachdrücklich auf seine Vorfahren und sein »Weberblut« verweist.

»Der ›Proletarier aus dem Eulengebirge‹ bittet mich um einen Beitrag. Nach dem einen, den ich vor vierzig Jahren geleistet habe, bleibt nicht viel mehr zu sagen. Meine Studienfahrt nach den verschiedenen Weberorten ist wiederholt geschildert worden. Sie steht mir noch klar vor der Seele, hätte mir aber nichts einbringen können, wenn ich nicht selbst das Weberblut mitgebracht hätte. Meine Vorfahren, wie ich jetzt weiß, haben seit 1700 als kleine Hausweber in Herischdorf bei Warmbrunn gesessen. Diese merkwürdige Tatsache, von der ich nichts wußte, als ich ›Die Weber‹ schrieb, ist der wahre Vater- und Mutterboden des Werkes. Übrigens aber ging ich als Kind jahrelang in den Weberhütten von Nieder-Salzbrunn aus und ein, ohne mich von den anderen Dorfkindern zu unterscheiden. So kam es, daß ich mich mit Herz und Sinnen in den Häusern und Seelen der Weberfamilien heimisch machen konnte. Grüßen Sie die Weber des Eulengebirges und sagen Sie Ihnen, daß ich hoffe, nach langer, langer Zeit nächstens bei ihnen mal wieder aufzutauchen.«

Gerhart Hauptmann: Gruß an die Weber des Eulengebirges. In: CA 11, 1095 f. – © 1974 Verlag Ullstein GmbH, Frankfurt am Main und Berlin.

Doch auch in literarischer Form nahm sich Hauptmann noch einmal seiner Weberahnen an. So entwarf er am 20. August 1936 in Dresden eine kleine Versepik. Aus dem bislang unveröffentlichten Manuskript sind im folgenden die Anfangszeilen wiedergegeben:

Meine Weberahnen

Sie träumten schlecht: sie assen schlecht
Sofern es Nahrung war. [...]
Doch nur aus Sehnen, und gegerbter Haut
bestand ihr armes Leben und aus Knochen.
[...]
Soviel an harten Knochen nagen, meine
So bettelarmen Ahnen: ihre eignen
Gebeine blieben weiss und brachen leicht
[...]

Gerhart Hauptmann: Nachlaß. Staatsbibliothek zu Berlin – Preußischer Kulturbesitz. GH Hs 157. – Mit Genehmigung der Staatsbibliothek zu Berlin – Preußischer Kulturbesitz.

Nicht das enge Dogma eines Parteiprogramms, sondern Liebe zum Volkstum, so Hauptmann rückblickend, seien das Fundament seiner *Weber*. Dazu vermerkt er in seiner zwischen dem 27. Januar und 12. März 1938 entstandenen autobiographischen Schrift *Zweites Vierteljahrhundert*:

»Ich habe ein Stück ›Die Weber‹ geschrieben. Ich könnte ein zweites Stück mit den gleichen Menschen schreiben, das unter den Fundamenten des ersten liegt, und das Thema bliebe trotzdem ein unerschöpftes. Nein – ich basierte auf keinem Parteiprogramm, ich betete dagegen täglich sozusagen im Tempel eigener Wahrhaftigkeit. Ich bin an mir nicht zum Verräter geworden.«

CA 11, 507. –

Zahlreiche Äußerungen des Dichters zu seinen *Webern* hat Carl Friedrich Wilhelm Behl (1889–1968), der die Gesamtausgabe letzter Hand redigierte und von 1943 bis 1945 in Hauptmanns unmittelbarer Nähe in Agnetendorf lebte, in seinen Tagebuchblättern festgehalten. Unter dem Datum des 2. Dezember 1941 ist dort ein Gespräch nachzulesen, das nach dem Besuch der Uraufführung von Hans Rehbergs *Heinrich und Anna* stattgefunden hatte.

»Hauptmann erzählte zunächst viel Rühmendes über Stück und Darstellung. Im Laufe des Gesprächs kamen allmählich auch seine Einwände stärker heraus. [...] Er sagte: ›Es fehlt die dramatische Kurve, die ich mit dem Bilde eines Springbrunnens vergleichen möchte: das jähe Aufsteigen der Wassersäule bis zum Scheitelpunkt, wo sie dann abstürzend den Weg wieder zum Boden nimmt. Auch mir hat man oft die angebliche Epik meiner Dramen vorgeworfen. Aber mit Unrecht. Die ‚Weber' z. B. haben diese dramatische Kurve durchaus. Akt I bis IV zeigen den immer steileren Aufstieg der Handlung, Akt V den Absturz.‹«

Carl Friedrich Wilhelm Behl: Zwiesprache mit Gerhart Hauptmann. Tagebuchblätter. München: Desch, 1948. S. 76.

Von »sehr angeregten Gesprächen« mit dem Dichter in Dresden berichtet Behl in seinen Eintragungen vom 21. Februar 1942:

»Gestern und heute abend habe ich [...] ganz allein mit Hauptmann Textfragen erörtert, wobei er sich durch die Erinnerung an seine alten Werke und Gestalten aufs lebhafteste angeregt fühlte. Wunderbar ist immer sein Staunen über das eigene Werk: ›Ich könnte heute die ‚Weber' nicht mehr schreiben, übrigens auch nicht ‚Das Märchen', das ich erst vor wenigen Tagen diktiert habe.‹«

Ebd. S. 88.

Aus Anlaß der erneuten Lektüre von Bromfields Roman *Der große Regen*, dessen »ungeheure Blickweite« Hauptmann rühmte, kam er auch auf die deutschen Dichter und weitergehend auf sein eigenes Werk *Die Weber* zu sprechen. So heißt es in Behls Tagebuchblättern unter dem Datum des 22. März 1943:

»Er [Hauptmann] rühmt die ungeheure Blickweite dieses Amerikaners, der die großen indischen Naturkatastrophen und die Menschenschicksale in ihnen dichterisch gemeistert hat. Diese Weite Schau vergleicht Hauptmann mit der Enge des deutschen ja europäischen Schrifttums. [...] Überhaupt, meint Hauptmann, müßten sich die deutschen Dichter vorsehen, daß sie nicht in der Enge bloßer Schollenkunst steckenbleiben. In diesem Zusammenhang auf die ›Weber‹ kommend, sagt er: ›Wieso ist ein so kleines lokales Ereignis durch mein Drama über die Welt gegangen? – Weil irgend etwas in vielen Ländern Gemeinsames damals darin mitschwang.‹ Und dann fügt er nach kurzer Pause hinzu: ›Etwas vom Geiste der Bergpredigt ist überhaupt in meiner Dichtung. Ich finde es auch in den Helden des Bromfieldschen Romans wieder.‹«

Ebd. S. 133 f.

Und am 8. Juni 1943 notiert Behl:

»Hauptmann erzählte, man habe ihm das Angebot gemacht, sofort einen Film nach den ›Webern‹ zu drehen, wenn er sich entschließen könne, in einem Schlußbild zu zeigen, wie gut es heute den Webern geht. Dieses Ansinnen hat er mit Entschiedenheit abgelehnt. ›Für dergleichen‹, sagte er zu mir, ›bin ich nicht zu haben‹.«

Ebd. S. 154 f.

VII. Die *Weber* im Film (1917/1927)

Eine erste, 1917 in der Sowjetunion fertiggestellte Verfilmung der *Weber* entstand vermutlich ohne Wissen des Dichters. Hauptmanns Drama, das bereits 1895 in einer von Lenins Schwester Anna Iljinitschna Uljanowa besorgten russischen Übersetzung als hektographiertes Exemplar zusammen mit illegaler Propagandaliteratur verbreitet worden war, gehörte in den ersten Jahren nach der Oktoberrevolution zum ständigen Repertoire sowjetischer Bühnen. Hatte doch Lenin selbst, wie SIGFRID HOEFERT (geb. 1925) anmerkt, die Aufführung des Werkes angeregt und damit einen Anstoß zu dessen Popularisierung gegeben.

»Eng verbunden hiermit ist die Tatsache, daß zu fast gleicher Zeit ein sowjetischer Film entstand, der auf Hauptmanns Drama beruht. Er trägt den Titel *Tkaci* (Die Weber) und wurde im Jahre 1917 im Film-Studio ›Era‹ unter der Leitung von M. Bonc-Tomasevskij hergestellt. Die Uraufführung fand am 20. April 1918 statt. Aus der Beschreibung im Katalog *Sovetskie chudozestvennye film'y* geht hervor, daß der Stoff für das Szenarium dem Drama Hauptmanns entnommen und der Film nach Motiven Hauptmanns gedreht wurde. Allerdings ist die Handlung in das vorrevolutionäre Rußland verlegt, die Personenbezeichnungen erinnern in keiner Weise an das deutsche Original. Die Hauptpersonen sind hier die Geschwister Pelawin, der Polizeioffizier Kaschtanow, ferner ein Iwan Zarudnyj und sein Vater (ein Arbeiter). Der Film ist sozusagen ›russifiziert‹ worden. Er ist nicht erhalten; über die Aufnahme seitens des Publikums ist nichts bekannt. Vorgeführt wurde er u. a. Einheiten der Roten Armee. Ein bibliographischer Hinweis auf den Film bzw. die Aufführung, der sich im Katalog befindet, erwies sich als inkorrekt.
Zu bemerken ist, daß dieser Film im Standardwerk von Jay

Leyda, *Kino: A History of the Russian and Soviet Film* (3. Auflage 1983), nicht aufgeführt wird. Zwar erwähnt Leyda in der Vorbemerkung, daß er bei seinen Nachforschungen überrascht war, in dem oben genannten Katalog auf Verfilmungen von Hauptmanns *Die Weber*, Ibsens *Wenn wir Toten erwachen* und anderen Werken der Weltliteratur zu stoßen, doch enthält die Liste ›Seventy-five Years of Russian and Soviet Films: 1907–1982‹ keinen Hinweis auf die russische *Weber*-Verfilmung.«

Sigfrid Hoefert: Zur Wirkung Gerhart Hauptmanns in Film und Fernsehen der Sowjetunion. In: Gerhart Hauptmann. Autor des 20. Jahrhunderts. Studien und Vorträge des Internationalen Gerhart-Hauptmann-Symposiums. Lódż 19.–21. 9. 1990. Hrsg. von Krzysztof A. Kuczyński und Peter Sprengel. Würzburg: Königshausen und Neumann, 1991. S. 183–191 (hier: S. 185 f.). –

Gerhart Hauptmann selbst, der dem neuen Massenmedium zunächst eher distanziert gegenüberstand, muß etwa zur gleichen Zeit, nicht zuletzt unter dem Eindruck von Henny Portens Publikumserfolg, eine positivere Einstellung gegenüber dem Film und der Verfilmung literarischer Werke gewonnen haben.

Der Verfilmung seiner eigenen Werke stimmte Hauptmann nunmehr häufig zu. Für die filmische Adaption des Weber-Dramas zeichnete Friedrich Zelnik verantwortlich, ein Regisseur, der bislang mit gängigen Unterhaltungsfilmen wie *Die Försterchristel* (1925/26) oder *An der schönen blauen Donau* (1926) hervorgetreten war. Das Drehbuch stammte von Fanny Carlsen und Willy Haas. Als Maskenbildner hatte man George Grosz gewinnen können, der darüber hinaus die Zwischentitel expressiv gestaltete, und Architekt der Bauten war Andrej Andrejew. Als am 14. Mai 1927 der Film *Die Weber* im Berliner Capitol zur Uraufführung kam, wurde Zelniks Film vor dem Hintergrund der kurz zuvor in Deutschland angelaufenen und von der zeitgenössischen Kritik stürmisch gefeierten »Russenfilme«, allen voran Sergej Eisensteins *Panzerkreuzer Potemkin* und Pudowkins *Mutter*, gesehen. So fragt ein Rezensent namens DOORWIEN in seiner Premierenkritik für *Die rote Fahne*:

»Am Sonnabend wurde im Capitol der ›*Weber*‹-Film uraufgeführt. *Zelnik* hat also das revolutionäre Jugenddrama und bedeutendste Drama *Hauptmanns* überhaupt, in Bilder gesetzt. Es war eine stürmische Aufführung. Begeistertes Klatschen, Rufen, Hoch; Gegenrufe.
Was ist wirklich los mit diesem Film? Ist er der deutsche ›Potemkin‹ geworden? Hat es Zelnik zuwege gebracht – ihn unterstützte George Grosz, der Masken zeichnete und den Stil angab –, mit der angemessenen Wucht den wirklich großen Stoff zu gestalten?
Vorweg sei nicht nur zugegeben, sondern betont: Der Film bringt keine Massenversöhnung auf die Leinwand; er zeigt wie Pfaffe und Waffe, Polizist wie Pastor und Militär dem Wink des Fabrikanten folgen, der die Weber aufs Blut aussaugt. Er verfälscht in dieser Beziehung nichts. Auch die einzelnen Darsteller sind gut. *Wegener* gibt den Fabrikanten Dreißiger: wie man ihm fast glaubt, daß er es gut mit den Webern meint, und doch auch weiß, daß er heuchelt. Hervorragend ist *Dagny Servaes*, hervorragend auch andere.
Aber es sind immer Schauspieler. Und hier ist der eine Grund, warum die Weber kein Potemkin geworden sind: Schauspieler, nicht Menschen.
Wesentlicher ist noch ein zweites: *Die mangelhafte Gestaltung der Massenszene*. [...]
Was im Film davon zu sehen ist, ist Theater. Gutes Theater, gewiß, aber was soll uns das, nachdem wir ›Mutter‹, den ›Potemkin‹ gesehen haben? Da sind die Weber: gute Maske jeder einzelne, geschulte und tüchtige (teilweise hervorragende) Schauspieler die einzelnen. Aber: es bleiben immer

George Grosz: Zwischentitel aus der Verfilmung
der *Weber* von Friedrich Zelnik, 1927

Einzelne. Jede Massenaktion wird dadurch zu einer theatralischen Angelegenheit. Das wird im Anfang nicht so auffällig: wenn die Weber auf ihre ›Abfertigung‹ warten, sind sie ja nichts anderes als geduldige Einzelne, viele Menschen, aber keine Masse, nichts Einheitliches, Aktives. [...]
Der ›Potemkin‹-Regisseur hat Schule gemacht; aber Gesinnung kann man nicht lernen und nicht vortäuschen, man muß sie haben. So bleibt ein Unbefriedigendes, man sieht Spiel, keine starke Gestaltung. Und wenn man dennoch mitgerissen wird, so liegt das am Stoff, der stärker als Zelnik war.
Im Ganzen steht der Film ja bergehoch über der sonstigen europäischen Produktion. Er wird großen Erfolg haben.«

Doorwien: *Die Weber* im Film. In: Die rote Fahne. 17. Mai 1927. S. 11.

Auch Siegfried Kracauer (1889–1966) verweist in seiner Kritik für die *Frankfurter Zeitung* auf den Einfluß des russischen Vorbilds, wobei er insbesondere den Aspekt der visuellen Gestaltung unterstreicht. An sein großes Muster jedoch, resümiert Kracauer, reiche der Weber-Film nicht heran.

»Bei der Verfilmung von Gerhart Hauptmanns ›Weber‹ haben die großen Russenfilme: POTEMKIN und MUTTER als Vorlage gedient. Schon zur Übernahme gewisser Stoffmotive bot das (für den Filmgebrauch abgewandelte) Bühnenwerk Gelegenheit. [...]
Wichtiger als die thematische Verwandtschaft mit den russischen Filmen ist die der technischen Durchbildung. Wie die Bildfolgen geführt werden müssen, wie ausgewählte Einzelheiten die Totalerscheinung vermitteln können, wie mit Kontrasten zu arbeiten ist und verschiedene soziale Umwelten zu symbolisieren sind – das alles ist von den Russen gelernt. [...]
Ein guter Film, gewiß. Dennoch erreicht er seine Muster nicht, und gerade das Wenige, das ihm fehlt, ist entscheidend. Hinter den Ansammlungen der armen schlesischen Hungerkünstler ist das Walten des geschulten Regisseurs zu spüren, der die Gruppen effektvoll stellt. Unentwickelt ist die Kunst der Raumbeherrschung, die den Russen eignet (wenn sie Militär marschieren lassen, dröhnt der Platz, während in dem deutschen Film die Soldaten nur marschieren). Schließlich sind die einzelnen Szenen nicht durchaus peinlich gegeneinander abgewogen. Es werden Reprisen ohne gehörige Steigerung vorgenommen – das wiederholte Läuten der Sturmglocken, das Hervorströmen der Aufständischen aus den Hütten –, es wird, wie im Falle der Plünderung, die Kleinmalerei viel zu ausführlich betrieben.
Diese formalen Unsicherheiten sind das Merkmal einer Schwäche, die tiefer liegt. Man hat, überschwenglich genug, dem Film den Ehrentitel des »deutschen Potemkin« verlie-

hen. Er ist es nicht, denn er betrifft uns nicht mehr unmittelbar. Der Schiffsarzt aus dem POTEMKIN lebt noch heute, und der Fabrikant in dem Film MUTTER stammt aus der Maschinenzeit. Die Empörung wider die durch beide Gestalten bezeichneten Herrschaftsverhältnisse greift in die Gegenwart.

DIE WEBER dagegen – der Film, nicht das Drama, für das andere Maßstäbe gelten – gehören ganz und gar der Vergangenheit an. Sie spielen in der Zeit des Übergangs von der Manufaktur zur Fabrik. [. . .]

Das ist so endgültig dahin, daß es nicht nur nicht revolutionär wirkt, sondern, im Gegenteil, veranschaulichen mag, wie herrlich sich die Zeiten verändert haben.

Ein anständiger historischer Film; nicht mehr.«

Siegfried Kracauer: Die verfilmten *Weber*. In: Frankfurter Zeitung. 30. Mai 1927. Abendblatt. – Zit. nach: S. K.: Schriften. Bd. 2: Von Caligari zu Hitler. Eine psychologische Geschichte des deutschen Films. Hrsg. von Karsten Witte. Frankfurt a. M.: Suhrkamp, 1979. S. 402–404. –

RUDOLF ARNHEIM (geb. 1904), der neben Béla Balázs wichtigste Filmtheoretiker der Weimarer Zeit, sieht in dem Weber-Film einen »Verrat an der Kunst und am revolutionären Gedanken«.

»Die Sache ist nicht damit abgetan, daß dieser Film *Die Weber* eben nicht so gut ist wie der *Potemkin* und Einen daher weniger in seinen Bann zwingt. Sondern er ist ein beruhigendes Beispiel dafür, daß die Fähigkeit des Künstlers, seinen Beruf als bezahlter Kunstproduzent zu vergessen und sich hinter hermetisch abgeschlossenen Ateliermauern im idealen Reiche der Kunst überzeugend zu tummeln, glücklicherweise dort ihre natürlichen Grenzen hat, wo sie anfangen würde, Unanständigkeit der Gesinnung zu sein. Muß

man sich nicht an die Überzeugung klammern, daß dieser Film, das Geschäftsobjekt eines gewerblichen Unternehmens, a priori nicht so gut werden konnte wie der *Potemkin*? Und wirklich, er ist im Grunde literarisch. Während sich in den Russenfilmen die hohe Kunstfertigkeit der Hersteller völlig damit begnügt, die bloße Handlung zu möglichster Wirkung zu bringen, hat man hier Zeit genug, die schönen Bilder und die ausgezeichneten Leistungen der Schauspieler zu bewundern. Bezeichnend, daß der erste Applaus einigen sehr geschickten Trickaufnahmen von Zwischentiteln galt. Bezeichnend, daß bei der Szene, wo das Militär anrückt, die einen aus politischen Gründen pfiffen, die Andern die wohlgelungene Photographie beklatschten; dieser geräuschvolle Kampf zwischen zwei Meinungen, die gar nicht im Gegensatz zueinander standen, sondern sich nur auf verschiedenen Ebenen der Wertung bewegten, zeigt, wie wenig die Einheit von Mittel und Zweck erreicht war. Oder gehässiger gesagt: wie wenig klar herauskam, was hier Mittel und was Zweck war. Ganz am Schluß steht, wahrhaftig unerwartet, Hauptmanns Vorwort zu seinen *Webern*, so daß der Befreiungskampf der schlesischen Arbeiter schließlich doch auf das repräsentable Wort »Gerhart« herausläuft.
[...]
Die Beifallskundgebungen kamen sicher aus einem echten und spontanen Affekt. Aber der entsteht genau so auf dem Sechstagerennen bei einem Überrundungsversuch. Er läßt sich durch ziemlich beliebige Reize erzeugen, und deshalb kann man sich nicht über ihn freuen. Berufssport ist ein Luxus, Kunst ist ein Luxus, aber Revolution ist keiner. Und gerade weil es richtig ist, daß es bei aller bildenden Kunst nicht auf das Thema, sondern nur auf die Qualität der Darstellung und den Eigenwert der hervorgerufenen Affekte ankommt, gibt es zu gewissen Zeiten Themen, deren künstlerische Verwertung eine Profanierung ist. Ein revolutionäres Volk verdient eine revolutionäre Kunst. Aber in einem Lande, wo politische und soziale Mißstände so wenig die

allgemeine Zufriedenheit aufstören, ist diese zweistündige Revolution, diese symbolische Ersatzhandlung, die Befriedigung verschafft, ohne eine Leistung zu sein, ein Verrat an der Kunst und am revolutionären Gedanken.«

Rudolf Arnheim: Die Weber. In: Das Stachelschwein 6 (1. Juni 1927). – Zit. nach: R. A.: Kritiken und Aufsätze zum Film. Hrsg. von Helmut H. Diederichs. München: Hanser, 1977. S. 191–193 (hier: S. 192 f.). –

Allen Einschränkungen zum Trotz bewertet KURT PINTHUS (1886–1975) Zelniks Verfilmung als ein durchaus bemerkenswertes Beispiel. »Eigentlich revolutionärer (nicht in der Technik, sondern in der Wirkung)« als der Film selbst, so Pinthus, sei aber Willy Schmidt-Genthers »aufpeitschende Musik«. Und weiter heißt es bei ihm:

»Freilich sind diese nahe vor der Kamera massierten Massen, die Großaufnahmen proletarischer Einzeltypen, Charakterisierung etwa durch die im Einzelbilde gezeigten Füße oder offenen Münder russische Schule. Aber besser: gut gelernt, als gar nicht gekonnt. Freilich hemmt bisweilen das Detail, besonders der schablonenhaften Bourgeoisgestalten; freilich ist manches, so die Schlußszene, zu sehr ›gestellt‹. Aber das Ganze ist wirklich ein Ganzes, durchpulst von großer sozialer wie regiefilmischer Bewegung.«

Kurt Pinthus: Der Weber-Film. In: Das Tagebuch 8,1 (1927) S. 841 f. (hier: S. 842). –

Ähnlich wie schon Kurt Pinthus, unterstreicht auch der unter dem Pseudonym LUCIUS SCHIERLING in der Weltbühne schreibende Kritiker die nachhaltig emotionale Wirkung der Musik, insbesondere des leitmotivischen Weberlieds *Das Blutgericht*:

»Für die Aufführung im Capitol hat Schmidt-Gentner eine Musik geschaffen, die da packt, wo das Bild leer läßt, und das Weberlied mit seinem schnellen, stoßenden Rhythmus verdiente schon ein Publikum, das sich faszinieren läßt und mit geballten Fäusten den Text mitstampft. Hier waren bei der zehnten Aufführung lauter gesittete Leute, die ihre gute Kinderstube auch gegenüber der sozialen Revolution bewahrten und nur ein Mal, wenn Moritz Jäger der Weberfrau verwehrt, die silbernen Löffel zu stehlen, begeistert applaudierten.«

Lucius Schierling: Weber-Film. In: Die Weltbühne 23,1 (1927) S. 881.

Dieser Film, so Heinz-B. Heller in seinem 1989 erschienenen Aufsatz über Zelniks Hauptmann-Verfilmung »ist ein Unikum«:

»Da versuchte sich ein Regisseur, der bis dahin weit über 100 (!) gängige Unterhaltungsfilme, darunter zuletzt Streifen wie *Die Försterchristel* (1925/26), *An der schönen blauen Donau* (1926) oder *Der Zigeunerbaron* (1926/27), gedreht hatte, an dem sozialrevolutionären Weber-Stoff und versprach damit, dem sich vor allem seit G. W. Pabsts *Die freudlose Gasse* (1925) allmählich ausbildenden Film eines neuen sozialkritischen Realismus zuzuarbeiten. Da erfolgte der filmische Zugriff auf diesen Stoff aber nicht über eine originäre Aufarbeitung der historischen Quellen, sondern über deren literarisch-theatralische Vermittlung und Überformung [. . .].
Da suchte der Film, obwohl sprachlich noch immer stumm, bewußt die Nähe zum Wort-Kunstwerk des literarischen Originals und bemühte sich zugleich, von Zeitgenossen sofort registriert, filmästhetische Innovationen insbesondere des revolutionären russischen Films der zwanziger Jahre zu adaptieren. [. . .]
›O Gott, ist das Revolution?‹, läßt der Film Frau Dreißiger

vor der Erstürmung ihrer Wohnung fragen, um die Antwort dann dem Zuschauer zu überlassen. Es ist eine rhetorische Frage – indes von einer unfreiwilligen Doppelbödigkeit. Indem der Film den Akzent von der Entstehung der Revolte, ihrer indirekten Schilderung und direkten Problematisierung (so das Drama) auf das handlungsmäßige Ausagieren des Aufstands und seine symbolische Absegnung verlegt, setzt er tatsächlich revolutionäre Vorgänge ins Bild. Doch die ästhetische Inszenierung, die vor allem im Aufbau der gesellschaftlich brisanten Ausgangssituation die Vorbildwirkung des russischen Films erkennen läßt, zeigt, daß sich hier in der Folge die Phantasie bürgerlicher Filmemacher entfaltet; eine Phantasie, in deren Vorstellung revolutionäre Massen (trotz sympathetischer Parteinahme für sie) kaum in eine souveräne Subjektrolle hineinwachsen. Im Gefolge exponierter Führerfiguren erscheinen sie letztlich als ›Manövriermassen‹, mit denen sich um so leichter agieren läßt, als der soziale und politische Gegner ridikülisiert ins Bild gesetzt wird. Aufgesetzte visuelle Symbole sorgen für den Schein der Ernsthaftigkeit und den einer bewegten Dramatik des vorgestellten Klassenkampfs.

Vor diesem Hintergrund relativiert sich auch die scheinbare Souveränität, mit der der Film in das Material der literarischen Vorlage eingreift. ›O Gott, ist das Revolution?‹ – diese Frage wird immerhin von einer filmischen Figur gestellt, deren karikaturale Zeichnung berechtigte Zweifel am angemessenen Problembewußtsein aufkommen läßt; Zweifel, die letztlich auch auf die grundsätzliche Haltung der Filmemacher abfärben. Der betonte Gestus, die Aura der literarisch-theatralischen Vorlage und der persönlichen Autorschaft eines prominenten Schriftstellers für sich in einem neuen Medium reproduktiv zu vereinnahmen, stellt vor dem Hintergrund der skizzierten szenischen Realisierung das Verhältnis von Mittel und

Zweck: die Historisierung und Aktualisierung einer historischen Dramenvorlage mit filmischen Mitteln, auf den Kopf.«

Heinz-B. Heller: »O Gott, ist das Revolution?« Friedrich Zelniks Gerhart-Hauptmann-Verfilmung *Die Weber* (1927). In: Literaturverfilmungen. Hrsg. von Franz-Josef Albersmeier und Volker Roloff. Frankfurt a. M.: Suhrkamp, 1988. S. 80–98 (hier: 80 f., 95 f.). – Mit Genehmigung von Heinz-B. Heller, Marburg.

VIII. Zur literaturwissenschaftlichen Rezeption

Verstand die bürgerliche Hauptmann-Forschung der 50er und 60er Jahre das Schauspiel vornehmlich als Gestaltung einer Schicksalserfahrung, deren »metaphysische Wurzel« (Karl S. Guthke) das Leid sei, so machte sich gegen Ende der 60er Jahre eine zunehmende Konzentration auf den sozialkritischen Aspekt des Werks und damit eine politische *Weber*-Deutung bemerkbar. Hier war es zuerst die Kunst- und Literaturwissenschaft der DDR, die das Verhältnis von Naturalismus und Sozialdemokratie bzw. Sozialismus untersuchte. In der Bundesrepublik und im westlichen Ausland hingegen setzten diese Arbeiten erst Anfang der 70er Jahre ein. Ein besonderer Stellenwert kam dabei 1974 der rezeptionsästhetischen Studie *Literatur und Öffentlichkeit im ausgehenden 19. Jahrhundert* von Manfred Brauneck zu, die in der Aufbereitung ihres reichhaltigen Materials der Naturalismus-Diskussion neue Anregungen gab (vgl. in der vorliegenden Ausg. S. 207–209). Brauneck, der am Beispiel der *Weber* das ambivalente Verhältnis zwischen Naturalismusverständnis, politisch operativer Literatur und der *Weber*-Rezeption problematisiert, sieht im Erwartungshorizont der Zeitgenossen das Vehikel für die außerliterarische Wirkung des Dramas und kommt »zur völligen Negation eines etwaigen sozialen Anliegens des Autors« (Sprengel, 1984, S. 99).

Überblickt man die philologische Auseinandersetzung mit Hauptmanns *Webern*, so zeigt sich, daß ein wesentliches Interesse noch immer den – wie Wilhelm Bölsche es 1892 formulierte – »technischen Merkwürdigkeiten« des Dramas sowie dessen »schwierigem« letzten Akt gilt. Nahm zunächst die Frage nach dem eigentlichen Helden des Spiels und dem dramatischen Konflikt breiten Raum ein, so entzündete sich ein wahrer Interpretenstreit am Schlußakt mit dem Tod des alten gottergebenen Hilse – zumal nicht selten

in der Auslegung eben dieses Aktes die entscheidende Aussage der *Weber* gesehen wurde.
Zum ersten Mal, konstatiert etwa CARL FRIEDRICH WILHELM BEHL (1889–1968), habe Hauptmann in den *Webern* ein »Kollektiv-Lebewesen« gestaltet:

»Gerhart Hauptmann, der große Menschenbildner, dem es durch die Genialität des Anschauens, Abhörens und Abtastens gegeben war, lebendige Menschen mit allen Zügen ihrer Einmaligkeit auf die Bretter zu zaubern – seiner Erkenntnis getreu, auch der Dramatiker müße vor allem Akt zeichnen können – und der in seinen Dramen viele Einzelschicksale in tragischem, komischem oder tragikomischem Ablauf gestaltete, hat in den ›Webern‹ zum ersten Mal ein Kollektiv-Lebewesen, die Masse, auf die Bühne gestellt, einen Helden, der sich aus vielen Einzelnen zusammensetzt, aber nicht die Summe dieser Einzelnen ist, sondern ein im Handeln und Erleiden Selbständiger. Wie sich unter bestimmten Voraussetzungen aus Einzelschicksalen ein Massenschicksal bildet, das sich nach eigenen Gesetzen vollendet: das ist der durchaus dramatische Nerv der in epodramatischer Form gestalteten Tragödie des schlesischen Weberaufruhrs von 1844. Der konsequente Aufbau der Handlung, der die traditionelle Gliederung in fünf Akte beibehält, wobei der fünfte Akt in einer Art Rückspiegelung das tragische Ende der in den ersten vier Akten mit unaufhaltsamer Vehemenz fortschreitenden Weberrevolte aufscheinen läßt, zeigt Hauptmann als Meister der Massenpsychologie. [. . .]
Die ganze Größe der Charakterisierungskunst Hauptmanns aber zeigt sich darin, daß er in der Masse der aufständischen Weber gleichzeitig noch die Physiognomien der Einzelnen erkennen läßt, aus denen sie sich geformt hat. Die ohne Zielwillen in blindes Rachewüten abgeirrte und so in tragische Schuld geratene Bewegung erleidet im fünften Akt den Untergang, und hier hat Hauptmann ihr im alten Vater

Hilse den Einzelnen gegenübergestellt, der, von der Ekstase des Aufruhrs nicht angesteckt, das Verhängnis erkennt: ›Mit Gewalt? Nu, da laßt euch bald begraben dahier. Se wern's euch beweisen, wo de Gewalt steckt.‹ Daß die Bestätigung seiner vergeblichen Warnung, die Gewehrsalve des Militärs, gerade ihn tödlich trifft, zeigt mit tragischer Ironie die Ohnmacht des Einzelnen gegenüber der Masse und das Hereinbrechen des von der Masse verschuldeten Unheils über Gerechte und Ungerechte, so wie im letzten Kriege Tod und Vernichtung die Gegner Hitlers gleicherweise getroffen hat wie seine von der Massenpsychose fanatisierten Anhänger. ›Der organisierte Wahnsinn ist die größte Macht in der Welt‹, lautet ein Satz Hauptmanns in seinen Aufzeichnungen ›Einsichten und Ausblicke‹.«

Carl Friedrich Wilhelm Behl: Der Einzelne und die Masse im Werke Gerhart Hauptmanns. In: The Germanic Review 33 (1958) S. 168–175 (hier: S. 168 f.).

Als »Anti-Klimax«, so Karl S. Guthke (geb. 1933), wirke der gesamte Schlußakt, in dem die Rebellion der Weber durch die ganze Lebenshaltung des frommen Hilse als Irreführung gekennzeichnet werde:

»Hat sich bis hierher die dramatische Spannung und Stimmung fortlaufend intensiviert, so wirkt der Schlußakt von Anfang bis Ende als Anti-Klimax. Aber von ihm strahlt das Licht aus, in dem die ganze Weberrevolte zu verstehen ist. Gerade der Umstand, daß der fünfte Akt handlungsmäßig nur sehr dürftig integriert ist, also weniger den Eindruck eines organischen Kompositionsteils als eines wegen seiner sinngebenden Funktion etwas gewaltsam eingefügten Bauelements erweckt, muß unsere Aufmerksamkeit nachdrücklich auf die hier gegebene Perspektive lenken, genauer: auf den alten Webermeister Hilse, dem dieser ganze Akt gewidmet ist. Inmitten der revolutionären Bewegung, die sich mittlerweile zu einer Vernichtungsraserei von apokalyptischem Ausmaß entwickelt hat, bildet der Großvater Hilse, unentwegt an seinem Webstuhl ausharrend, den ruhenden Mittelpunkt des Sturms. Eingeführt mit einem Dankgebet an Gott, ragt er, wenn nicht als großer, so doch als einziger geistig außergewöhnlicher Mensch aus der Masse der Weber hervor: [. . .].

Das ist nicht, wie man beim ersten Lesen argwöhnen mag, eine Karikatur des Trottels der Gläubigkeit, Karikatur der Religion als Ersatzbefriedigung der Schlechtweggekommenen. Der alte Hilse hat vielmehr seine Bedeutung darin, daß er die einzige Gestalt des ganzen Dramas ist, die ein Verhältnis zu jenem Bereich hat, der die bisher dargestellte Wirklichkeit transzendiert. [. . .]

So wird durch den alten Weber, dem sich »in aller der Not« eine religiöse »Gewißheit« erschlossen hat, das ganze bisherige Geschehen, das im Hilse-Akt noch weiterläuft und ihn umbrandet, sozusagen stilgerecht in eine neue Perspektive gerückt: die Rebellion der Weber gegen die Not ihres Daseins wird gegen das im Transzendenten verwurzelte Lebensbewußtsein Hilses gewogen und zu leicht befunden – sie ist allzusehr den bloß physischen, irdischen Bedürfnissen der Existenz verhaftet. Nicht eigentlich der alte Webermeister ist somit tragisch gesehen, wie man in der Literatur immer wieder liest, sondern die Gesamtheit der – anderen – Weber [. . .].

Denn in ihrem Leiden wird ihnen nicht das Geschenk der jenseitsgerichteten Gewißheit und Ewigkeitsschau zuteil; im Gegenteil werden sie immer mehr in die diesseitigen Lebensbezüge verstrickt, die ihren Horizont begrenzen, und so machen sie sich schuldig. Gerade in den Schlußaugenblicken kann darüber kein Zweifel herrschen. Es wird zusehends offenbar, wie die Revolte die tierischen und gemeinen Instinkte entbindet, die Rachlust, die Mord- und Brandsucht und die reine Zerstörungswut, die die Weber in rasendem Paroxysmus immer tiefer in Schuld und Kriminalität

verwickeln. Hatte das Aufbegehren schon von Anfang an keine sinngebende und leitende Zielvorstellung, so gerät es jetzt völlig außer Rand und Band. [...]
Aber erst im Schlußakt wird die soziale Selbsthilfe durch die Worte oder besser noch: durch die ganze Lebenserscheinung des alten Hilse – der sich von Gott an seinen Platz gestellt weiß und tut, was er ihm »schuldig« ist, in dessen Umkreis Liebe, Innigkeit und Rechtlichkeit einfacher Menschen herrschen – als Irrtum gekennzeichnet. Gekennzeichnet, doch nicht angeprangert, denn letztlich ist die Tragik der Weber nicht in der Entfesselung unmenschlicher Instinkte begründet, sondern vielmehr in der Irreführung durch die eigene Not und den utopischen Erlösungswillen.«

Karl S. Guthke: Gerhart Hauptmann. Weltbild im Werk. 2., vollständig überarb. und erw. Aufl. München: Francke, 1980. S. 85 ff. – Mit Genehmigung von Karl S. Guthke, Wolfenbüttel.

Auf die »unsicheren Grundlagen von Hilses Gläubigkeit« macht Hans M. Wolff (1912–1958) in seinem Beitrag aufmerksam.

»Die Religion des alten Hilse ist ein Irrglaube, doch gibt ihr der bloße Umstand, daß der alte Hilse sich zu ihr bekennt, einen gewissen Anspruch auf Achtung.
Wenn aber die überragende Bedeutung, die der Gestalt des alten Hilse zukommt, nicht aus dessen Religiosität zu erklären ist – worauf beruht sie dann? Wir erhalten eine Antwort auf diese Frage, sobald wir uns der Szene zuwenden, in der der alte Hilse den Aufständischen gegenübersteht. [...]
In dieser Szene wie auch in den abschließenden Partien des Dramas ist es unverkennbar, daß der alte Hilse im Leben wie im Sterben ein höheres Ethos verkörpert als die ihn umgebenden Gestalten, deren revolutionäres Pathos im Vergleich zu Hilses Bereitschaft, sich mit seinem Los abzufinden und sein Kreuz auf sich zu nehmen, schal und flach

erscheint. Und wenn wir den alten Hilse von dieser Seite her verstehen, so erklärt sich jene überraschende Andeutung des ›Abenteuers meiner Jugend‹, daß zwischen dem Drama und Schopenhauer eine Verbindung besteht, denn tatsächlich haben wir es hier wieder mit dem Gegensatz von Optimismus und Pessimismus zu tun, der das ›Friedensfest‹ charakterisiert, nur mit dem Unterschied, daß er jetzt auf den Bereich des sozialen Lebens übertragen ist: Während die Weber glauben, durch ein paar gewalttätige Maßnahmen ihr Elend beseitigen zu können, weiß der alte Hilse, daß die Dinge nicht so einfach liegen. Die Größe des alten Hilse liegt also in seinem Pessimismus, der eine Verbindung zwischen ihm und Robert Scholz herstellt, doch ergibt sich damit nun die Frage, warum Hauptmann das religiöse Element so stark betont hat, daß es geradezu den eigentlichen Kern von Hilses Charakter auszumachen scheint. Nietzsche hat einmal gesagt, Christentum sei Platonismus fürs Volk; wir können diesen Gedanken auf Hilse übertragen, indem wir sagen: Christentum ist Pessimismus fürs Volk. Der alte Hilse scheint von den wirtschaftlichen Problemen, die dem Elend der Handweber zugrunde liegen, wenig zu verstehen und braucht auch davon nichts zu verstehen, denn da er auf Grund seiner Religion um die gebrechliche Einrichtung der Welt weiß, hütet er sich vor übertriebenen Hoffnungen, wie sie die andern Weber hegen, deren Optimismus dem Frau Buchners entspricht. Und wie im ›Friedensfest‹, so weicht der Dichter auch in den ›Webern‹ einer ganz eindeutigen Stellungnahme zu dem Gegensatz von Optimismus und Pessimismus aus. Daß die Aufständischen nur Unheil anrichten, ist offensichtlich; nicht weniger offensichtlich ist es, daß der alte Hilse in seinem Pessimismus zu weit geht, denn wenn er etwa auf Bäckers Ausruf: ›anderscher muß doch werden‹, antwortet: ›Am Nimmermehrschtage‹, so wissen wir, daß Hauptmann eine derartige dumpfe Resignation nicht teilte. Trotz der antirevolutionären Tendenz des letzten Akts wird die soziale Anklage der ersten Akte nicht völlig entkräftet, sondern nur gemildert und in ihrer Bedeutung verändert, denn indem der Dichter die Unfähigkeit der Entrechteten, sich selber zu helfen, so nachdrücklich betont, wirkt das Drama wie ein Appell an das Volksgewissen, diesem Elend zu steuern.«

Hans M. Wolff: Der alte Hilse. In: Karl S. Guthke/ H. M. W.: Das Leid im Werke Gerhart Hauptmanns. Fünf Studien. München/Bern: Francke, 1958. S. 65–73 (hier: S. 71 f.). –

Kurt May (1892–1959), der Hauptmanns Schauspiel als ein »sozialhistorisches Schicksalsdrama« deutet, sieht mit dem Tod des alten Hilse die aufrührerischen Weber ins Unrecht gesetzt.

»Hauptmann hat sein sozialhistorisches Schicksalsdrama weitgehend einzufügen, einzuschmelzen gewußt in die für ihn zunächst noch verbindliche Tradition des naturalistischen Dramas. Zugleich hat er mit der Reproduktion einmaliger geschichtlicher Ereignisse eine soziale Revolution, wie sie nach ihrer eigenen Gesetzlichkeit verlaufen muß, auf die Bühne gestellt. Das ist ein Stück Naturgeschichte einer sozialen Revolution, wie sie Jahrzehnte vorher der junge Georg Büchner, ein Lieblingsautor des jungen Hauptmann, mit seinem ›Dantons Tod‹ im Sinn gehabt hat. Nur hat in den Hauptmannschen ›Webern‹ der mißglückende Aufstand verelendeter, ausgebeuteter Heimarbeiter wenig zu tun mit der revolutionären Bewegung eines klassenbewußten Proletariats seiner Zeit, das vergeblich von ihm sein Programm- und Kampfstück erhofft hat. Hauptmanns Darstellung reicht ja nicht wesentlich hinaus über den Horizont der Weber selbst. [. . .]
Der Vorhang fällt über einem alten Weber Hilse, der am Fenster saß und den es mit einer verirrten Kugel erwischt

hat. Es geht also ein auf unzählige Personen verteilter Vorgang des gemeinsamen Leidens durch das Ganze, und dieser rollt ab in einem einzigen Crescendo durch alle Situationen und Ereignisse. Nach dem Ende eines jeden Aktes wiederholt sich ein Anwachsen der gemeinsamen Erregung über die gemeinsame Not, wie Wellen in einer Brandung übereinanderrollend hoch und höher steigen. So bis zum Ausgang des fünften Aktes in dem der Wogenschwall plötzlich in einer einzigen Rückstauung gebrochen wird. [...]

Niemand vergißt die letzte Szene, in der der alte Weber Hilse am Fenster sitzend erschossen wird. In herzzerschneidender tragischer Ironie fällt der einzige Weber der Kugel zum Opfer, der den Aufstand aus innerster Überzeugung abgelehnt hat: ›Mein ist die Rache, spricht der Herr, unser Gott.‹ Diese Worte bedeuten am Schluß eine große Überraschung. In ihnen vollzieht sich eine Achsendrehung kurz vor dem Ende. Ein einziger Weber stellt sich hier autonom der gesamten Bewegung entgegen, die alle abhängigen Figuren ergriffen hatte und uns mit. Jener einzelne widerlegt die ganze bisherige Gesamtbewegung in seinem Bekenntnis von innen her, indem er sich ablöst vom Kollektiv. [...]

In der Hilseszene wird nicht mehr reproduziert, nicht nur ans Mitleiden appelliert, sondern vom Dichter aus gedeutet und gewertet, und zwar von einem Standort aus, der hinter und über den Zusammenhängen einer physiologisch-psychologischen und soziologischen Wirklichkeit liegt. Die Figur des alten Hilse erinnert uns an das Urbild des pietistisch Frommen und Stillen im Lande, die uns aus Hauptmanns Lebensgeschichte und zahlreichen seiner dichterischen Gestalten vertraut sind. Am Schluß des völlig profanen Sozialdramas wird also eine Wendung ins Geistige, ins Geistliche überraschend aber eindeutig sichtbar. (Man wird nicht sagen können, dieser Schluß des ›Weber‹-Dramas wirke unglaubwürdig, weil er mit so konventionellen Mitteln gestaltet sei, im Grunde fingiert. Im Gegenteil, der Text erweist, daß hier kein falsches Pathos spricht).«

May, Kurt: Gerhart Hauptmann. Die Weber. In: Das deutsche Drama vom Barock bis zur Gegenwart. Interpretationen. Hrsg. von Benno von Wiese. Düsseldorf: Bagel, 1968. Bd. 2. S. 158–166 (hier: S. 160, 161 f., 165 f.). – Mit Genehmigung von Peter von Wiese, Remshalden.

Nicht eine zielgerichtete Handlung, so PETER SZONDI (1929–1971), sondern eine Vielfalt epischer Situationen kennzeichne das soziale Drama. Und mit Blick auf Hauptmanns *Weber* führt er aus:

»Es soll die Not der Weberbevölkerung des Eulengebirges um die Mitte des neunzehnten Jahrhunderts darstellen. Keim der Dichtung war – wie Hauptmann in der Widmung schreibt – seines Vaters *Erzählung vom Großvater, der in jungen Jahren, ein armer Weber, wie die Geschilderten hinterm Webstuhl gesessen*. Das Wort wird hier zitiert, weil es zugleich in die Formproblematik des Werkes einführt. An dessen Ursprung steht ein unauslöschliches Bild: die Weber hinter ihren Webstühlen, und das Wissen um ihr Elend. Das scheint eine bildliche Gestaltung zu fordern, wie sie im, freilich von Hauptmann inspirierten, Zyklus *Weber-Aufstand* der Käthe Kollwitz – um 1897 – vorliegt. Für die dramatische Darstellung stellt sich aber wie bei *Vor Sonnenaufgang* auch hier die Frage nach der Möglichkeit einer Handlung. Weder das Leben der Weber, die nur Arbeiten und Hungern kennen, noch die politisch-ökonomischen Zustände lassen sich in dramatische Aktualität verwandeln. Die einzige Handlung, die unter solchen Daseinsbedingungen möglich ist, ist die gegen sie: der Aufstand. Hauptmann unternimmt die Darstellung des 1844-er Weberaufstandes. Die epische Schilderung der Zustände scheint so –

als Motivation der Revolte – dramatisiert werden zu können. Aber die Handlung selbst ist keine dramatische. Der Aufstand der Weber entbehrt, bis auf eine Szene im letzten Akt, des zwischenmenschlichen Konflikts, er entwickelt sich nicht im Medium des Dialogs (wie etwa in Schillers *Wallenstein*), sondern, als Ausbruch von Verzweifelten, jenseits des Zwiegesprächs und kann deshalb nur dessen Thema sein. So fällt das Werk wieder ins Epische zurück. Es setzt sich aus Szenen zusammen, in denen verschiedene Möglichkeiten des epischen Theaters benutzt werden, was auf dieser Stufe bedeutet, daß die Beziehung Epiker-Gegenstand in die dramatische Szene thematisch eingebaut ist. [...]

Diese Vielfalt der epischen Situationen: Revue, Darstellung vor einem Fremden, Bericht, Beschreibung, sorgfältig verankert in der Wahl der Szene; das immer wieder neu Ansetzen nach Aktschluß; die Einführung neuer Personen in jedem Akt; das Verfolgen des Aufstandes in seiner Ausbreitung, wobei im letzten Akt den Aufständischen gar vorangeeilt wird – das alles deutet wiederum auf die epische Grundstruktur des Werkes hin. Es drückt aus, daß Handlung und Werk hier nicht, wie im Drama, identisch sind, der Aufstand ist vielmehr Gegenstand des Werkes. Dessen Einheit wurzelt nicht in der Kontinuität der Handlung, sondern in der des unsichtbaren epischen Ich, das die Zustände und Ereignisse vorführt. Deshalb können immer wieder neue Gestalten auftreten. Die beschränkte Zahl der Personen hat im Drama die Absolutheit und Eigenständigkeit des dramatischen Gewebes zu gewährleisten. Hier werden immer neue Gestalten eingeführt, womit zugleich das Zufällige ihrer Wahl, das Stellvertretende, auf ein Kollektivum Weisende ihres Auftretens ausgedrückt wird.

Das epische Ich wird – so paradox das zu sein scheint – selbst von der ›objektiven‹ Sprache des Naturalismus vorausgesetzt, wie sie *Die Weber* und vollends die Urfassung *De Waber* kennen. Denn gerade wo die dramatische Sprache auf das Dichterische verzichtet, um sich der ›Wirklichkeit‹ zu nähern, weist sie auf ihren subjektiven Ursprung, auf den Autor, hin. Aus dem naturalistischen Dialog, der die Aufnahmen späterer Phonogrammarchive vorwegnimmt, sind immer auch die Worte des wissenschaftsfreundlichen Dramatikers herauszuhören: »So sprechen diese Leute, ich hab' sie studiert.« Auf ästhetischem Gebiet schlägt, was sonst objektiv zu nennen ist, ins Subjektive um. Denn ein dramatischer Dialog ist ›objektiv‹, wenn er innerhalb der Grenzen verweilt, welche die absolute Form des Dramas bestimmen, wenn er nicht darüber hinausweist: weder auf die Empirie noch auf den empiristischen Autor. [...]

Dem Verzicht auf die weitere Darstellung des Aufstandes und seiner Niederwerfung hätte ein unbetontes Abbrechen entsprochen. Dieses ist aber epischen Wesens. Weil der Epiker sein Werk von der Empirie und von sich selbst nie ganz abgelöst hat, kann er es abbrechen; auf den Schlußstrich der Erzählung folgt nicht das Nichts, sondern die nicht mehr erzählte ›Wirklichkeit‹, deren Annahme und Suggestion zum epischen Formprinzip gehören. Das Drama ist aber, als ein Absolutes, seine Wirklichkeit selbst; es muß ein Ende haben, das für das Ende schlechthin einstehen kann und nicht weiter fragen läßt. Statt mit einem Ausblick auf die Niederwerfung des Weberaufstandes abzubrechen, bei der Gestaltung des Kollektivschicksals zu bleiben und die thematische Epik zugleich formal zu bestätigen, wollte Hauptmann die Forderungen der dramatischen Form erfüllen, obwohl sie vom Stoff her seit je in Frage gestellt war.«

Peter Szondi: Hauptmann. In: P. S.: Schriften 1 Frankfurt a. M.: Suhrkamp, 1978. S. 59–68 (hier S. 64–68). –

In ihrer Entgegnung auf Peter Szondis Kritik, der 1963 in seiner *Theorie des modernen Dramas* grundlegende Einwände gegen die bei Hauptmann wie überhaupt im naturalistischen Drama verstärkt hervortretenden episierenden Züge anbrachte, führt Hannelore Schlaffer (geb. 1939) aus:

»In Hauptmanns *Webern* besetzt Volk nicht mehr als Ganzes *eine* Rolle unter anderen, sondern seine Vertreter haben nahezu alle Rollen übernommen. Als Repräsentanten jedoch sind sie stets Funktionsträger in einem gesellschaftlichen Ganzen, so daß jede Figur eines solchen Dramas dieselbe Tendenz hat. Damit werden Charakter, Individualität, Dialog und Handlung, die Konstituentien des tragischen Personals, hinfällig: wie aber kann Handlung entstehen zwischen Personen, die alle gleichgerichtet sind, wo also der personale Gegenspieler fehlt? [. . .]
Formal ließe sich tragische Handlung zwischen antagonistischen Personen als einmaliger Ablauf mit ›Knotenschürzen‹, Peripetie und Lösung beschreiben. An die Stelle des zu schürzenden Knotens tritt in den *Webern* die Eskalation des Elends. Nicht durch eine einmalige Aktion wird Handlung ausgelöst, sondern durch Summation von Leid werden inaktive Personen – ohne Angriff durch einen personalen Kontrahenten – zu Handelnden. In steter Wiederholung wird das Leid der Weber ausgebreitet. Die Selbstdarstellung wird somit zum Stimulans des Handelns, die Zeichnung des Milieus, ein dem Roman entnommenes Stilelement, zum Inhalt des Dramas. Die konsequente tragische Handlung, getragen von Personen, wird zum beliebigen dramatischen Ereignis, das sich aus der Eskalation milieubedingter Phänomene und Verhaltensweisen ergibt. Selbstdarstellung ersetzt den Gegenspieler. [. . .]
Die exemplarische Figur ist für Hauptmann der Ort, wo sich im Subjektiven objektive Zusammenhänge darstellen lassen. Die Gesellschaft wirkt hier unmittelbar auf den Einzelnen. Die exemplarische Figur ermöglicht, was Szondi im sozialen Drama für unmöglich hielt: entfremdete gesellschaftliche Zusammenhänge in zwischenmenschliche Ak-

tualität überzuführen. Denn solche Figuren sind wiederholbar; das subjektiv Erlebte erhält damit seinen objektiven Hintergrund. [...]
Wo sich die gesellschaftlichen Bedingungen und Wirkungen im einzelnen zeigen, werden sie zum Milieu. [...]
Immerhin bietet die Milieuschilderung eine Möglichkeit, Volk als dramatis persona aufzubauen. Inaktivität und Ausgeliefertsein der Figur an die Situation sind Voraussetzung für die Eskalation, aus der ein dramatisches Ereignis – wie etwa der Aufstand der Weber – erst entsteht. Aus der allmählichen Summierung der Szenen entsprungen, kontrastiert es dem ruhigen Milieugemälde. Die Handlung entwickelt sich nicht linear, sondern schlägt plötzlich um. Die Revolution ist der inhaltliche Ausdruck solchen formalen Aufbaus. Sie ist die Möglichkeit, das nach außen hin inaktive Nebeneinander-Sprechen und -Sein der Volksfiguren in Handeln überzuführen. So wandelt sich – auf ganz andere Art als in der strengen Tragödie – Sprache in Aktion. Da Hauptmann diese revolutionäre Aktivität jedoch ans Milieu zurückbindet, sie vom anschaubaren dramatischen Subjekt ausgehen läßt, verbleibt die scheinbar ökonomische Motivation letztlich im Psychologischen. Die Revolution als dramatisches Ereignis ist ein spontaner Ausbruch angestauter Emotionen. Das Milieu erlaubt nicht, über persönliche Motivationen hinauszugehen; der gesellschaftliche Grund der Revolution ist in der privaten dramatischen Einzelperson zwar darstellbar, nicht aber ihr gesellschaftlicher Sinn, ihr gesellschaftliches Ziel. Das Ende des Dramas läßt nicht nur den Ausgang, sondern auch die Bedeutung der Aktion offen. Eine Perspektive auf geschichtliche Zukunft ist dem naturalistischen Dramatiker versagt.«

Hannelore Schlaffer: Dramenform und Klassenstruktur. Eine Analyse der dramatis persona »Volk«. Stuttgart: Metzler, 1972. S. 162 ff. – © 1972 Verlag J. B. Metzler, Stuttgart.

Ebenso kontrovers wie Szondis Ausführungen wurde auch Manfred Braunecks (geb. 1934) grundlegende *Studie zur Rezeption des naturalistischen Theaters in Deutschland* diskutiert:

»Für die zeitgenössische Rezeption des naturalistischen Theaters läßt sich an den Argumentationen in den Verbotsverfügungen zu Hauptmanns *Webern*, den Schriftsätzen, die Hauptmanns Anwalt Richard Grelling in einer Reihe von Prozessen mit den preußischen Verwaltungsgerichten in dieser Sache ausgetauscht hat und in den Pressediskussionen, die durch *Die Weber* ausgelöst wurden und sich über mehr als zwei Jahre hinzogen, beispielhaft zeigen, in welchem Grade politische und ideologische Vororientierungen, das Kalkül mit dem Fermentwert des Stücks in der Zeit der Wirtschaftskrise und die öffentliche Einschätzung der institutionellen Form der ästhetischen Vermittlung die Aufnahme der *Weber* in der zeitgenössischen Öffentlichkeit bestimmt hatten und wie sich in diesem Prozeß der Rezeptionsvorgang weitgehend verselbständigte; d. h. die Polemik gegen *Die Weber* wurde zur Polemik gegen die tatsächliche und vermeintliche Inanspruchnahme des Stücks und gegen seine erst in der Rezeption sich ausbildende kritische Funktion: ›man schlug den Sack und meinte den Esel.‹ [. . .]
Die Hauptmann von seinen zeitgenössischen Kritikern unterstellte politisch oppositionelle Haltung resultierte wesentlich aus dem Eindruck, den die *Weber*-Prozesse in der Öffentlichkeit gemacht hatten, die politische Rezeption des Stücks fiel auf dessen Autor zurück; außerdem wurde in der Presse immer wieder darauf hingewiesen, daß Hauptmann in den Breslauer Sozialistenprozeß von 1887 verwickelt gewesen sei. Der Bekanntenkreis des Dichters schien den Zeitgenossen als ein weiteres Indiz dafür, eine engere Beziehung Hauptmanns zur Sozialdemokratie zu vermuten. Hauptmann selbst beschreibt diese Beziehung in seiner Autobiographie *Das Abenteuer meiner Jugend* in folgender Weise:

›Von früh auf in Opposition gedrängt, war ich ihr freilich auch heut noch verfallen. Ein ruhiger Bürger war ich und war ich nicht. Was ich dachte, war Neuerung. In keiner erlaubten noch unerlaubten Rubrik ließ es sich unterbringen. Stand ich dem Sozialismus nahe, so fühlte ich mich nicht als Sozialisten. Die Einzigkeit meines Wesens war es, auf der ich bestand und die ich gegen alles mit verzweifeltem Mut verteidigte.‹

In dieser Selbstcharakterisierung wird der individualistische Ansatz von Hauptmanns ›oppositionellem‹ Lebensgefühl erkennbar; der Begriff der ›Neuerung‹, den Hauptmann für sein Denken beansprucht, ist auf diesen Rahmen reduziert; er spiegelt jenes gebrochene Zeitbewußtsein des bürgerlichen Literaten wider, der aus einer Erfahrung persönlicher Verunsicherung und des Verfalls seiner ideologischen Orientierungen, deren Ursachen weder erkannt noch reflektiert werden, an seiner Zeit ›leidet‹. Im Hinblick auf die sozialistische Arbeiterbewegung, mit der den Dichter allenfalls ein Moment der Stimmung zu verbinden schien – es deutet sich an, wenn er davon spricht: ›Aber nun merkte ich plötzlich, ich sei nicht allein.‹ – reproduziert Hauptmann das für die bürgerliche Sozialismuskritik typische Argument, daß die »socialdemokratische Theorie« der Nivellierung und Vermassung Vorschub leiste. Demgegenüber will der Dichter die ›Einzigkeit [seines] Wesens‹ verteidigen; in diesem Nebeneinander von subjektivistischem Anspruch und polemischem Argument gegen die Sozialdemokraten drückt sich der Widerspruch in Hauptmanns ›politischem‹ Bewußtsein aus und reduziert sich jede oppositionelle Geste auf die Artikulation privaten Unbehagens, allenfalls auf ein Leiden an der Zeit. [...]

Die Voraussetzung dafür, daß er die *Weber* als ›Bauerndrama‹ schreiben könne, schien ihm hinreichend gegeben: ›ich beherrschte den Volksdialekt. Ich würde ihn also, war mein Beschluß, in die Literatur einführen‹. In diesem Sinne griff Hauptmann das ›soziale Drama‹, das als ›Postulat in der Luft‹ lag, auf, es ›real ins Leben zu rufen, war damals eine Preisaufgabe [. . .]‹. Selbst wenn man berücksichtigt, daß eine Retrospektive wie *Das Abenteuer meiner Jugend*, die in den Jahren von 1929 bis 1935 entstanden war, die Perspektive der späteren Jahre in die nachträgliche Interpretation von Motivationen und Anschauungen früherer Lebensabschnitte unvermeidlich einbringt, läßt sich Hauptmanns Standort für die erste Hälfte der neunziger Jahre daraus doch rekonstruieren; das Ergebnis fügt sich in das schon skizzierte Bild. Einmal mehr wird deutlich, daß die politische Aktualisierung eines Stücks wie *Die Weber* nur im Abstand zu seinem Autor erfolgen konnte, weitgehend unabhängig von dessen Intentionen und bestimmt durch Faktoren, die sich allein im zeitgeschichtlichen Rezeptionskontext konstituierten. Nehmen wir die Auskunft über die *Weber*-Konzeption in der Autobiographie ernst, so muß jene Widmung des Stücks von 1892 an den Vater Robert Hauptmann als Topos interpretiert werden, mit dem die artistische Leistung (›Preisaufgabe‹) in einen scheinbaren Erlebnishintergrund hineinstilisiert werden sollte. In der Widmung heißt es: ›Deine Erzählung vom Großvater, der in jungen Jahren ein armer Weber, wie die Geschilderten hinterm Webstuhl gesessen, ist der Keim meiner Dichtung geworden, die, ob sie nun lebenskräftig oder morsch im Innern sein mag, doch das Beste ist, was ‚ein armer Mann wie Hamlet ist' zu geben hat.‹ Interpretieren wir die Widmung als Topos richtig, so erhält das indirekte Rollenzitat vom Weberenkel, ähnlich dem literarischen Rollenzitat (›ein armer Mann wie Hamlet ist‹), die Funktion, die artistische Distanz des Autors zu seinem Stoff zu verschleiern, d. h. als Engagement und Erlebnis erscheinen zu lassen, was als ›Preisaufgabe‹ gelöst wurde.«

Manfred Brauneck: Literatur und Öffentlichkeit im ausgehenden 19. Jahrhundert. Studien zur Rezeption des naturalistischen Theaters in Deutschland. Stuttgart: Metzler, 1974. S. 50, 150 f. –

Die »Crux der *Weber*-Deutung«, betont JÜRGEN JACOBS (geb. 1936) noch einmal, liege im Schlußakt. Und er fährt fort:

»Nicht selten haben die irritierten Kritiker versucht, die Deutungsschwierigkeiten des Schlußaktes aus dramaturgischen Überlegungen zu erklären. [. . .]
Es lohnt allerdings, die Frage noch einmal aufzuwerfen, ob die Figur Hilses und sein abrupter Tod nicht doch sinnvoll in den Gang von Hauptmanns Stück integriert werden können. Zunächst einmal wird festzuhalten sein, daß durch Hilses Worte und durch sein Ende die Empörung der Weber nicht ins Unrecht gesetzt und widerlegt wird. Seine Überzeugung bleibt – wie gezeigt – der qualvollen Wirklichkeit gegenüber beschränkt und ohnmächtig, und sein Ende findet er ja keineswegs unter den Knüppeln radikalisierter und Parteinahme fordernder Weber, sondern durch die Kugeln des Militärs. Dieser Tod des willentlich unbeteiligten, auf eine quietistische Position emigrierten, entschlossen an seinem frommen Glauben festhaltenden Hilse kann allenfalls die Blindheit der Gewalten sichtbar machen, die durch das drückende Elend erzeugt und von der Rebellion entbunden worden sind. Hauptmanns Stück läßt den Aufstand nicht nur verständlich erscheinen, er stellt ihn vielmehr als notwendig, als unvermeidlich hin: Die Not entlädt sich in einem Ausbruch von Wut und Rache, dessen Folgen im einzelnen nicht kalkulierbar sind, von dem nur sicher ist, daß er durch Mobilisierung stärkerer Kräfte brutal niedergeschlagen werden wird.
Die Revolte wäre demnach als ein explosiver Naturvorgang aufgefaßt, der durch unerträglichen sozialen Druck verursacht ist und sich mit blinder Zerstörungskraft austobt. Auch Hilse, der Repräsentant der traditionellen, friedlich-resignierten Lebensform der Weber, fällt ihm zum Opfer: er wird gewissermaßen durch einen bei dem sozialen Vulkanausbruch hochgeschleuderten Brocken zerschmettert. Die

Indifferenz und Blindheit der hier entbundenen Gewalten ließen sich kaum nachdrücklicher anschaulich machen als durch den Zufallstod eines Unbeteiligten.«

Jürgen Jacobs: Gerhart Hauptmanns *Weber*. Historien- und Zeitstück. In: Geschichte als Schauspiel. Deutsche Geschichtsdramen. Interpretationen. Hrsg. von Walter Hinck. Frankfurt a. M.: Suhrkamp, 1981. S. 227–239 (hier: S. 234 f.). – Mit Genehmigung von Jürgen Jacobs, Wuppertal.

Entschieden wendet sich LUTZ KRONEBERG gegen eine Entpolitisierung des Dramas:

»Mit der Figur des alten Hilse wird die in den vorhergehenden Akten aufgewiesene soziale Ungerechtigkeit, die Ausbeutung durch die Handelsherren, die elende Arbeits- und Lebenssituation und auch die Revolte nicht aufgehoben. Vielmehr wird im 5. Akt die revolutionäre Aktion der Weber mit den religiösen Vorstellungen des alten Hilse parallelisiert. Unter den Webern des Jahres 1844 waren aber Pietismus und Katholizismus weitverbreitet. 1844 konnte man sich nicht vorstellen, daß ausgerechnet im stillen und frommen Schlesien eine Revolte ausgebrochen war. Auch mit dem alten Hilse hat Hauptmann eine ›realistische‹ Figur in sein Drama aufgenommen, wie es sie 1844 unter schlesischen Webern zahlreich gegeben hat. Auf keinen Fall darf die Figur des alten Hilse dazu herhalten, das Weber-Drama zu entpolitisieren.
In jüngster Zeit hat Manfred Brauneck versucht, den politischen Bedeutungsgehalt des Weber-Dramas allein aus dessen Rezeptionsverlauf zu bestimmen. Brauneck meint, ›daß die politische Aktualisierung eines Stückes wie ‚Die Weber' nur im Abstand zu seinem Autor erfolgen konnte, weitgehend unabhängig von dessen Intentionen und bestimmt durch Faktoren, die sich allein im zeitgenössischen Rezeptionskontext konstituierten.‹ Hauptmann ist aber selbst Re-

zipient des Weberstoffes gewesen; er hat sich während der Vorarbeiten zu seinem Drama wenigstens teilweise in dem Rezeptionskontext bewegt, den Brauneck von Hauptmann getrennt wissen will. Daß gerade Hauptmann am wenigsten über die politischen Aktualisierungsmöglichkeiten des Weberstoffs wissen soll, ist nicht einsichtig. Gerade an Hauptmanns kritischem Verhalten den Quellen gegenüber läßt sich erkennen, daß das Weber-Drama nicht – wie Brauneck meint – eine ›erst in der Rezeption sich ausbildende kritische Funktion‹ habe. Sicherlich verstärkt die Rezeption den kritischen Gehalt des Weber-Dramas, aber diese kritische Funktion ist von Hauptmann intentional im Drama angelegt durch den Einbau von Elementen aus Texten der vierziger Jahre, nicht zuletzt durch den leitmotivischen Einbau des ›Blutgerichts‹. [. . .]

Hauptmanns Verzicht aber, die textuellen Bezüge seines Dramas zu anderen Texten offenzulegen, erhielt für die Rezeption des Dramas die *Möglichkeit*, es nicht als eine ›naturalistische‹ Abbildung des schlesischen Weberelends der vierziger Jahre zu verstehen, sondern es auf den sozialen und politischen Kontext der neunziger Jahre zu beziehen. Gerade der Bezug auf Schneer, der aus unmittelbarer eigener Anschauung Passagen seines Berichtes erstellte, hätte Hauptmann den Vorwurf photographisch-naturalistischer Abbildung eingebracht. Durch diesen Verzicht und die Betonung des Dichterischen im Drama bleibt es auf den sozial-historischen Kontext der neunziger Jahre beziehbar.«

Lutz Kroneberg: *Die Weber.* Schauspiel aus den vierziger Jahren. Von Gerhart Hauptmann. In: Deutsche Dramen. Interpretationen zu Werken von der Aufklärung bis zur Gegenwart. Hrsg. von Harro Müller-Michaels. Bd. 2: Von Hauptmann bis Botho Strauß. Königstein i. Ts.: Scriptor, 1981. S. 3–23 (hier: S. 19 f.).

Anknüpfend an Fontanes Wort vom »Drama der Volksauflehnung«, das sich »gegen die Auflehnung auflehnt« (vgl. in vorliegender Ausg. S. 152–154) führt Peter Sprengel (geb. 1949) aus:

»Der fromme monarchistische Weber ist natürlich nicht die einzige Person des Dramas, die Kritik an der Revolte übt, aber Hilse ist – im Unterschied zu den verschiedenen Vertretern des Bürgertums – der einzige, dem das moralische Recht zu solcher Kritik zukommt, weil er selbst das Elend der Weber, und zwar ein langes Leben hindurch, erlitten hat. Seinem gläubigen Verweis auf ein jenseitiges Glück stellt die Schwiegertochter Luise in glühenden Worten die Ansprüche des Daseins, Leiden und Leidenschaft einer Mutter gegenüber, die für das Lebensrecht ihrer verhungerten Kinder noch über deren Tod hinaus eintritt. Im Aufeinanderprall beider Positionen – einer fast Schillerschen Antithese – erreicht das Drama seine höchste Reflexionsstufe, wird der Horizont passiven Erleidens und emotionalen Aufbegehrens erstmals in Richtung auf eine moralische Auseinandersetzung über das Problem politischer Gewalt durchbrochen. Der Ausgang des Wortgefechts bleibt freilich unentschieden, keiner überzeugt den anderen. Luise schließt sich den Kämpfenden an und zieht ihren Mann Gottlieb nach sich; der alte Hilse bleibt trotz Warnrufen unbeirrt am Webstuhl nahe dem Fenster und wird von einer verirrten Kugel getroffen.

Hilses Tod hat die Aufmerksamkeit der Interpreten in einem Grad erregt, der die lebhafte Debatte um Loths Flucht in *Vor Sonnenaufgang* noch übertrifft. Wenn er nicht als Widerruf der revolutionären Aussage der ersten vier Akte ausgelegt wurde, dann als Widerruf ihrer epischen Form. [...]

Man wird sich hier (mit Holbeche) der theatralischen Voraussetzungen des naturalistischen Dramas erinnern müssen. Das naturalistische Bühnenbild, das ein Innenraum-Bühnenbild war, ließ Massenvorgänge auf der Bühne nicht zu und zwang dem Dramatiker zur Darstellung der voll entbrannten Revolte konventionelle Techniken wie Botenbericht und Teichoskopie auf. Auf beiden Formen beruht der V. Akt; zum Zwecke ihrer Realisierung mußten Figuren wie die Familie Hilse erfunden werden. Hauptmann nutzt sie als Reflexionsorgan, als Chor seiner schlesischen Tragödie, und ist gleichzeitig bemüht, die künstliche Trennung von Vorder- und Hintergrund, Beobachtern und eigentlichem Revolutionsgeschehen aufzuheben. Es liegt in der Logik dieses Dramas als eines konsequenten Versuchs zur dramatischen Vergegenwärtigung einer Revolution, daß eine Kugel den Weg auf die Bühne findet, den Außenstehenden zum Mitspieler, den Unpolitischen zum Opfer macht. Hilses umstrittener Tod – die Säule mancher *Weber*-Deutung – stellt sich in dieser Sicht (und mit einem Wort, das Fontane auf den ganzen V. Akt gemünzt hat) als dramaturgischer ›Notbehelf‹ dar.«

Peter Sprengel: Gerhart Hauptmann. Epoche – Werk – Wirkung. München: Beck, 1984. S. 87 f. –

Nachdrücklicher noch unterstreicht Wolfgang Rothe (geb. 1929) den Unterschied zwischen Vorder- und Hintergrundgeschehen:

»Zu betonen ist der Unterschied zwischen Vordergrund- und Hintergrundgeschehen, zwischen den kleinen Begebenheiten auf und dem einen großen Vorgang hinter der Bühne, welcher die Revolte verkörpert. Die aufständische Masse bleibt, von der Zerstörungsszene (4. A.) abgesehen, unsichtbar. Das gilt sogar noch für den Schluß, wenn auf offener Bühne Hilse stirbt, während der blutige Kampf des hundertköpfigen ›Helden der Tragödie‹ (L. Schönhoff 1892) jenseits der Kulissen tobt, dort die Rebellierenden ihren

Pyrrhussieg über die bewaffnete Staatsgewalt erringen und der Illusion erliegen, ihr Aufstand werde sich übers ganze Land ausbreiten, Zündfunke einer Revolution sein. Im Grunde spielen ›Die Weber‹ auf zwei dramaturgischen Ebenen. Auf der einen klingen sie als triumphales Massenspiel aus (wie bei Nestroy mit dem besseren Wissen des Autors von einer bevorstehenden Niederlage), auf der anderen Ebene als Individualtragödie einer für das Kollektiv unrepräsentativen Einzelgestalt. Ein inneres Übergewicht des ersteren – des Massenspiels – scheint durchaus gegeben. Da aber auf der Schaubühne die Macht des Optischen (hier Hilses Tod) allemal größer ist als die des Auditiven (Gefechtslärm, Siegesgeschrei hinter den Kulissen), wurde über dem visuellen Vorder- der akustische Hintergrund der ›Weber‹ stets zu niedrig veranschlagt; inwieweit hier ein politisches, antirevolutionäres Vor-Urteil hineinspielte, dem Hilses eindrucksvolle Gottergebenheit gelegen kam, sei dahingestellt.

Es erscheint uns ungerechtfertigt, im Schlußakt mit seiner betont religiösen Thematik die maßgebliche Aussage der ›Weber‹ zu erblicken. Die Hilse-Gestalt kann nicht Urteilskriterium sein für die vorangegangenen Akte und damit das Aufstandsgeschehen auf der unsichtbaren zweiten Ebene. Man sollte das Weberstübchen zu Kaschbach nicht, wie so oft geschehen, zu einem Topos befördern, von dem aus über die Massen-›Bewegung‹ und den ›Prozeß‹ der Menschbewußtwerdung befunden wird, und das hieß in der Regel: die revolutionäre Qualität der ›Weber‹ bezweifelt wird. Diese Perspektive ist verzerrt, es trifft nicht zu, daß Hauptmann sich von einer in den ersten Aufzügen bejahten Revolution wegbewegt und am Ende Hilses quietistische Heilsbotschaft zu eigen macht, vielmehr begab der Autor sich auf einen ›Weg nach innen‹, besann sich auf seine ›Pflicht gegen mich selbst‹ und verabschiedete sich von *allen* verbindlich gesetzten Lehren, vom ›Weltverbesserertum‹ der Sozialisten genauso wie von der schlesischen Väterreligion mit ihrem überwertigen Jenseitsbezug, ihrer passivischen Ergebung in eine nur allzu irdische Herrschaft, ihrer asketischen Lebensnegation und himmlischen Trostverheißung. Die ›Weber‹ markieren in *jeder* wesentlichen Hinsicht für Hauptmann das Ende seiner Jugend, einen Schlußpunkt und den Durchgang zu seinem andersgearteten, von Gesellschaftsrevolte und Staatskritik völlig freien späteren Werk.«

Wolfgang Rothe: Gerhart Hauptmann. *Die Weber.* In: W. R.: Deutsche Revolutionsdramatik seit Goethe. Darmstadt: Wissenschaftliche Buchgesellschaft, 1989. S. 103–121 (hier: S. 115 f.). – Mit Genehmigung von Wolfgang Rothe, Frankfurt am Main.

Von marxistischer Seite beurteilte schon zu Beginn der fünfziger Jahre Hans Jürgen Geerdts (geb. 1922) die politische Perspektive des Dramas:

»Der alte Hilse, der durch metaphysische Ergebenheit und trotziges Verharren auffällt, mag als individuelle Erscheinung im Kreise der Weber seine Berechtigung haben, zumal wenn man bedenkt, daß die tiefe Anlage des schlesischen Proletariers zur Mystik [. . .] auch im Bereiche der revolutionären Weber zur Auswirkung kam. Dadurch aber, daß der Dichter dieser Gestalt einen über das Mass der tatsächlichen gesellschaftlichen Bedeutung herausgehobenen Standort verlieh, schmälerte er die Gültigkeit des Schlussaktes in zwar nicht grundlegender, wohl aber wesentlicher Weise. Ungeachtet der wechselnden Wirkung auf ein zeitbestimmtes Publikum muss die Feststellung getroffen werden, dass die Gefahr des Scheiterns jedweden revolutionären Vorganges im Gehaltlichen der Dichtung eingeschlossen wird. Hauptmann wollte unter allen Umständen einen schematischen und unechten Schluss seines Werkes vermeiden. Da er nicht fähig war, Keime einer gesellschaftlichen Weiterentwicklung über die lokale und zeitlich begrenzte

Revolte hinaus sichtbar werden zu lassen, liess er [. . .] weniger durch einen theoretischen oder abstrahierenden Ausgang als durch die Wahl seines Schlussmotives eine gewisse pessimistische Note zu, die ohne Zweifel dem Werk Abbruch tut.«

Hans Jürgen Geerdts: Gerhart Hauptmann. *Die Weber.* Phil. Diss. Jena 1952. S. 148 f.

IX. Literaturhinweise

1. Werkausgaben, Tagebücher und Briefe

a) Ausgaben

Das gesammelte Werk. Ausgabe letzter Hand zum achtzigsten Geburtstage des Dichters. Erste Abteilung [mehr nicht erschienen]. 17 Bde. Berlin: Fischer, 1942. [*Die Weber* in Bd. 2.]

Sämtliche Werke. Centenar-Ausgabe zum hundertsten Geburtstag des Dichters. Bd. 1–9 hrsg. von Hans-Egon Hass. Bd. 10 fortgef. von Martin Machatzke und Wolfgang Bungies. Bd. 11 fortgef. von Martin Machatzke. Frankfurt a. M./Berlin/Wien: Propyläen Verlag, 1962–74. [Zit. als: CA. – *Die Weber* in Bd. 1.]

De Waber. (Die Weber.) Schauspiel aus den vierziger Jahren. Dialect-Ausgabe. Berlin: S. Fischer, 1892.

De Waber. In: Naturalismus 1892–1899. Dramen, Lyrik, Prosa. Hrsg. von Ursula Münchow. Bd. 2. Berlin/Weimar: Aufbau-Verlag, 1970. S. 5–99.

Die Weber. (Übertragung.) Schauspiel aus den vierziger Jahren. Berlin: S. Fischer, 1892.

Die Weber. Schauspiel aus den vierziger Jahren. Luxusausg. In 230 Exemplaren auf Büttenpapier. Der Bildschmuck ist der Folge *Ein Weberaufstand* von Käthe Kollwitz entnommen. Frankfurt a. M.: Steinthal, 1917.

Die Weber. Schauspiel aus den vierziger Jahren von Gerhart Hauptmann. Mit Einl. und Anm. für den Schulgebrauch von Walter Heynen. Berlin: S. Fischer, 1926.

Die Weber. Schauspiel aus den vierziger Jahren. Leipzig: Reclam, [1955].

Die Weber. In: Klassische Deutsche Dichtung. Bürgerliches Trauerspiel und soziales Drama. Mit einem Nachw. von Walter Müller-Seidel. Bd. 15. Freiburg/Basel/Wien: Herder, 1964. S. 317–399.

Die Weber. In: Deutsche Revolutionsdramen. Hrsg. und eingel. von Reinhold Grimm und Jost Hermand. Frankfurt a. M.: Suhrkamp, [1969]. S. 205–273.

Die Weber. Schauspiel aus den vierziger Jahren. Mit Illustr. von Käthe Kollwitz (aus dem Zyklus *Ein Weberaufstand*). 575 numerierte Expl. Frankfurt a. M.: Propyläen Verlag, 1970. (Fotomechan. Nachdr. der Luxusausg. von 1917.

Die Weber. In: Deutsches Theater des Naturalismus. Dramen von Arno Holz, Johannes Schlaf, Max Halbe, Otto Erich Hartleben, Gerhart Hauptmann, Georg Hirschfeld. Hrsg. von Wolfgang Rothe unter Mitw. von Sigfried Hoefert. München: Langen Müller, 1972. S. 283–365.

Die Weber. In: Dramen des deutschen Naturalismus von Hauptmann bis Schönherr. Anthologie in zwei Bänden. Mit Anm., Bibliogr. und einem Nachw. von Roy C. Cowen. Bd. 1. München: Winkler, 1981. S. 287–366.

Die Weber. Vollständiger Text des Schauspiels. Dokumentation. Hrsg. von Hans Schwab-Felisch. Neuauflage Frankfurt a. M./ Berlin: Ullstein, [36]1995. [Textgrundlage für den vorliegenden Band.]

b) Teilsammlung

Die Kunst des Dramas. Über Schauspiel und Theater. Hrsg. von Martin Machatzke. Berlin/Frankfurt a. M./Wien 1963.

c) Tagebücher

Italienische Reise 1897. Tagebuchaufzeichnungen. Hrsg. von Martin Machatzke. Frankfurt a. M./Berlin 1976.

Notiz-Kalender 1889 bis 1891. Hrsg. von Martin Machatzke. Frankfurt a. M./Berlin 1982. [Zit. als: Notiz-Kalender 1889 bis 1891.]

Tagebuch 1892 bis 1894. Hrsg. von Martin Machatzke. Frankfurt a. M./Berlin 1985.

Tagebücher 1897 bis 1905. Hrsg. von Martin Machatzke. Frankfurt a. M./Berlin 1987.

Tagebücher 1906 bis 1913. Hrsg. von Peter Sprengel. Frankfurt a. M./Berlin 1994.

d) Briefwechsel

Otto Brahm – Gerhart Hauptmann. Briefwechsel 1889–1912. Erstausgabe mit Materialien. Hrsg. von Peter Sprengel. Tübingen 1985.

2. Dokumentationen zu Leben, Werk und Nachlaß

Behl, Carl Friedrich Wilhelm: Zwiesprache mit Gerhart Hauptmann. Tagebuchblätter. München 1949.

Gerhart Hauptmann. Leben und Werk [Katalog der] Gedächtnisausstellung des Deutschen Literaturarchivs zum 100. Geburtstag des Dichters im Schiller-Nationalmuseum Marbach a. N. Stuttgart 1962.

Behl, Carl Friedrich Wilhelm/Felix Voigt: Chronik von Gerhart Hauptmanns Leben und Schaffen. München 1975.

Der Manuskriptnachlaß Gerhart Hauptmanns. Katalog bearb. von Rudolf Ziesche. Tl. 1: GH Hs 1–230. Wiesbaden 1977. (Staatsbibliothek Preußischer Kulturbesitz. Kataloge der Handschriftenabteilung. 2. Reihe: Nachlässe. Bd. 2.)

3. Bibliographien und Forschungsberichte

Cowen, Roy C.: Hauptmann-Kommentar zum dramatischen Werk. München 1980.

Reichart, Walter A.: Gerhart-Hauptmann-Bibliographie. Mit einem Geleitwort von J. Hansel. Bad Homburg/Berlin/Zürich 1969.

Hoefert, Sigfrid: Gerhart Hauptmann. 2., durchges. und erg. Aufl. Stuttgart 1982.

– Internationale Bibliographie zum Werk Gerhart Hauptmanns. 4 Bde. Berlin 1986–89. – Nachträge. In: Schlesien 35 (1990) S. 50–57. – Nachträge (II). In: Schlesien 37 (1992) H. 3. S. 170–184.

Requardt, Walter: Gerhart-Hauptmann-Bibliographie. 3 Bde. Berlin 1931.

Tschörtner, Heinz D.: Gerhart-Hauptmann-Bibliographie. Berlin 1971.

– Neue Hauptmann-Literatur. In: H. D. T.: Unaufhörlich bläst das Meer. Neue Hauptmann-Studien. Würzburg 1996. S. 164–179.

4. Gesamtdarstellungen, Biographisches

Améry, Jean: Gerhart Hauptmann, der ewige Deutsche. Mühlacker 1963.

Brescius, Hans von: Gerhart Hauptmann. Zeitgeschehen und Be-

wußtsein in unbekannten Selbstzeugnissen. Eine politisch-biographische Studie. 2., verb. Aufl. Bonn 1977.
Heuser, Frederick W. J.: Gerhart Hauptmann. Zu seinem Leben und Schaffen. Tübingen 1961.
Hilscher, Eberhard: Gerhart Hauptmann. Leben und Werk. Berlin 1996.
Leppmann, Wolfgang: Gerhart Hauptmann. Die Biographie. Neuausg. vom Autor durchges. Berlin 1996.
Schlenther, Paul: Gerhart Hauptmann. Leben und Werk. Neue Ausg., umgearb. und erw. von Arthur Eloesser. Berlin 1922.
Tank, Kurt Lothar: Gerhart Hauptmann in Selbstzeugnissen und Bilddokumenten. Hamburg 1959.
Wiese, Benno von: Gerhart Hauptmann. In: Deutsche Dichter der Moderne. Ihr Leben und Werk. Hrsg. von B. v. W. 2., überarb. und erw. Aufl. Berlin 1969. S. 29–50.

5. Forschungsliteratur

Behl, Carl Friedrich Wilhelm: Der Einzelne und die Masse im Werke Gerhart Hauptmanns. In: The Germanic Review 33 (1958) S. 168–175.
Blankennagel, John C.: Alfred Zimmermann as a Source of Hauptmann's *Weber*. In: Modern Language Notes 41 (1926) S. 242–248.
– The Mob in Zola's *Germinal* and in Hauptmann's *Weavers*. In: PMLA 39 (1924) S. 705–721.
Brauneck, Manfred: Literatur und Öffentlichkeit im ausgehenden 19. Jahrhundert. Studien zur Rezeption des naturalistischen Theaters in Deutschland. Stuttgart 1974.
– / Christine Müller (Hrsg.): Naturalismus. Manifeste und Dokumente zur deutschen Literatur 1880–1900. Stuttgart 1987.
Brück, Renate [u. a.] (Hrsg.): Wirklichkeit im Drama. Materialien zu Kotzebue *Die deutschen Kleinstädter*, Hauptmann *Die Weber*, Zuckmayer *Der Hauptmann von Köpenick*, Brecht *Die Gewehre der Frau Carrar*, Frisch *Biedermann und die Brandstifter*. Stuttgart 1975.
Dobie, Ann B.: Riot, Revolution and *The Weavers*. In: Modern Drama 12 (1969) S. 165–172.
Fröhlich, Antje: Bilder, Gedichte, Dokumente als Einstieg in Gerhart Hauptmanns Drama *Die Weber*. In: Diskussion Deutsch 23 (1992) H. 124. S. 163–176.

Gafert, Karin: Die Soziale Frage in Literatur und Kunst des 19. Jahrhunderts. Ästhetische Politisierung des Weberstoffes. Bd. 1.2. Kronberg i. Ts. 1973 (Theorie – Kritik – Geschichte 5/1.2). [Bes. die Seiten 216–261.]

Geerdts, Hans Jürgen: Gerhart Hauptmann. *Die Weber.* Phil. Diss. Jena 1952.

Georgens, Christa-Maria: Die Tuchmacher in der Eifel. Ein Zugang zu Hauptmanns Drama *Die Weber* unter regionalgeschichtlichem Aspekt. Ein Bericht aus dem Schulalltag. In: Diskussion Deutsch 23 (1992) H. 124. S. 150–162.

Guthke, Karl S.: Gerhart Hauptmann. Weltbild im Werk. 2., vollständig überarb. und erw. Aufl. München 1980.

Hadamowsky, Franz: Der Kampf um die *Weber* in Wien. In: Phaidros 2 (1948) S. 80–92.

Heiss, Christine: Gerhart Hauptmanns *Weber* auf deutschen Bühnen der USA im neunzehnten Jahrhundert. In: The German Quarterly 59 (Summer 1989) H. 3. S. 361–374.

Heller, Heinz-B.: »O Gott, ist das die Revolution?« Friedrich Zelniks Gerhart-Hauptmann-Verfilmung *Die Weber* (1917). In: Literaturverfilmungen. Hrsg. von Franz-Josef Albersmeier und Volker Roloff. Frankfurt a. M. 1989. S. 80–98.

Hodenberg, Christina von: Aufstand der Weber. Die Revolte von 1844 und ihr Aufstieg zum Mythos. Bonn 1997.

Hoefert, Sigfrid: Gerhart Hauptmann und der Film: Von den Anfängen bis zum Ende der fünfziger Jahre. In: Gerhart Hauptmann. Neue Akzente – neue Aspekte. Vorträge im Gerhart-Hauptmann-Museum Erkner. Hrsg. von Gustav Erdmann. Berlin 1992. S. 17–42.

– Zur Wirkung Gerhart Hauptmanns in Film und Fernsehen der Sowjetunion. In: Gerhart Hauptmann: Autor des 20. Jahrhunderts. Studien und Vorträge des Internationalen Gerhart-Hauptmann-Symposiums. Hrsg. von Krzysztof A. Kuczyński und Peter Sprengel. Łódż 19.–21. 9. 1990. Würzburg 1991. S. 183–191.

Holbeche, Brian: Naturalist Set and Social Conflict in Hauptmann's *Die Weber.* In: AUMLA 56 (1981) S. 183–190.

Houben, Heinrich Hubert: Verbotene Literatur von der klassischen Zeit bis zur Gegenwart. Hildesheim 1965.

Ide, Heinz: Hauptmanns *Weber* in unserer Zeit. Eine literarische Studie. In: Jahrbuch der Schlesischen Friedrich-Wilhelms-Universität zu Breslau 6 (1960) S. 250–163.

Jacobs, Jürgen: Gerhart Hauptmanns *Weber*: Historien- und Zeitstück. In: Geschichte als Schauspiel. Deutsche Geschichtsdramen. Interpretationen. Hrsg. von Walter Hinck. Frankfurt a. M. 1981. S. 227–239.

Kraft, Herbert: Das Schicksalsdrama. Interpretation und Kritik einer literarischen Reihe. Tübingen 1974. [Über Hauptmanns *Weber*: S. 100–105.]

Kroneberg, Lutz: *Die Weber*. Schauspiel aus den vierziger Jahren. Von Gerhart Hauptmann. In: Deutsche Dramen. Interpretationen zu Werken von der Aufklärung bis zur Gegenwart. Hrsg. von Harro Müller-Michaels. Bd. 2: Von Hauptmann bis Botho Strauß. Königstein i. Ts. 1981. S. 3–23.

– / Rolf Schloesser (Hrsg.): Weber-Revolte 1844. Der schlesische Weberaufstand im Spiegel der zeitgenössischen Publizistik und Literatur. Mit einem Geleitwort von Bernt Engelmann. Köln 1979.

Kuczyński, Krzysztof A./Peter Sprengel (Hrsg.): Gerhart Hauptmann: Autor des 20. Jahrhunderts. Studien und Vorträge des Internationalen Gerhart-Hauptmann-Symposiums. Łódż 19.–21. 9. 1990. Würzburg 1991.

Landsberg, Hans: Los von Hauptmann. Berlin 1900.

Lehmann, Jürgen: Gerhart Hauptmann. *Die Weber*. In: Dramen des 19. Jahrhunderts. Stuttgart 1997. S. 306–328.

Machatzke, Martin: Geschichtliche Bedingungen des sozialen Dramas in Deutschland um 1890. In: Michigan Germanic Studies 1 (1975) S. 283–300.

Martini, Fritz: Soziale Thematik und Formwandlungen des Dramas. In: Episches Theater. Hrsg. von Reinhold Grimm. Köln/Berlin 1966. S. 246–278. [Über *Die Weber*: S. 251–259.]

May, Kurt: Gerhart Hauptmann. Die Weber. In: Das deutsche Drama vom Barock bis zur Gegenwart. Interpretationen. Hrsg. von Benno von Wiese. Bd. 2. Düsseldorf 1962. S. 157–165.

Mandel, E.: Gerhart Hauptmanns *Weber* in Rußland. In: Zeitschrift für Slawistik 12 (1967) S. 5–19.

McInnes, Edward: German Social Drama 1840–1900. From Hebbel to Hauptmann. Stuttgart 1976. [Über *Die Weber*: S. 135–144.]

Mehring, Franz: Aufsätze zur deutschen Literatur von Hebbel bis Schweichel. In: F. M.: Gesammelte Schriften. Bd. 11. Berlin 1961.

Möbius, Hanno: Der Naturalismus. Epochendarstellung und Werkanalyse. Heidelberg 1982.

Moore, Charles H.: A Hearing on *Germinal* and *Die Weber*. In: Germanic Review 33 (1958) S. 30–40.

Pagenkopf, Martin: Das Preußische OVG und Hauptmanns *Weber*. Ein Nachtrag zum 125. Geburtstag von Gerhart Hauptmann. Bonn 1988.

Pasternak, Gerhard: Interpretation. München 1979. [Über *Die Weber*: S. 132 f., 275–285.]

Praschek, Helmut (Hrsg.): Gerhart Hauptmanns *Weber*. Eine Dokumentation. Mit einer Einleitung von Peter Wruck. Berlin 1981.

Rabl, Hans: Die dramatische Handlung in Gerhart Hauptmanns *Webern*. Halle 1928.

Rey, William H.: Der offene Schluß der Weber. Zur Aktualität Gerhart Hauptmanns in unserer Zeit. In: German Quarterly 55 (1982) S. 141–163.

Rothe, Wolfgang: Gerhart Hauptmann. *Die Weber*. In: W. R.: Deutsche Revolutionsdramatik seit Goethe. Darmstadt 1989. S. 103–121.

Schildberg-Schroth, Gerhard: Gerhart Hauptmann. *Die Weber*. Frankfurt a. M./Berlin/München 1983.

Schlaffer, Hannelore: Dramenform und Klassenstruktur. Eine Analyse der dramatis persona Volk. Stuttgart 1972. [Über *Die Weber*: S. 97–101.]

Schrimpf, Hans Joachim (Hrsg.): Gerhart Hauptmann. Darmstadt 1976.

– Struktur und Metaphysik des sozialen Schauspiels bei Gerhart Hauptmann. In: H. J. S.: Der Schriftsteller als öffentliche Person. Von Lessing bis Hochhuth. Beiträge zur deutschen Literatur. Berlin 1977. S. 183–214.

Schröter, Ulrich: Zum Verhältnis von Sprachschichten und Sprecherschichten dargestellt an Gerhart Hauptmanns *De Waber*. In: Sprachpflege 25 (1976) H. 5. S. 100–102.

Schumann, Barbara: Untersuchungen zur Inszenierungs- und Wirkungsgeschichte von Gerhart Hauptmanns Schauspiel *Die Weber*. Düsseldorf 1982.

Sprengel, Peter: Gerhart Hauptmann. Epoche – Werk – Wirkung. München 1984.

– Gerhart Hauptmann. *Die Weber* (1892). In: Dramen des Naturalismus. Interpretationen. Stuttgart 1988 [u. ö.]. S. 107–145.

– / Philip Mellen (Hrsg.): Hauptmann-Forschung. Neue Beiträge. Frankfurt a. M./Bern/New York 1986.

Szondi, Peter: Hauptmann. In: P. S.: Schriften I. Frankfurt a. M. 1978. S. 59–68.

Voigt, Felix A. (Hrsg.): Gerhart-Hauptmann-Jahrbuch. Bd. 1. Goslar 1948.

Wehner, Walter: Heinrich Heine. *Die schlesischen Weber* und andere Texte zum Weberelend. München 1980.

Weisstein, Ulrich: In diesen heiligen Hallen kennt man *Die Rache* doch: die *Weber*-Rezeption des jungen Heinrich Mann. In: Heinrich-Mann-Mitteilungen. Sonderheft 1981. S. 317–335.

Werner, Johannes: Der Glaube der Weber. Sozialgeschichtliche Nachträge, nicht nur zu Gerhart Hauptmann. In: Diskussion Deutsch 13 (1982) S. 58–69.

Wolff, Hans M.: Der alte Hilse. In: Karl S. Guthke/Hans M. Wolff: Das Leid im Werke Gerhart Hauptmanns. Fünf Studien. Bern 1958. S. 65–73.

Zimmer, Reinhold: Dramatischer Dialog und außersprachlicher Kontext. Dialogformen in deutschen Dramen des 17. bis 20. Jahrhunderts. Göttingen 1982. [Zu Gerhart Hauptmanns *Weber*: S. 168–187.]

X. Abbildungsnachweis

9 Weber-Szene. Anonyme Lithographie, um 1845.

42 Käthe Kollwitz: Weberzug. Radierung. Blatt 4 aus dem Zyklus *Ein Weberaufstand*, 1894–98. – © VG Bild-Kunst, Bonn 1999.

54 Käthe Kollwitz: Sturm. Radierung. Blatt 5 aus dem Zyklus *Ein Weberaufstand*, 1894–98. – © VG Bild-Kunst, Bonn 1999.

83 George Grosz: Bühnenbildentwurf für *Die Weber*. Aquarell, 1921. Nachlaß John Heartfield, Berlin. – © VG Bild-Kunst, Bonn 1999.

106 Titelblatt der Erstausgabe (Dialektausgabe), Berlin 1892, mit dem amtlichen Versagungsvermerk: »Die Genehmigung wird dem Deutschen Theater aus ordnungspolizeilichen Gründen versagt. Berlin, 3. März 1892«. Aus: Wirklichkeit und Traum. Gerhart Hauptmann 1862–1946. Ausstellung der Staatsbibliothek Preußischer Kulturbesitz Berlin. Bearb. von Ulrich Lauterbach und Eberhard Siebert. Wiesbaden: Reichert, 1987. S. 85. – Staatsbibliothek zu Berlin, Preußischer Kulturbesitz.

147 Gerhart Hauptmann und Otto Brahm während eines Spaziergangs auf dem Wiesenstein. Photographie, 1906. Aus: Wirklichkeit und Traum. Gerhart Hauptmann 1862–1946. Ausstellung der Staatsbibliothek Preußischer Kulturbesitz Berlin. Bearb. von Ulrich Lauterbach und Eberhard Siebert. Wiesbaden: Reichert, 1987. S. 52.

158 Emil Orlik: Die Weber. Plakat für die Aufführung der *Weber* im Großen Schauspielhaus Berlin, 1922. Lithographie nach einem Entwurf von 1897. Aus: Helmut Rademacher: Theaterplakate. Ein internationaler historischer Überblick. Leipzig: Edition Leipzig, 1990. Abb. 69.

165 Szenenphoto aus der Erstaufführung der *Weber* im Staatlichen Schauspielhaus, Berlin, 1928 (Regie: Leopold Jessner; Bühnenbild: Robert Neppach; Darsteller: Carl Goetz, Veit Harlan, Maria Koppenhöfer, Lothar Müthel, Alexandra Schmitt). – Institut für Theaterwissenschaft der Freien Universität, Berlin.

170 Willibald Krain: Zeichnung für Leopold Jessner, um 1928. – Institut für Theaterwissenschaft der Freien Universität, Berlin.

186 George Grosz: Zwischentitel aus der Verfilmung der *Weber* von Friedrich Zelnik, 1927. Aus Heinz-B. Heller: »O Gott, ist das Revolution?« In: Literaturverfilmungen. Hrsg. von Franz-Josef Albersmeier und Volker Roloff. Frankfurt a. M. 1989. S. 94. – © VG Bild-Kunst, Bonn 1999.

Erläuterungen und Dokumente

Eine Auswahl

zu Böll, *Ansichten eines Clowns.* 84 S. UB 8192

zu Büchner, *Dantons Tod.* 112 S. UB 8104 – *Lenz.* 173 S. UB 8180 – *Woyzeck.* 96 S. UB 8117

zu Droste-Hülshoff, *Die Judenbuche.* 87 S. UB 8145

zu Dürrenmatt, *Der Besuch der alten Dame.* 93 S. UB 8130 – *Die Physiker.* 243 S. UB 8189 – *Romulus der Große.* 96 S. UB 8173

zu Eichendorff, *Aus dem Leben eines Taugenichts.* 120 S. UB 8198

zu Fontane, *Effi Briest.* 168 S. UB 8119 – *Frau Jenny Treibel.* 111 S. UB 8132 – *Grete Minde.* 80 S. UB 8176 – *Irrungen, Wirrungen.* 148 S. UB 8146 – *Schach von Wuthenow.* 155 S. UB 8152 – *Der Stechlin.* 181 S. UB 8144

zu Frisch, *Andorra.* 88 S. UB 8170 – *Biedermann und die Brandstifter.* 128 S. UB 8129 – *Homo faber.* 196 S. UB 8179

zu Goethe, *Egmont.* 165 S. UB 8126 – *Götz von Berlichingen.* 176 S. UB 8122 – *Iphigenie auf Tauris.* 112 S. UB 8101 – *Die Leiden des jungen Werther.* 192 S. UB 8113 – *Novelle.* 160 S. UB 8159 – *Torquato Tasso.* 251 S. UB 8154 – *Urfaust.* 168 S. UB 8183 – *Die Wahlverwandtschaften.* 228 S. UB 8156 – *Wilhelm Meisters Lehrjahre.* 398 S. UB 8160

zu Grass, *Die Blechtrommel.* 223 S. UB 16005 – *Katz und Maus.* 192 S. UB 8137

zu Hauptmann, *Bahnwärter Thiel.* 54 S. UB 8125 – *Der Biberpelz.* 104 S. UB 8141 – *Die Ratten.* 183 S. UB 8187

zu Heine, *Deutschland. Ein Wintermärchen.* 208 S. UB 8150

zu Hesse, *Demian. Die Geschichte von Emil Sinclairs Jugend.* 86 S. UB 8190 – *Der Steppenwolf.* 156 S. UB 8193

zu Hölderlin, *Hyperion.* 339 S. UB 16008

zu Hoffmann, *Das Fräulein von Scuderi.* 136 S. UB 8142 – *Der goldne Topf.* 160 S. UB 8157 – *Klein Zaches genannt Zinnober.* 170 S. UB 8172

zu Ibsen, *Nora (Ein Puppenheim).* 86 S. UB 8185

zu Kafka, *Der Proceß.* 230 S. UB 8197 – *Das Urteil.* 144 S. UB 16001 – *Die Verwandlung.* 196 S. UB 8155

zu Keller, *Kleider machen Leute.* 108 S. UB 8165 – *Romeo und Julia auf dem Dorfe.* 88 S. UB 8114

zu Kleist, *Amphitryon.* 160 S. UB 8162 – *Das Erdbeben in Chili.* 151 S. UB 8175 – *Das Käthchen von Heilbronn.* 162 S. UB 8139 – *Die Marquise von O…* 125 S. UB 8196 – *Michael Kohlhaas.* 111 S. UB 8106 – *Penthesilea.* 159 S. UB 8191 – *Prinz Friedrich von Homburg.* 204 S. UB 8147 – *Der zerbrochne Krug.* 157 S. UB 8123

zu J. M. R. Lenz, *Der Hofmeister.* 183 S. UB 8177 – *Die Soldaten.* 88 S. UB 8124

zu Lessing, *Emilia Galotti.* 109 S. UB 8111 – *Minna von Barnhelm.* 111 S. UB 8108 – *Miß Sara Sampson.* 93 S. UB 8169 – *Nathan der Weise.* 175 S. UB 8118

zu H. Mann, *Der Untertan.* 162 S. UB 8194

zu Th. Mann, *Mario und der Zauberer.* 104 S. UB 8153 – *Der Tod in Venedig.* 196 S. UB 8188 – *Tonio Kröger.* 102 S. UB 8163 – *Tristan.* 96 S. UB 8115

zu Mörike, *Mozart auf der Reise nach Prag.* 117 S. UB 8135

zu Novalis, *Heinrich von Ofterdingen.* 236 S. UB 8181

zu Schiller, *Don Carlos.* 238 S. UB 8120 – *Die Jungfrau von Orleans.* 160 S. UB 8164 – *Kabale und Liebe.* 147 S. UB 8149 – *Maria Stuart.* 214 S. UB 8143 – *Die Räuber.* 232 S. UB 8134 – *Die Verschwörung des Fiesco zu Genua.* 263 S. UB 8168 – *Wallenstein.* 294 S. UB 8136 – *Wilhelm Tell.* 111 S. UB 8102

zu Shakespeare, *Hamlet.* 264 S. UB 8116

zu Storm, *Hans und Heinz Kirch.* 94 S. UB 8171 – *Immensee.* 88 S. UB 8166 – *Der Schimmelreiter.* 101 S. UB 8133

zu Tieck, *Der blonde Eckbert / Der Runenberg.* 85 S. UB 8178

zu Wedekind, *Frühlings Erwachen.* 204 S. UB 8151

zu Zuckmayer, *Der Hauptmann von Köpenick.* 171 S. UB 8138

Philipp Reclam jun. Stuttgart

Naturalismus

Einakter des Naturalismus

Hrsg. von Wolfgang Rothe. 223 S. UB 9468

Autoren: P. Ernst, O. E. Hartleben, G. Hirschfeld, A. L. Kielland, R. M. Rilke, A. Schnitzler, C. Viebig, W. Weigand

Lyrik des Naturalismus

Hrsg. von Jürgen Schutte. 260 S. UB 7807

Autoren: Fr. Adler, W. Arent, K. Bleibtreu, H. Conradi, R. Dehmel, A. v. Hanstein, H. Hart, J. Hart, O. E. Hartleben, G. Hauptmann, K. Henckell, A. Holz, O. Jerschke, O. Kamp, J. H. Mackay, M. R. v. Stern, B. Wille

Prosa des Naturalismus

Hrsg. von Gerhard Schulz. 276 S. UB 9471

Autoren: H. Bahr, O. J. Bierbaum, H. Conradi, P. Ernst, O. E. Hartleben, G. Hauptmann, P. Hille, A. Holz, M. Kretzer, Ph. Langmann, D. v. Liliencron, J. H. Mackay, O. Panizza, W. v. Polenz, S. Przybyszewski, J. Schlaf, A. Schnitzler, F. Wedekind

Theorie des Naturalismus

Hrsg. von Theo Meyer. 348 S. UB 9475

Autoren: C. Alberti, H. v. Basedow, L. Berg, K. Bleibtreu, W. Bölsche, E. Brausewetter, M. G. Conrad, H. Conradi, E. G. Christaller, Ch. v. Ehrenfels, M. Flürscheim, W. H. Friedrichs, R. Goette, E. Haeckel, M. Halbe, H. Hart, J. Hart, G. Hauptmann, K. Henckell, J. Hillebrand, A. Holz, L. Jacobowski, F. v. Kapff-Essenther, W. Kirchbach, E. Koppel, H. Merian, M. Nordau, E. Reich, J. Röhr, J. Schlaf, B. v. Suttner, I. v. Troll-Borostyáni, O. Welten, E. Wolff, E. Zola

Philipp Reclam jun. Stuttgart